刘座箐 尚小萌 编著

通过新HSK 5级 写作分类训练

北京语言大学出版社
BEIJING LANGUAGE AND CULTURE UNIVERSITY PRESS

图书在版编目（CIP）数据

通过新HSK写作分类训练. 五级 / 刘座箐，尚小萌编著.— 北京：北京语言大学出版社，2014. 9

ISBN 978-7-5619-3769-3

Ⅰ. ①通… Ⅱ. ①刘… ②尚… Ⅲ. ①汉语－写作－对外汉语教学－水平考试－自学参考资料 Ⅳ. ①H195.4

中国版本图书馆CIP数据核字(2014)第194227号

书　　名：通过新HSK · 写作分类训练（5级）
书名拼音：TONGGUO XIN HSK · XIEZUO FENLEI XUNLIAN (5 JI)
责任编辑：成　蕾
责任印制：姜正周

出版发行：北京语言大学出版社
社　　址：北京市海淀区学院路15号　　邮政编码：100083
网　　址：www.blcup.com
电　　话：发行部　010-82303648 / 3591 / 3650
编辑部　010-82303392
读者服务部　010-82303653
网上订购电话　010-82303908
客户服务信箱　service@blcup.com
印　　刷：北京画中画印刷有限公司
经　　销：全国新华书店

版　　次：2014年9月第1版　2014年9月第1次印刷
开　　本：889毫米 × 1194毫米　　1 / 16　　印张：25.5
字　　数：488千字
书　　号：ISBN 978-7-5619-3769-3 / H · 14013
定　　价：55.00元

凡有印装质量问题，本社负责调换。电话：82303590

前 言

为满足新HSK五级考试书写部分的备考需要，本书不仅着眼于考试能力和考试技巧的培养和提高，而且对写作过程给予更多的关注，希望能引导学生体验写作的乐趣。

本书包括真题解析、解题技巧、模拟试题等内容。针对真题和模拟试题，书中不但提供了参考答案，而且设置了知识梳理板块，总结相关语法知识，分析解题思路和过程。一方面，可以帮助学生在实际操练中提高写作技巧和应试能力，使学生更快、更好地完成新HSK五级考试的书写部分，取得更理想的成绩；另一方面，可供从事新HSK五级考试辅导和教学的教师使用，使教学更加省时、省力、省心。

★ 考试真题分析到位 ★

书中对目前已出版的新HSK五级考试真题（2011年版和2012年版）及《新汉语水平考试大纲（HSK五级）》中的考试样题进行了比较全面的分析，方便学生更直观、更充分地认识真题，对考试特点和考察重点有更清晰的了解。

★ 模拟试题仿真程度高 ★

在题目设计方面，书中对样题和真题进行了深入、全面的统计和分析，对出题规律进行了较为充分的归纳和总结，并在此基础上设计了大量仿真试题，可以让学生更准确地把握题目设计思路，在充分的练习中提高写作能力及应试技巧。

★ 参考答案简明实用 ★

本书充分考虑学生的语言水平和学习需要，讲解语言尽量做到简单易懂。此外，对参考范文进行了较为严格的词汇控制。所用词语基本属于《新汉语水平考试大纲》五级词表范围，这既符合学生的语言水平，又可以帮助学生在范文中理解和巩固词语的意义和用法。根据考试要求，本书对短文写作题目参考答案的字数进行了严格的控制，将范文字数严格控制在94字之内，例文后标注的字数标明了例文在稿纸上所占的格子数。

★ 解题步骤清晰，技巧讲解细致 ★

第一部分按不同的语法点给出了相应的解题步骤和小提示；第二、三部分从题型特点和文体角度出发，给出了不同的写作方法和写作建议。此外，本书还根据考试中可能遇到的具体问题给出了相应的小窍门和注意事项，讲练结合，为学生领悟写作方法、提高写作水平提供了直接的帮助。

★ 重视写作过程，挖掘写作乐趣 ★

本书以帮助学生备考新HSK五级考试书写任务为出发点，更以提高学生的表达能力为最终目的。因此，本书除了应试方面的指导外，还有意识地调动学生的深层动机，引导学生关注写作的过程。例如，本书的范文题材广泛，话题活泼多样，既包括记叙文、议论文，也包括说明文，力求在一个更宽广的背景下对各种话题，包括学习生活、社会生活、热点话题等进行描述和探讨。这些话题有些是学生正在经历的，有些是他们曾经经历的；有些是从亲历者的角度进行思考和分析，有些是从旁观者的角度进行描写和议论。学习过程不仅考虑了语法层面，而且从更深的层面引导学生感受语言的美，并写出发自内心的语言。这里包含着启发和领悟，欣赏和学习这些小短文本身就是一个写作能力提高的过程。

此外，在真题分析部分设置了“资料库”栏目，给学生提供了一些可供进行创作的词汇材料和好句子，以及一些句式变换参考。在写作例文中设置了“记一记”和“写一写”栏目，其中“记一记”是将例文中出现的好句子提炼出来，这些句子的表达能力和可替换性较强，有助于学生的写作发挥，为学生的文章增色。“写一写”则将“记一记”中提炼出的好句子格式化，学生可在这个格式化的框架内进行自己的创作。希望这样的初衷能为稍显枯燥的备考过程增添一些乐趣。

我们所要培养的不只是考试技巧，还有写作能力。书中鼓励考生叙述一个故事，讲述一段经历，描述一个片段；阐述自己的观点，或支持或反对，或批评或赞扬；说明一个事物或现象，或表象或本质，这些都是独特的。回首备考过程时，除了一份收获的喜悦，考生更留有一份美好的回忆、一段特别的心路历程。这些文章或许不够成熟，但是很真诚；或许不够严谨，但有智慧的闪光。这些都带给我们一种发自内心的感动。

可以说，本书将激发学生对于写作的兴趣，帮助学生感受写作的乐趣，让学生愿意写作，爱上写作。我们相信，只有这样，才能真正发挥新HSK考试“以考促教、以考促学”的核心理念。

作者

2014年9月

CONTENTS

目 录

关于书写题型

新HSK五级考试的书写题型包括两个部分，共10题。其中，第一部分为“完成句子”，包括8题；第二部分为“短文写作”，包括2题。

拿到这本书，你一定很想学习解题技巧吧？是的！这是一本能帮你顺利完成新HSK五级考试书写任务的书。在这里，你将学到不少实用的解题技巧，包括“完成句子”（第91–98题），“结合词语写短文”（第99题），还有“结合图片写短文”（第100题）。

在正式开始学习前，让我们先了解一下这几个问题：书写题型是什么样的？分为几个部分？各部分占多少分？时间应该怎样分配？请见下表：

组成部分	题号	题目要求	题量	分值	时间
第一部分	第91-98题	把给出的词、短语连成句子	8题	40分	40分钟
第二部分	第99题	用给出的词写短文	1题	30分	
	第100题	看图片写短文	1题	30分	
共计			10题	100分	40分钟

第一部分 完成句子（第91–98题）

第一部分共8题（第91–98题）。每题提供几个词语，要求用这几个词语写出一个句子。这部分主要考查基本的词汇和语法运用能力。通过语序的排列，考查词汇的意义、搭配和用法，以及语法结构、语法关系等。除了一般句式外，还考查特殊句式的使用。样题如下：

第91–98题：完成句子。

例如：发表　这篇论文　什么时候　是　的

这篇论文是什么时候发表的？

91. 大笑　忍不住　起来　他
92. 情绪　听音乐　可以　缓解　紧张的
93. 成功　这次　手术　很
94. 良好的　她　教育　受过
95. 摔　玩具　被　了　坏
96. 水煮鱼　很　老王的　做得　地道
97. 破产的　危险　工厂　面临　那家
98. 上午　任务　一下　要　分配　把

第二部分 短文写作（第99-100题）

第二部分共2题。第一题（第99题）提供五个词语，要求用这几个词语写一篇80字左右的短文。第二题（第100题）提供一张图片，要求根据这张图片写一篇短文，字数要求也是80个左右。样题如下：

第99-100题：写短文。

99. 请结合下列词语（要全部使用），写一篇80字左右的短文。

元旦、放松、礼物、表演、善良

100. 请结合这张图片写一篇80字左右的短文。

这两个短文写作题目考查的是表达能力，主要着眼点是表达的规范和流畅。体裁不限，题材不限。可以叙述事情，描述家庭生活、学习生活；也可以表达想法，抒发情感，阐发哲理等。

书写部分总分为100分，考试时间为40分钟。要用铅笔直接把答案写在答题卡上。

从上面的介绍中可以看出，要想在考试中取得好成绩，除了较为扎实的基础知识外，还需要有一定的应试技巧。后面的章节既会总结必要的语法知识、写作方法，也会提供实用的解题步骤、答题技巧。此外，本书还提供了大量模拟题，可供大家充分练习，掌握解题方法。

完成句子
（第91-98题）解题技巧

在新HSK五级书写考试中，为了给第二部分留出充足的答题时间，我们要在尽可能短的时间内完成第一部分。这就需要我们掌握汉语的基本语序，熟悉常见的动作状态，牢记特殊句式的基本结构，同时还要养成良好的答题习惯。

一、题型解析

从前面对书写题型的介绍中，可以看出，第二部分占了大部分的分数，需要留出尽量多的时间。这就要求我们在最短的时间内完成第一部分。

（一）评分标准

怎样能在短时间内答完第一部分，并且取得一个不错的成绩呢？我们先来看看第一部分的评分标准：

评分等级	评分标准
0　分	空白。
低档分	没有使用全部词语； 各项排列顺序不正确； 有3个或3个以上错别字。
中档分	各项排列顺序基本正确，但自己增加了新词； 各项排列顺序正确，但有1-2个错别字。
高档分	使用了全部词语，各项排列顺序正确，没有错别字。

根据评分标准，在考试时应注意以下几个方面：

（1）如果真的不知道怎么做，可以只把认识的项组合起来，只要写了就能得分。

（2）即使是不认识的项也要尽量用上，可以从结构、意思和词性角度试着使用。

（3）写完答案后要检查一下：意思是不是合理，语法是不是正确，是不是每一项都用了以及是不是每个字都写对了。

（二）猜词技巧

如果遇到不认识的词，可以试着猜一下。下面我们就结合真题中的例子练习一下猜词的技巧：

（1）“班主任家的”

有“的”，所以应该是定语，修饰主语、宾语。

（2）“保险柜的钥匙”

只要知道它的主要意思是“钥匙”，是名词性成分就可以了。

（3）“杀毒软件”

可以根据“软件”判断这个词应是一种电脑软件，是名词性成分。

（4）“始建于”

可以根据后面的介词“于”判断“始建”很可能是动词。此外，如果给出的项中有“在”、“正”、“正在”、“着”、“了”、“过”或“一下”，那个项很可能是动词性成分。

（5）“取材”

可以用“取”和“材”分别组词，“取”可以组成“取得”，“材”可以组成“材料”，“取材”的意思可能是“取得材料”，可能是动词性成分。

除此之外，还有别的猜词技巧，大家可以在做题中自己总结。

（三）解题方法

除了猜词，其他具体的做题方法有：

（1）先根据标志词确定这道题考察的重点，然后选择合适的解题方法。

（2）总的原则是先确定主语、谓语、宾语等必要的成分，再加上定语、状语、补语等成分。

（3）如果考到特殊句式，应该先根据基本结构和给出的项，写出句子的框架，如“______被______摔______”，然后补充必要的成分，最后加上定语、状语等成分。写框架时，可以在结构不完整的地方用“______”做标记，然后只要选词填空就可以了。

（4）有的同学喜欢直接在给出的项上用数字写顺序，但我们建议大家自己写一遍句子，如果有问题会更容易发现。

（5）确定了一项后应该用笔划掉那一项，减少干扰。

（6）句末要写“。”“？”等标点符号。

（7）汉语的语序十分灵活，有的题可能有两种答案，只要写最有把握的一种就可以了。

（四）考点分布

记住这些解题方法会让答题变得更加容易，也可以帮我们避免丢分。但是想真正做对这些题，还需要熟练掌握一些语法知识。

为了答好这部分，要掌握哪些语法呢？我们对大纲中的样题和已经公布的十套真题中考过的语言点进行了统计：

语言点		考题数（共88题）
句子成分	主语	2
	谓语	5
	宾语	5
	定语	11
	状语	15
	补语	8
动作的态	进行态	3
	持续态	2
	完成态	3
特殊句型	被动句	7
	“把”字句	6
	兼语句	4
	“有”字句	4
	“是”字句	3
	连动句	3
	存现句	2
	“在”字句	1
	“比”字句	1
复句		1
祈使句		2

从这张表我们可以看出，这部分主要考察句子成分、动作的态以及特殊句型，还考过复句和祈使句。有些题会同时考其中的几项内容。

除此之外，在对真题进行分析时，我们发现有些词、常用搭配曾多次考到。这提示我们应该把真题认真复习一遍。此外，还应该记住真题中的常用搭配。

二、分类详解及真题讲练

（一）基本语序

基本语序是考察重点。下面结合真题，简单复习一下相关的知识。

汉语的句子有六种基本成分，分别是：

主语——陈述、描写、说明的对象。

谓语——对主语进行陈述、描写、说明的成分。

宾语——动作的对象、结果、处所、工具等。

定语——在主语或宾语前进行修饰、限定的成分。

状语——在谓语前进行修饰、限定的成分。

补语——在谓语后进行补充、说明的成分。

主语、谓语是主要成分，大部分句子都有，它们一起构成句子的主干；定语、状语、补语是修饰、补充成分，可以没有。

句子成分的基本语序如下表：

（状语）	（定语）	主语	（状语）	谓语	（补语）	（定语）	宾语
		儿子		看			报纸。
每天晚上	李老师的	儿子	都	看	一小时	英文	报纸。
		小明		考			大学。
去年	优秀的	小明	轻松地	考	上了	那所	大学。

（1）汉语的句子成分与词性不是一一对应的（例①、②）。

例：① 我喜欢唱歌。（动词作宾语）

② 他很高。（形容词作谓语）

（2）很多句子成分可以由短语（例③），或者小句子（例④）充当。

例：③ 我身体很好。（短语作谓语）

④ 大家都认为他是好老师。（小句子作宾语）

1. 主语

主语是陈述、描写、说明的对象，也就是要说的话题。其基本结构如下表：

S	+V/A/……
老师	在讲语法。
我们明天去	比较合适。

注意事项：

（1）很多词类、短语可以作主语（例①、②）。

例：① 谦虚使人进步。（形容词作主语）

② 头疼很难受。（主谓短语作主语）

（2）大部分情况下主语都是有生命的，是动作的发出者（例③），但也有例外（例④）。

例：③ 她买了很多东西。（主语是动作的发出者）

④ 他被骗了。（主语是动作的对象）

解题方法：

（1）“动词→句子主干→修饰成分”是最基本的答题思路。

（2）常考动词性成分作主语，要重点复习。

（3）有两个动词性成分时，可能一个是主语，一个是谓语，可以从意思角度确定它们的关系。

（4）根据意思、常用搭配以及动词的用法确定宾语。

解题步骤：

（1）找动词。从意思角度确定主语、谓语。

（2）确定宾语。

（3）加状语、定语、补语等成分。

真题演练

1. 可以　　受伤的心　　微笑　　温暖（真题编号：H51116）

____

分析：

① 找动词：“微笑”、“温暖”。从意思角度看，“微笑”会让人感到“温暖”。→“微笑温暖……”。

② 确定宾语。→“微笑温暖受伤的心”。

③“可以”，助动词，作状语。→“微笑可以温暖受伤的心。”

知识链接：

①“温暖”既是形容词，又是动词，在这里是动词。

② 除了“温暖……的心”，还常说“温暖着他/每个人”等。

2. 情绪　　听音乐　　可以　　缓解　　紧张的（样题）

____

分析：

① 找动词性成分：“听音乐”、“缓解”。从意思角度看，“听音乐”能“缓解”不好的心情。→“听音乐缓解……”。

② 确定宾语。→“听音乐缓解情绪”。

③“可以”，助动词，作状语。“紧张的”作定语。→“听音乐可以缓解紧张的情绪。”

知识链接：

“缓解紧张的情绪”是常用搭配，还常说“缓解紧张的状态/矛盾/关系”等。

同步训练

1. 写出合适的搭配

温暖__________/__________

缓解__________/__________

2. 完成句子

（1）改变　　可以　　人的命运　　教育

____

（2）社会的发展　　竞争　　可以　　促进

____

（3）旅行　　了解　　可以　　不同的文化

____

（4）可以　　心理压力　　大笑　　减少

____

（5）留学　　独立生活的能力　　可以　　锻炼

____

（6）可以　　听力的　　提高　　听新闻　　水平

____

（7）养宠物　　孤单的　　可以　　减少　　感觉

____

（8）写作文　　表达的　　锻炼　　可以　　能力

____

（9）睡眠的　　可以　　喝牛奶　　提高　　质量

____

（10）可以　　多种　　补充　　吃水果　　营养

____

答案：

（1）教育可以改变人的命运。

分析：解题步骤为“动词→主语、谓语→宾语”。动词：“改变”、“教育”。→“教育改变……”。“可以”，助动词，作状语。“改变命运”是常用搭配。

（2）竞争可以促进社会的发展。

分析：动词：“竞争”、“促进”。→“竞争促进……”。“促进……（的）发展”是常用搭配。

（3）旅行可以了解不同的文化。

分析：动词：“旅行”、“了解”。→“旅行了解……”。“可以”，助动词，作状语。

（4）大笑可以减少心理压力。

分析：动词性成分：“大笑”、“减少”。→“大笑减少……”。“减少压力”是常用搭配。

（5）留学可以锻炼独立生活的能力。

分析：动词：“留学”、“锻炼”。→“留学锻炼……”。“锻炼……（的）能力”是常用搭配。

（6）听新闻可以提高听力的水平。

分析：动词性成分：“提高”、“听新闻”。→“听新闻提高……”。“提高……（的）水平”是常用搭配。

（7）养宠物可以减少孤单的感觉。

分析：动词性成分：“养宠物”、“减少”。→“养宠物减少……”。“可以”，助动词，作状语。

（8）写作文可以锻炼表达的能力。

分析：动词性成分：“写作文”、“锻炼”。→“写作文锻炼……”。“锻炼……（的）能力”是常用搭配。

（9）喝牛奶可以提高睡眠的质量。

分析：动词性成分：“喝牛奶”、“提高”。→“喝牛奶提高……”。“提高……（的）质量”是常用搭配。

（10）吃水果可以补充多种营养。

分析：动词性成分：“补充”、“吃水果”。→“吃水果补充……”。“多种”，数量短语，作定语。“补充营养”是常用搭配。

2. 谓语

谓语对主语进行陈述、描写、说明。其基本结构如下表：

S	+V/A/N/……
他	在学习。
外面	很冷。
明天	元旦。
那座楼	我进去过。

注意事项：

（1）动词作谓语时，后可加“着”、“了”、“过”（例①、②）。

例：① 窗户开着呢。

② 我吃过饭了。

（2）形容词可以直接作谓语（例③），主语和谓语之间不用“是”（例④）。

例：③ 他很高兴。

④ *他是很高兴。

在不强调对比时，形容词前必须有程度副词（例⑤、⑥）。

例：⑤ 今天非常冷。

⑥ 他很高。

有时形容词前可以没有程度副词，但形容词后必须有补语（例⑦、⑧）。

例：⑦ 他的技术好极了。

⑧ 他灵活得像只猴子。

否定形式在形容词前加“不”（例⑨、⑩）。

例：⑨ 他不努力。

⑩ 他不认真。

（3）主谓短语可以直接作谓语（例⑪），主语和谓语之间不用“是”（例⑫）。

例：⑪ 他个子不高。

⑫ *他是个子不高。

解题方法：

（1）常考形容词作谓语，要重点复习。

（2）要注意区别形容词作谓语和形容词作定语：形容词作定语时，形容词后常有“的”，并且给出的项中应该另有可以作谓语的词。

（3）题目中单独给出程度副词时，很可能是形容词作谓语。

（4）大纲中给出的，需要注意的程度副词有：“很”、“非常”、“最”、“更”、“特别”等。

（5）有时几个词都可能作同一成分，要注意这种情况如何处理。

标志词：

“很”、“非常”等程度副词是标志词，而且没有适合作谓语的动词，没有“得”。如果有“得”，很可能是补语。

解题步骤：

（1）找程度副词、形容词。

（2）确定主语。

（3）加状语、定语等成分。

真题演练

1.成功　　这次　　手术　　很（样题）

____

分析：

有程度副词“很”，没有适合作谓语的动词，应该是形容词作谓语。

① 找程度副词：“很”。找形容词：“成功”。→“……很成功”。

② 确定主语。→“手术很成功”。

③“这次”作定语。→“这次手术很成功。”

知识链接：

① 不要把这道题当作形容词作定语，“成功”作定语时要有“的”，“成功的手术”。

② 定语表示性质“什么”时，不加“的”，如“中国地图”、“女朋友”。定语表示领属“谁的”时，有时要加“的”，有时不加“的”，如“我妈妈”、“玛丽的妈妈”。定语进行描写、说明，表示“什么样的”时，要加“的”，如“聪明的孩子”、“努力的人”。

小提示：

看到程度副词、形容词时，可以从形容词作谓语、形容词作定语两个角度分别尝试。

2. 很　　充分　　这个　　理由（真题编号：H51113）

____

分析：

① 找程度副词：“很”。找形容词：“充分”。→“……很充分”。

② 确定主语：“充分”的主语应该是抽象的东西。→“理由很充分”。

③“这个”作定语。→“这个理由很充分。”

知识链接：

① 不要把这道题当作形容词作定语，“充分”作定语时要有“的”，“充分的理由”。

②“充分的理由”是常用搭配，还常说“充分的自由/准备”等。

3. 那个方案　　出色　　她设计的　　非常（真题编号：H51117）

____

分析：

① 找程度副词："非常"。找形容词："出色"。→"……非常出色"。

② 确定主语。→"那个方案非常出色"。

③"她设计的"作定语。→"她设计的那个方案非常出色。"

知识链接：

不要把这道题当作形容词作定语，"出色"作定语时要有"的"，"出色的方案"。

4. 特别　　好　　隔音效果　　这种玻璃（真题编号：H51114）

____

分析：

① 找程度副词："特别"。找形容词："好"。→"……特别好"。

② 确定主语："这种玻璃"和"隔音效果"都可以"特别好"。从意思角度看，可以是"这种玻璃"的"隔音效果"，"这种玻璃"是定语。→"这种玻璃隔音效果特别好。"

知识链接：

①"隔音效果"是阻止声音传播的效果。

② 不要把这道题当作形容词作定语，"特别好"作定语时要有"的"，"特别好的效果"。

③ 这道题也可以理解为主谓谓语句，"这种玻璃"是主语，"隔音效果特别好"是主谓短语作谓语，句子表达的重点是这种玻璃怎么样。

小提示：

① 如果不认识"隔音效果"，可以通过"效果"来猜词义、词性。

② 几个词都可能是同一成分时，可以从意思角度确定它们的关系。

5. 竞争　　很激烈　　这两个公司　　的（真题编号：H51116）

____

分析：

有程度副词"很"，有"的"，可能是形容词作定语。但是只有形容词"激烈"适合作谓语，应该是形容词作谓语。

① 找程度副词、形容词："很激烈"。→"……很激烈"。

② 确定主语。→"竞争很激烈"。

③“的”提示我们“这两个公司”作定语。→“这两个公司的竞争很激烈。”

知识链接：

①“竞争”是动词，这道题是动词作主语。

②“竞争很激烈”是常用搭配，还常说“辩论/比赛很激烈”等。

③这道题虽然有“的”，但如果把这道题当作形容词作定语“很激烈的竞争”，没有谓语，不是一个句子。

④不要说“这两个公司竞争的很激烈”，因为“很激烈”补充说明“竞争”时是补语，要用“得”。“的”是定语的标志，不能用来连接补语。

同步训练

1. 请写出合适的搭配

充分的__________/__________

__________/__________很激烈

2. 完成句子

（1）公园　很　这个　漂亮

____

（2）这个　明显　很　错误

____

（3）那场　精彩　比赛　很

____

（4）很　那些　地方　落后

____

（5）那部电影　有名　她导演的　非常

____

（6）那本小说　有意思　他写的　非常

____

（7）特别　这个地区　丰富　自然资源

____

（8）教学经验　这位老师　丰富　特别

____

（9）气候　　的　　那个地区　　很干燥

____

（10）后果　　这件事　　很严重　　的

____

答案：

（1）这个公园很漂亮。

分析：解题步骤为“副词、形容词→主语”。“很漂亮”作定语时，应该有“的”，所以这里应该是形容词作谓语。可以得到“……很漂亮”。

（2）这个错误很明显。

分析：形容词作谓语，可以得到“……很明显”。“错误”作主语。“这个”作定语。

（3）那场比赛很精彩。

分析：形容词作谓语，可以得到“……很精彩”。“比赛”作主语。“那场”作定语。

（4）那些地方很落后。

分析：形容词作谓语，可以得到“……很落后”。“落后”的意思是“水平低、不发达”，常用来形容地方、经济、思想等。

（5）她导演的那部电影非常有名。

分析：形容词作谓语，可以得到“……非常有名”。“电影”作主语。“她导演的那部”作定语。

（6）他写的那本小说非常有意思。

分析：形容词作谓语，可以得到“……非常有意思”。“小说”作主语。“他写的那本”作定语。

（7）这个地区自然资源特别丰富。

分析：形容词作谓语，可以得到“……特别丰富”。“资源丰富”是常用搭配。这道题也可理解为主谓谓语句。

（8）这位老师教学经验特别丰富。

分析：形容词作谓语，可以得到“……特别丰富”。“经验丰富”是常用搭配。这道题也可理解为主谓谓语句。

（9）那个地区的气候很干燥。

分析：形容词作谓语，可以得到“……很干燥”。“气候干燥”是常用搭配。这道题也可理解为主谓谓语句。

（10）这件事的后果很严重。

分析：形容词作谓语，可以得到“……很严重”。“后果严重”是常用搭配。

3. 宾语

宾语是动作的对象、结果、处所、工具等。其基本结构如下表：

V	+O
买	一本书
讲	笑话

注意事项：

（1）很多词类（例①）、短语（例②）可以作宾语。

例：①她喜欢跳舞。（动词作宾语）

②他打算去上海。（动宾短语作宾语）

（2）有些动词能带动词性成分作宾语：

希望、盼望、考虑、反对、同意、赞成、答应、相信、建议、发现、知道、觉得、认为、以为、记得、忘（记）、看（见）、听（见）、说、怕、想、爱、喜欢、讨厌、导致、引起、受到、感觉、打算、企图、主张、促进、准备、表示、通知、研究、负责、从事、值得、开始、结束、进行、继续、获得

（3）有的动词可以带两个宾语，第一个宾语多是指人或单位的词语，第二个宾语多是指事物的词语（例③、④）。

例：③我送了朋友一个礼物。

④他借了图书馆一本小说。

解题方法：

（1）汉语中能带动词性宾语的动词比较有限，考宾语的题多是针对这些动词设计的，做题时应该特别注意这些词。

（2）有两个动词时，如果其中一个动词可以带动词性宾语，那个动词很可能是谓语，另一个动词很可能是它的宾语。

（3）有两个动词时，可能是动词作宾语，也可能是动词作主语，可以从意思角度进行判断。

标志词：

能带动词性成分作宾语的动词

解题步骤：

（1）找动词。从动词的用法、意思角度确定谓语、宾语。

（2）确定主语。

（3）加状语、定语、补语等成分。

真题演练

1. 良好的　　她　　教育　　受过（样题）

____

分析：

① 找动词：“教育”、“受过”。“受过”可以带动词性宾语。→“…… 受过教育”。

② 确定主语。→“她受过教育”。

③“良好的”作定语。→“她受过良好的教育。”

知识链接：

“受教育”是常用搭配，还常说“受表扬/欢迎/启发”等。

小提示：

找动词时，特别注意有“过”的项，“过”前的词可能是动词。

2. 东西文化的　　交流　　丝绸之路　　促进了（真题编号：H51114）

____

分析：

① 找动词：“交流”、“促进了”。“促进”可以带动词性宾语。→“……促进了交流”。

② 确定主语。→“丝绸之路促进了交流”。

③“东西文化的”作定语。→“丝绸之路促进了东西文化的交流。”

知识链接：

①“丝绸之路”是中国古代的从中国到西方的交通道路。

②“促进交流”是常用搭配，还常说“促进经济的发展/两国的友谊”等。

小提示：

① 如果不认识“丝绸之路”，可以通过“路”判断它的意思和道路有关，应该是名词。

② 找动词时，特别注意有“了”的项，“了”前可能是动词。

3. 主要负责　我们部门　产品的　推广（真题编号：H51117）

____

分析：

① 找动词性成分：“主要负责”、“推广”。“负责”可以带动词性宾语。→“……主要负责推广”。

② 确定主语。→“我们部门主要负责推广”。

③“产品的”作定语。→“我们部门主要负责产品的推广。”

知识链接：

“负责推广”是常用搭配，还常说“负责指挥/宣传工作”等。

4. 开幕式　出席　她　答应（真题编号：H51114）

____

分析：

① 找动词：“出席”、“答应”。“答应”可以带动词性宾语。→“……答应出席……”。

② 确定主语、“出席”的宾语：“出席”的宾语应该是会议或活动。→“她答应出席开幕式。”

知识链接：

“出席开幕式”是常用搭配，还常说“出席今天的会议/记者招待会”等。

小提示：

宾语可能是短语，可以从意思、常用搭配以及动词的用法角度补全宾语。

5. 上涨　导致　蔬菜价格　天气原因（真题编号：H51004）

____

分析：

① 找动词："上涨"、"导致"。"导致"可以带动词性宾语。→"……导致……上涨"。

② 确定主语、"上涨"的主语。"上涨"的主语应该是价格或水位。→"天气原因导致蔬菜价格上涨。"

知识链接：

①"上涨"不能带宾语，只能说"价格上涨"，不能说"上涨价格"。

②"导致"的宾语应该是不好的情况。

同步训练

1. 请写出合适的搭配

受__________/__________

促进__________/__________

负责__________/__________

出席__________/__________

__________/__________上涨

2. 请写出能带动词性成分作宾语的动词

____

____

3. 完成句子

（1）他　训练　严格的　接受过

____

（2）热烈的　受到了　欢迎　他

____

（3）世界经济的　经济全球化　发展　促进了

____

（4）孩子的　父母的关系　成长　会影响

____

（5）大家的　　这项政策　　支持　　获得了

____

（6）那个活动　　批准　　领导的　　需要

____

（7）主张　　他　　计划　　改变

____

（8）坚持　　锻炼　　他　　身体

____

（9）天气原因　　晚点　　导致　　飞机

____

（10）大学生　　影响　　经济情况　　就业

____

答案：

（1）他接受过严格的训练。

分析：解题步骤为“动词→谓语、宾语→主语”。动词：“训练”、“接受过”。“接受”可以带动词性宾语。→“……接受过训练”。“严格的训练”是常用搭配。

（2）他受到了热烈的欢迎。

分析：“受到”可以带动词性宾语。→“……受到了欢迎”。“热烈的欢迎”是常用搭配。

（3）经济全球化促进了世界经济的发展。

分析：“促进”可以带动词性宾语。→“……促进了发展”。“经济全球化”是世界经济逐渐成为紧密联系的一个整体的过程。如果不认识“经济全球化”，可以通过其他的项判断出它应该是主语。

（4）父母的关系会影响孩子的成长。

分析：“影响”可以带动词性宾语。→“……影响成长”。

（5）这项政策获得了大家的支持。

分析：“获得”可以带动词性宾语。→“……获得了支持”。

（6）那个活动需要领导的批准。

分析：“需要”可以带动词性宾语。→“……需要批准”。

（7）他主张改变计划。

分析：“主张”可以带动词性宾语。→“……主张改变……”。“改变计划”是常用搭配。

（8）他坚持锻炼身体。

分析：“坚持”可以带动词性宾语。→“……坚持锻炼……”。“锻炼身体”是常用搭配。

（9）天气原因导致飞机晚点。

分析：“导致”可以带动词性宾语。→“……导致……晚点”。“飞机晚点”是常用搭配。

（10）经济情况影响大学生就业。

分析：“影响”可以带动词性宾语。→“……影响……就业”。“就业”的意思是“找工作”。如果不认识“就业”，可以通过其他的项判断出它应该是动词，组成宾语。

4. 定语

定语在主语或宾语前进行修饰、限定。其基本结构如下表：

定语	（+的）	+N
漂亮	的	花
逛公园	的	人
各种		零食
三份		合同

注意事项：

（1）有的定语后带“的”（例①），有的定语后不带“的”（例②）；有多项定语时，一般只有最后一项定语带“的”（例③）。

例：① 她是我的老师。

② 他穿了一条裤子。

③ 他是我中学时代最好的朋友。

（2）有多项定语时，先后顺序一般是：

谁的 + 什么时候的/什么地方的 + 指量/数量 + 什么样的 + 什么 + 名词
[1] [2] [3] [4] [5]

例：④ 他送给我 一本 非常有意思的 汉语 书 。
[3] [4] [5]

⑤ 他的 那个 旧 玻璃 杯子 摔坏了。
[1] [3] [4] [5]

⑥ 他们公司的 那位 能干的 项目 经理 辞职了。
[1] [3] [4] [5]

解题方法：

（1）定语是最常考到的内容之一，要重点复习。

（2）定语是附加修饰成分，应该先确定主语、谓语、宾语这些必要成分，再加定语。

（3）如果已经有了主语、谓语和宾语等必要成分，剩下的项很可能作定语。

（4）定语后常有“的”，名词、指量短语等也可以直接作定语。

标志词：

“的”

解题步骤：

（1）找动词。

（2）确定主语、宾语。

（3）加定语等成分。

真题演练

1. 本场比赛的　　他　　解说员　　担任（真题编号：H51114）

____

分析：

① 找动词：“担任”。

② 确定主语、宾语：“担任”的宾语应该是职务、工作。→“他担任解说员”。

③“本场比赛的”作定语。→“他担任本场比赛的解说员。”

知识链接：

“担任解说员”是常用搭配，还常说“担任经理/主席”等。

小提示：

如果不认识“解说员”，可以通过“员”来猜词性、词义：负责介绍、解说的人。

2. 地震　　损失　　造成了　　巨大的（真题编号：H51116）

____

分析：

① 找动词：“造成了”。

② 确定主语、宾语：“造成”的宾语应该是不好的结果。→“地震造成了损失”。

③“巨大的”作定语。→“地震造成了巨大的损失。”

知识链接：

①“造成损失”是常用搭配，还常说“造成严重的后果/不良的影响/交通事故”等。

② 不要说“造成了地震”，如果要表达这个意思，要用“引起地震”。

3. 很高的　　玉米　　营养价值　　具有（真题编号：H51117）

____

分析：

① 找动词：“具有”。

② 确定主语、宾语：“具有”的宾语应该是抽象的东西。→“玉米具有营养价值”。

③“很高的”作定语。→“玉米具有很高的营养价值。”

知识链接：

①“营养价值”是营养方面的价值。

②“具有价值”是常用搭配，还常说“具有信心/责任感/合作精神/历史意义”等。

小提示：

如果不认识“营养价值”，可以通过“价值”来猜词性、词义。

4. 说服力　　的　　缺乏　　你　　理由（真题编号：H51004）

____

分析：

① 找动词：“缺乏”。

② 确定主语、宾语："缺乏"的宾语应该是抽象的东西："说服力"。"你"或"理由"都可以"缺乏说服力"。

③ "的"提示我们"你"和"理由"中有一个是定语。→"你的理由缺乏说服力。"

知识链接：

"缺乏说服力"是常用搭配，还常说"缺乏经验/自信/家人的爱/运动/资金"等。

小提示：

① 如果不认识"说服力"，可以通过"力"来猜词性、词义：说服别人的能力。

② 几个词都可能是同一成分时，可以通过其他的项判断。

5. 您的签字　　合同　　那份　　需要（真题编号：H51113）

____

分析：

① 找动词："需要"。

② 确定主语、宾语："需要"的可以是"您的签字"或"合同"。从意思角度看，"合同"上应该有"签字"。→"合同需要您的签字"。

③ "那份"作定语。→"那份合同需要您的签字。"

小提示：

① 几个词都可能是同一成分时，可以从意思角度判断。

② 除了带"的"的项，指量短语也常作定语。

6. 他们　　从事　　行业　　服装（真题编号：H51003）

____

分析：

① 找动词："从事"。

② 确定主语、宾语："从事"的宾语应该是某种工作、行业。→"他们从事行业"。

③ 已经有了主语、谓语和宾语，"服装"很可能作定语。→"他们从事服装行业。"

知识链接：

① "服装"是名词，这道题是名词作定语。

② "服装行业"是常用搭配，还常说"运输行业"等。

③ "从事服装行业"是常用搭配，还常说"从事教育工作/贸易活动/农业生产"等。

小提示：

① 如果已经有了主语、谓语、宾语，剩下的项很可能作定语。

② 除了指量短语，有些名词也可以直接作定语，不用加“的”。

7. 破产的　　危险　　工厂　　面临　　那家（样题）

____

分析：

① 找动词：“面临”。

② 确定主语、宾语：“面临”的宾语应该是抽象的东西。→“工厂面临危险”。

③ “那家”、“破产的”作定语。→“那家工厂面临破产的危险。”

知识链接：

① 除了“面临……的危险”，还常说“面临新形势/问题/困难/调整”等。

② 不要说“那家破产的工厂面临危险”，语法正确，但是意思不合理。

小提示：

可能有两项定语，分别修饰主语和宾语。

8. 获得了　　那个　　设计　　批准　　方案（真题编号：H51005）

____

分析：

① 找动词：“获得了”、“批准”。“获得”可以带动词性宾语。→“……获得了批准”。

② 确定主语。→“方案获得了批准”。

③ “那个”、“设计”作定语。根据多项定语的顺序：“指量+什么+名词”，应该是“那个设计方案”。→“那个设计方案获得了批准。”

知识链接：

“获得批准”是常用搭配，还常说“获得理解/好处/同情/信任/荣誉”等。

小提示：

① 有两个动词时，如果其中一个动词可以带动词性成分作宾语，那个动词很可能是谓语，另一个动词很可能是它的宾语。

② 可能有两项定语修饰一个成分，要注意它们的顺序。

9. 她的　　突出　　工作　　表现　　非常（真题编号：H51005）

____

分析：

① 找程度副词："非常"。找形容词："突出"。→"……非常突出"。

② 确定主语："工作"或"表现"都可以"非常突出"。从意思角度看，应该是"工作"方面的"表现"，"工作"作定语。→"工作表现非常突出"。

③ "她的"作定语。根据多项定语的顺序："谁的+什么+名词"，应该是"她的工作表现"。→"她的工作表现非常突出。"

知识链接：

①"工作"是名词，这道题是名词作定语。

②"工作表现"是常用搭配。

10. 秘密　　属于　　每个人　　都有　　自己的（真题编号：H51003）

____

分析：

① 找动词性成分："属于"、"都有"。它们都可能是谓语。

② 分别尝试，确定谓语：如果"属于"是谓语，可以得到"秘密属于每个人"，意思不合理。如果"有"是谓语，可以得到"每个人都有秘密"。

③ 已经有了主语、谓语和宾语，"属于"、"自己的"很可能作定语。→"每个人都有属于自己的秘密。"

知识链接：

"属于自己"是动宾短语，这道题是动宾短语作定语。

小提示：

① 几个词都可能是同一成分时，可以分别尝试，从意思角度判断。

② 有多个词作定语时，它们可能组成短语作定语。

同步训练

1. 请写出合适的搭配

担任__________/__________

造成__________/__________

具有＿＿＿＿＿/＿＿＿＿＿

缺乏＿＿＿＿＿/＿＿＿＿＿

＿＿＿＿＿/＿＿＿＿＿行业

从事＿＿＿＿＿/＿＿＿＿＿

面临＿＿＿＿＿/＿＿＿＿＿

获得＿＿＿＿＿/＿＿＿＿＿

2. 完成句子

（1）一年级的　　他　　听力课　　负责

＿＿＿＿＿＿＿＿＿＿＿＿＿＿＿＿＿＿＿＿

（2）巨大的　　获得了　　公司　　利益

＿＿＿＿＿＿＿＿＿＿＿＿＿＿＿＿＿＿＿＿

（3）中国　　悠久的　　拥有　　历史

＿＿＿＿＿＿＿＿＿＿＿＿＿＿＿＿＿＿＿＿

（4）存在　　他　　方法　　问题　　的

＿＿＿＿＿＿＿＿＿＿＿＿＿＿＿＿＿＿＿＿

（5）人们的　　这篇　　反映了　　文章　　愿望

＿＿＿＿＿＿＿＿＿＿＿＿＿＿＿＿＿＿＿＿

（6）表演了　　节目　　他们　　传统

＿＿＿＿＿＿＿＿＿＿＿＿＿＿＿＿＿＿＿＿

（7）这位　　招聘的　　负责　　经理　　工作

＿＿＿＿＿＿＿＿＿＿＿＿＿＿＿＿＿＿＿＿

（8）计划　　这个　　支持　　工作的　　得到了

＿＿＿＿＿＿＿＿＿＿＿＿＿＿＿＿＿＿＿＿

（9）他的　　非常　　学习　　认真　　态度

＿＿＿＿＿＿＿＿＿＿＿＿＿＿＿＿＿＿＿＿

（10）那位记者　　失去　　采访了　　工人　　工作的

＿＿＿＿＿＿＿＿＿＿＿＿＿＿＿＿＿＿＿＿

答案：

（1）他负责一年级的听力课。

分析：解题步骤为“动词→主语、宾语→定语”。“负责……课”是常用搭配。

（2）公司获得了巨大的利益。

分析："获得利益"是常用搭配。"巨大的"多用来修饰比较抽象的东西，"巨大的利益"是常用搭配。

（3）中国拥有悠久的历史。

分析："拥有"的宾语多是抽象的东西，"拥有……（的）历史"是常用搭配。"悠久的"多用来形容时间长，"悠久的历史"是常用搭配。

（4）他的方法存在问题。

分析："存在问题"是常用搭配。

（5）这篇文章反映了人们的愿望。

分析："反映……（的）愿望"是常用搭配。

（6）他们表演了传统节目。

分析：这里的"传统"是形容词，作定语。"表演节目"是常用搭配。

（7）这位经理负责招聘的工作。

分析："负责……（的）工作"是常用搭配。

（8）这个工作的计划得到了支持。

分析：找动词："支持"、"得到了"。"得到"可以带动词性宾语。→"……得到了支持"。多项定语的顺序："指量+什么+名词"。→"这个工作的计划"。

（9）他的学习态度非常认真。

分析："非常认真"作定语时，应该有"的"，这里应该是形容词作谓语。可以得到"……非常认真"。多项定语的顺序："谁的+什么+名词"。→"他的学习态度"。"学习态度"是常用搭配。

（10）那位记者采访了失去工作的工人。

分析：找动词："失去"、"采访了"，分别尝试。"采访"的主语多是"记者"。"失去"的宾语多是抽象的事物，如工作、机会等。"失去工作"，动宾短语，作定语。

5. 状语

状语在谓语前进行修饰、限定。其基本结构如下表：

状语	（+地）	+V/A
轻轻	地	走来
非常	（地）	热情
在学校		工作
很		冷

注意事项：

（1）有的状语后带“地”（例①），有的状语后不带“地”（例②），有的状语后带不带“地”都可以（例③）。

例：① 他仔细地检查了一遍。

② 他很少去上课。

③ 他非常（地）高兴。

（2）大部分状语放在谓语前（例④、⑤）。

例：④ 他已经回来了。

⑤ 他们都来了。

时间、处所词作状语时，可以放在谓语前（例⑥、⑦），也可以放在主语前（例⑧、⑨）。

例：⑥ 他昨天来过。

⑦ 我在北京有很多朋友。

⑧ 昨天他来过。

⑨ 在北京我有很多朋友。

（3）有多项状语时，先后顺序一般是：

语气副词 + 时间 + 地点 + 对象 + 状态 + 动词

[1] [2] [3] [4] [5]

例：⑩ 他 竟然 坐在地上 大声地 哭 了起来。

[1] [3] [5]

⑪ 她 现在 在家里 陪孩子 玩 呢。
[2] [3] [4]

⑫ 他 昨天 在书店 给你 买 了一本书。
[2] [3] [4]

（4）有多项表示时间的状语时，先后顺序一般是：

时间名词 + 介词短语（表时间）+ 时间副词 + 动词
[1] [2] [3]

例：⑬ 她 现在 已经 工作 了。
[1] [3]

⑭ 我 前天晚上 从六点起 就 开始 复习。
[1] [2] [3]

⑮ 他们 昨天 从中午 一直 聊 到晚上。
[1] [2] [3]

（5）两个副词连在一起作状语时，也有一定的顺序，常为："也+都"（例⑯）、"也+不"（例⑰）、"也+已经"（例⑱）、"已经+不"（例⑲）、"都+常常"（例⑳）。

例：⑯ 他们也都是学生。

⑰ 他也不喜欢唱歌。

⑱ 他也已经毕业了。

⑲ 我的腿已经不疼了。

⑳ 他们都常常去看老师。

解题方法：

（1）状语是附加修饰成分，应该先确定主语、谓语、宾语这些必要成分，再加状语。

（2）状语多是副词，形容词也可以作状语。

（3）大纲中给出的，需要重点掌握的副词有：

① 表示肯定、否定的副词："不"、"没"、"一定"、"必须"等。

② 表示范围的副词："都"、"一起"、"一共"、"只"等。

③ 表示时间的副词："正在"、"已经"、"就"、"先"、"才"、"一直"、"总是"、"马上"等。

④ 表示语气的副词："也"、"还"、"真"、"终于"、"其实"、"当然"等。

⑤ 表示频率的副词："再"、"又"、"经常"等。

标志词：

副词和“地”

解题步骤：

（1）找动词。

（2）确定主语、宾语。

（3）加状语等成分。

真题演练

1. 总共　　您　　消费　　198块钱（真题编号：H51001）

____

分析：

① 找动词：“消费”。

② 确定主语、宾语。→“您消费198块钱”。

③“总共”，副词，作状语。→“您总共消费198块钱。”

知识链接：

不要说“您消费198块钱总共”，状语应放在谓语前。

小提示：

状语常常是副词，可以通过词性确定状语。

2. 中老年消费者　　这种产品　　针对　　主要（真题编号：H51002）

____

分析：

① 找动词：“针对”。

② 确定主语、宾语。“针对”的宾语应该是对象、目标。→“这种产品针对中老年消费者”。

③“主要”，形容词，作状语。→“这种产品主要针对中老年消费者。”

知识链接：

①“中老年消费者”是去买东西的中年人和老年人。

② 除了“针对……消费者”，还常说“针对某些人/问题/现象”等。

小提示：

① 如果不认识“消费者”，可以通过“者”来猜词性、词义。

② 除了副词，形容词也常作状语。看到形容词要从定语、状语角度考虑。

③ 除了词性，还可以通过意思确定状语。

3. 已经　　那个　　过期了　　杀毒软件（真题编号：H51116）

____

分析：

① 找动词：“过期了”。

② 确定主语。→“杀毒软件过期了”。

③“已经”，副词，作状语。

④“那个”作定语。→“那个杀毒软件已经过期了。”

知识链接：

①“杀毒软件”是删除病毒的软件。

② 除了“杀毒软件过期”，还常说“票/食品/药/杂志过期”等。

小提示：

① 如果不认识“杀毒软件”，可以通过“软件”来猜词义、词性。

② 句子可以没有宾语。

4. 一直　　班主任家的　　占线　　电话（真题编号：H51002）

____

分析：

① 找动词：“占线”。

② 确定主语。→“电话占线”。

③“一直”，副词，作状语。

④“班主任家的”作定语。→“班主任家的电话一直占线。”

知识链接：

“占线”是电话正在使用，只能说“电话占线”。

小提示：

如果不认识“占线”，可以通过其他的项来猜它的词性、作什么成分。这道题中其他的项是副词、名词、作定语的项，可以猜出“占线”应该作谓语。

同步训练

1. 请写出合适的搭配

针对__________/__________

__________/__________过期

2. 完成句子

（1）亲自　　电话　　总统　　打来了

____

（2）有关部门　　马上　　行动　　采取了

____

（3）强调了　　经理　　任务的重要性　　再三

____

（4）这个部门　　安全检查　　主要　　负责

____

（5）说明了　　那位老人　　事情的经过　　详细

____

（6）他们　　顺利　　那次任务　　完成了

____

（7）进出口公司　　破产了　　那个　　已经

____

（8）终于　　技术问题　　那个　　解决了

____

（9）完全　　他的　　恢复了　　身体

____

（10）中国的　　下雨　　经常　　南方

____

答案：

（1）总统亲自打来了电话。

分析：解题步骤为“动词→主语、宾语→状语”。“亲自”，副词，表示自己做一些不一定要自己做的事来表示重视，如“这件事一定要您亲自处理才可以”。如果不认识“亲自”，可以通过其他项判断出它应该是定语或状语。

（2）有关部门马上采取了行动。

分析：“马上”，副词，作状语。“采取行动”是常用搭配。“有关部门”是和这件事有关系的部门。如果不认识“有关部门”，可以通过“部门”判断出它应该是名词性成分。

（3）经理再三强调了任务的重要性。

分析：“再三”，副词，表示多次重复同一个动作，作状语。“强调……的重要性”是常用搭配。

（4）这个部门主要负责安全检查。

分析：“负责”的宾语常是某种工作，如“负责这项工作”等。

（5）那位老人详细说明了事情的经过。

分析：这里的“经过”是名词，意思是“事情发展的过程”。“详细”，形容词，作状语。“说明……（的）经过”是常用搭配。

（6）他们顺利完成了那次任务。

分析：“顺利”，形容词，作状语。“完成任务”是常用搭配。

（7）那个进出口公司已经破产了。

分析：“进出口公司”是做进口、出口生意的公司。如果不认识“进出口公司”，可以通过“公司”判断意思、词性。不能说“破产了公司”，“破产”不能带宾语。

（8）那个技术问题终于解决了。

分析：“终于”，副词，作状语。不能说“终于解决了那个技术问题”，没有主语，意思不清楚。

（9）他的身体完全恢复了。

分析：“完全”，副词，作状语。“恢复”和“身体”搭配时，“身体”只能作主语，不能说“恢复了身体”，想表达这个意思可以说“恢复了健康”。

（10）中国的南方经常下雨。

分析：“经常”，副词，作状语。

6. 助动词

除了副词、形容词外，助动词也常作状语。

助动词帮助动词、形容词表达需要、可能、愿望等意义。其基本结构如下表：

S	+助动词	+VP/AP/主谓短语
我	可以	参加明天的会议。
你	会	好起来的。
今天	应该	他表演。

分类：

（1）表示能力："能"、"会"等。

（2）表示可能："能"、"会"、"可以"、"可能"等。

（3）表示需要："应该"、"应"、"该"、"要"、"当"、"得（děi）"等。

（4）表示必要："必须"、"得（děi）"等。

（5）表示愿意："要"、"想"、"敢"、"愿意"等。

注意事项：

（1）助动词前可以加副词作状语，表示动作者在某个时间、地点产生了意愿（例①、②）。助动词后也可以加副词作状语，表示动作者打算在某个时间、地点做事（例③、④）。要注意根据意思确定副词的位置。

例：① 他总能想出好办法。

② 他已经能写很多汉字了。

③ 我可以经常去看他。

④ 我不能总麻烦别人。

（2）助动词后不能带"着"、"了"、"过"（例⑤、⑥），句末可加"了"（例⑦）。

例：⑤ *他可能了去图书馆。

⑥ 他可能去了图书馆。

⑦ 他愿意跟他们合作了。

（3）否定式在助动词前加"不"（例⑧、⑨）。

例：⑧ 他不愿意去外国工作。

⑨ 他不会游泳。

解题方法：

（1）有多个状语时，可以先加助动词，之后根据多项状语的顺序和句子的意思加其他的状语。

（2）大纲中给出的需要重点掌握的助动词有："会"、"能"、"可以"、"要"、"可能"、"应该"、"愿意"、"敢"等。

（3）在特殊的情况下可以省略主语，这种情况经常考到。

标志词：

助动词

解题步骤：

（1）找动词。

（2）确定主语、宾语。

（3）加助动词。

（4）加其他的状语、定语等成分。

真题演练

1. 得　　采取　　措施　　我们　　立即（真题编号：H51004）

____

分析：

① 找动词："采取"。

② 确定主语、宾语："采取"的宾语应该是某种态度、方法。→"我们采取措施"。

③"得"，助动词，作状语："得采取措施"。

④"立即"，副词，作状语。从意思角度看，应该立即采取措施："得立即采取措施"。→"我们得立即采取措施。"

知识链接：

"采取措施"是常用搭配，还常说"采取行动/手段/办法/态度"等。

小提示：

有多个状语时，可以从意思角度确定它们的位置。

2. 独立解决问题的　　应该　　能力　　培养孩子（真题编号：H51113）

____

分析：

① 找动词性成分："培养孩子"。

② 确定主语、宾语：省略了主语。→"培养孩子能力"。

③ "应该"，助动词，作状语。

④ "独立解决问题的"作定语。→"应该培养孩子独立解决问题的能力。"

知识链接：

"培养……（的）能力"是常用搭配，还常说"培养人才"等。

3. 安静　　要　　博物馆内　　保持（真题编号：H51115）

____

分析：

① 找动词："保持"。

② 确定主语、宾语：省略了主语。→"保持安静"。

③ "要"，助动词，作状语："要保持安静"。

④ "博物馆内"，处所词，作状语。→"博物馆内要保持安静。"

知识链接：

① "保持安静"是常用搭配，还常说"保持联系/适当的温度/原来的样子"等。

② 不要说"要保持安静博物馆内"，状语应放在谓语前。

小提示：

处所词也常作状语。

4. 彩虹　　雨后　　常常能　　看到（真题编号：H51001）

____

分析：

① 找动词性成分："看到"。

② 确定主语、宾语：省略了主语。→"看到彩虹"。

③ "常常"，副词；"能"，助动词。"常常能"作状语："常常能看到彩虹"。

④ "雨后"，表示时间，作状语。→"雨后常常能看到彩虹。"

小提示：

时间词也常作状语。

5. 一定　　道歉的时候　　态度诚恳　　要（真题编号：H51001）

____

分析：

① 找主谓短语："态度诚恳"。

② 确定主语：省略了主语。

③ "要"，助动词，作状语："要态度诚恳"。

④ "一定"，副词，作状语。从意思角度看，一定要做到态度诚恳："一定要态度诚恳"。

⑤ "道歉的时候"，表示时间，作状语。→"道歉的时候一定要态度诚恳。"

知识链接：

"态度诚恳"是主谓短语，这道题是主谓短语作谓语。

小提示：

如果找不到适合作谓语的词，可以去找适合作谓语的短语。

6. 灵活　　处理　　遇到问题　　要（真题编号：H51114）

____

分析：

① 找动词："处理"。

② 确定主语："遇到问题"。

③ "要"，助动词，作状语："要处理"。

④ "灵活"，形容词，作状语。从意思角度看，应该灵活地处理问题："要灵活处理"。→"遇到问题要灵活处理。"

知识链接：

①"遇到问题"，表示情况，作话题主语。

②"处理问题"是常用搭配，还常说"处理文件/事情"等。

小提示：

形容词也可以作状语，看到形容词要从定语、状语角度考虑。

同步训练

1. 请写出合适的搭配

采取__________/__________

培养__________/__________

保持__________/__________

处理__________/__________

2. 完成句子

（1）召开　我们　应该　会议　马上

____

（2）一定　他　取得　成功　会

____

（3）对未来的　应该　选择　尊重孩子

____

（4）保护年轻人　精神　应该　改革创新的

____

（5）山上　可以　看到　很多星星

____

（6）可以　招聘信息　网上　找到

____

（7）考试前　往往会　感到　紧张

____

（8）要　学习的时候　精神集中　一定

____

（9）感到孤单　生病的时候　可能　会

____

（10）遇到意外　冷静　要　保持

____

答案：

（1）我们应该马上召开会议。

分析：解题步骤为“动词→主语、宾语→助动词→其他修饰成分”。“应该”，助动词，作状语。“马上”，副词，作状语。“召开会议”是常用搭配。

（2）他一定会取得成功。

分析：“会”，助动词，作状语。“一定”，副词，作状语。“取得成功”是常用搭配。

（3）应该尊重孩子对未来的选择。

分析：这个句子省略了主语。“应该”，助动词，作状语。“对未来的”，介词短语，作定语。“尊重……的选择”是常用搭配。

（4）应该保护年轻人改革创新的精神。

分析：“应该”，助动词，作状语。“保护……（的）精神”是常用搭配。

（5）山上可以看到很多星星。

分析：这个句子省略了主语。“可以”，助动词，作状语。“山上”，处所词，作状语。

（6）网上可以找到招聘信息。

分析：“可以”，助动词，作状语。“网上”，处所词，作状语。

（7）考试前往往会感到紧张。

分析：这个句子省略了主语。“会”，助动词，作状语。“往往”，副词，作状语。“考试前”，表示时间，作状语。“感到紧张”是常用搭配。

（8）学习的时候一定要精神集中。

分析：这个句子省略了主语。“要”，助动词，作状语。“学习的时候”，表示时间，作状语。

（9）生病的时候可能会感到孤单。

分析：“可能”、“会”，助动词，作状语。“生病的时候”，表示时间，作状语。“感到孤单”是常用搭配。

（10）遇到意外要保持冷静。

分析：“遇到意外”，表示情况，作主语。“要”，助动词，作状语。“保持冷静”是常用搭配。

7. 介词短语

这一部分还常考介词短语作状语、定语。

介词短语由介词加名词或代词构成，在句中作状语、定语和补语。其基本结构如下表：

介词	+名词/代词	+其他
对	文学	感兴趣
关于	他	的故事

注意事项：

（1）介词短语的主要功能是作状语。作状语时，不用“地”（例①、②）。

例：① 他向我介绍了那里的情况。

② 我已经从大学毕业了。

（2）介词短语作定语时，要用“的”（例③、④）。

例：③ 我同意你对这件事的看法。

④ 这是关于“饺子”的传说。

（3）只有“于”、“自”、“到”、“在”、“给”、“向”、“往”等少数几个介词可以组成介词短语作补语（例⑤、⑥）。

例：⑤ 他来自中国西部的一个小城市。

⑥ 他会把你送到火车站。

（4）介词后不带“着”、“了”、“过”（例⑦、⑧）。

例：⑦ *他在着房间里睡觉。

⑧ *他朝了我点了点头。

（5）否定形式在介词前加“不”（例⑨），或者“没”（例⑩）。

例：⑨他不在宿舍学习。

⑩ 我没为这件事担心。

解题方法：

（1）常考介词短语作状语，要重点复习。

（2）介词短语只能作定语、状语和补语，都是附加修饰成分。应该先确定主语、谓语、宾语这些必要成分，再加介词短语。

（3）介词短语作定语时一定有“的”。如果没有“的”，介词短语作状语或补语。除了“于”、“自”、“到”、“在”、“给”、“向”、“往”等少数介词，大部分介词不能组成介词短语作补语。

（4）大纲中给出的需要重点掌握的介词有："在"、"从"、"对"、"比"、"向"、"离"、"跟"、"为"、"为了"、"除了"、"关于"等。

标志词：

介词

解题步骤：

（1）找动词。

（2）确定主语、宾语。

（3）找介词。根据剩下的项中有没有"的"以及介词的用法，判断介词短语作什么成分。

（4）补充介词后的名词、代词。

（5）加其他的状语、定语等成分。

真题演练

1. 深刻的印象　　留下了　　姥姥的话　　给我（真题编号：H51116）

____

分析：

① 找动词性成分："留下了"。

② 确定主语、宾语。→"姥姥的话留下了深刻的印象"。

③ 找介词短语："给我"。"……给$N_{人}$留下……的印象"是常用搭配。→"姥姥的话给我留下了深刻的印象。"

知识链接：

①"给"组成的介词短语可以作状语，也可以作补语，但是"……给$N_{人}$留下……的印象"是常用搭配，不能说"……留下……的印象给$N_{人}$"。这也提示我们应该记一些常用搭配。

② 介词"给"后加：给予的对象，如"给他打电话"；服务的对象，如"他给我修好了自行车"；表达的对象，如"把你的发现给我们介绍一下"；受损的对象，如"那本书给你弄丢了"；动作的发出者，如"他给警察带走了"。

2. 为我们　　乐观的态度　　能　　带来好运（真题编号：H51114）

____

分析：

① 找动词性成分："带来好运"。

② 确定主语。→"乐观的态度带来好运"。

③ 找介词短语："为我们"。没有"的"，而且"为"组成的介词短语不能作补语，应该是介词短语作状语："为我们带来好运"。

④"能"，助动词，作状语。从意思角度看，能够给我们带来好运："能为我们带来好运"。→"乐观的态度能为我们带来好运。"

知识链接：

① 只有"于"、"自"、"到"、"在"、"给"、"向"、"往"等少数几个介词可以组成介词短语作补语，其他介词短语只能作定语或状语。

② 介词"为"后加：服务的对象，如"为大家服务"；原因，如"为这件事高兴"；目的，如"为适应社会的发展"。

③"为$N_{人}$带来好运"是常用搭配。

④ 不能说"乐观的态度能带来好运为我们"，状语应放在谓语前。

小提示：

考介词短语的题，可能有助动词作状语，要从意思角度确定介词短语和助动词的位置。

3. 小狗　　摇了摇　　朝　　主人　　尾巴（真题编号：H51003）

____

分析：

① 找动词性成分："摇了摇"。

② 确定主语、宾语。→"小狗摇了摇尾巴"。

③ 找介词："朝"。没有"的"，而且"朝"组成的介词短语不能作补语，应该是介词短语作状语："朝……摇了摇尾巴"。

④ 补充介词后的成分："主人"。→"小狗朝主人摇了摇尾巴。"

知识链接：

① 介词"朝"表示动作的方向，如"朝前看"、"朝他点头"等。

②"摇尾巴"是常用搭配，还常说"摇头/手"等。

4. 北京　　给　　印象　　深刻的　　他　　留下了（真题编号：H51001）

____

分析：

① 找动词性成分："留下了"。

② 确定主语、宾语："北京"或"他"都可以"留下了深刻的印象"。

③ 找介词："给"。"……给$N_{人}$留下印象"是常用搭配。

④ 从意思角度看，只能给人留下印象，所以"他"应该是"给"后面的成分。→"北京给他留下了深刻的印象。"

知识链接：

"深刻的印象"是常用搭配，还常说"深刻的教训/体会"。

小提示：

几个词都可能是同一成分时，可以先不管那个成分，继续往下做，通过其他项来判断。

5. 从　　不同的角度　　我们　　要学会　　观察　　事物（真题编号：H51005）

____

分析：

① 找动词性成分："要学会"、"观察"。"要学会"可以带动词性宾语。→"……要学会观察……"。

② 确定主语、"观察"的宾语。→"我们要学会观察事物"。

③ 找介词："从"。没有"的"，而且"从"组成的介词短语不能作补语，应该是介词短语作状语："从……要学会"或"从……观察"。

④ 补充介词后的成分："不同的角度"。从意思角度看，要从一定的角度观察。→"我们要学会从不同的角度观察事物。"

知识链接：

① 介词"从"表示：起点，如"从美国来"；经过的路线、场所，如"从那条路走"；根据，如"从工作上考虑"。

② "观察事物"是常用搭配，还常说"观察天气变化/他的精神状况/他的病情"等。

小提示：

① 有两个动词时，如果其中一个动词可以带动词性成分作宾语，那个动词很可能是谓语，另一个动词很可能是它的宾语。

② 介词短语作状语时，可能不是谓语的状语，而是其他动词的状语。应该注意从意思、常用搭配角度判断。

6. 令人佩服　她　把握　对　角色　的（真题编号：H51003）

____

分析：

① 找动词性成分："令人佩服"、"把握"。

② 找介词："对"。"对……的把握"是常用搭配。→"对……的把握令人佩服"。

③ 补充介词后的成分："角色"。

④ 已经有了必要的成分，"她"很可能作定语。→"她对角色的把握令人佩服。"

知识链接：

① 介词"对"表示：动作的对象，如"他对我点了点头"；对待，如"大家都对我很好"。

②"把握"的宾语应该是抽象的事物。"把握角色"是常用搭配，还常说"把握机会/命运/规律"等。

小提示：

① 如果不能确定句子的主语、谓语、宾语，不要着急，可以先找介词，从介词的常用搭配入手解题。

② 考介词短语的题中如果有"的"，介词短语可能作定语。

③ 如果已经有了必要的成分，剩下的项很可能作定语。

同步训练

1. 请写出合适的搭配

摇__________/__________

深刻的__________/__________

观察__________/__________

把握__________/__________

2. 请写出能组成介词短语作补语的介词

____

____

3. 完成句子

（1）为孩子　父母　操心　总是

____

（2）买了　妈妈　很多礼物　给孩子

____

（3）这种现象　解释　科学家　做出了　对

____

（4）文学　她　对　产生了　兴趣

____

（5）重要的　这份材料　提供了　我们　为　信息

____

（6）留下了　给他　很多的　父母　财产

____

（7）自己的双手　凭　创造　要学会　我们　幸福的生活

____

（8）按照　要开始　我　生活　自己的方式

____

（9）这件事　他　对　的　很深刻　认识

____

（10）月亮　人类　对　的　还不够深　研究

____

答案：

（1）父母总是为孩子操心。

分析：解题步骤为“动词→主语、宾语→介词短语”。句子主干为“父母操心”。“为”组成的介词短语不能作补语，应该是介词短语作状语。“为……操心”是常用搭配。

（2）妈妈给孩子买了很多礼物。

分析：句子主干为“妈妈买了很多礼物”。“给”组成的介词短语不能作补语，应该是介词短语作状语。

（3）科学家对这种现象做出了解释。

分析：句子主干为“科学家做出了解释”。“对”组成的介词短语不能作补语，应该是介词短语作状语。“对……做出解释”是常用搭配。

（4）她对文学产生了兴趣。

分析：句子主干为“她产生了兴趣”。“对……产生兴趣”是常用搭配。

（5）这份材料为我们提供了重要的信息。

分析：句子主干为“这份材料提供了信息”。“为……提供信息”是常用搭配。

（6）父母给他留下了很多的财产。

分析：句子主干为“父母留下了财产”。“给……留下财产”是常用搭配。

（7）我们要学会凭自己的双手创造幸福的生活。

分析：动词：“要学会”、“创造”。“要学会”可以带动词性宾语。→“……要学会创造……”。介词“凭”表示“利用、根据”，如“凭常识判断”。“凭”组成的介词短语不能作补语，应该是介词短语作状语。“创造……（的）生活”是常用搭配。

（8）我要开始按照自己的方式生活。

分析：“要开始”可以带动词性宾语。→“……要开始生活”。“按照”组成的介词短语不能作补语，应该是介词短语作状语。

（9）他对这件事的认识很深刻。

分析：这是一个形容词谓语句，可以得到“……很深刻”。“对”组成的介词短语作定语。→“对……的认识”，作主语。“他”，代词，直接作定语。“认识很深刻”是常用搭配。

（10）人类对月亮的研究还不够深。

分析：这是一个形容词谓语句，可以得到“……还不够深”。“对”组成的介词短语作定语。→“对……的研究”，作主语。“人类”，名词，直接作定语。

8. 补语

补语在谓语后进行补充、说明。其基本结构如下表：

V/A	+补语
走	得很累
吃	完了
看了	一个小时
去过	一次
走	来了

（续表）

V/A	+补语
吃	不完
热	坏了
游	向大海

分类：

补语可分为：情态补语、结果补语、时量补语、动量补语、趋向补语、可能补语、程度补语和介词短语补语。下面我们就分别看看这些补语的用法有哪些需要注意的地方。

1. 情态补语

情态补语补充、说明动作的结果或状态的程度。其基本结构如下表：

V/A	+得	+情态补语
做	得	很好
累	得	走不动了

（1）形容词作情态补语时，形容词前多加程度副词（例①、②）。

例：① 他写得很好。

② 他说得很流利。

（2）有宾语时，要重复动词（例③），也可以把宾语放在主语后（例④），或者主语前（例⑤）。

例：③ 他说汉语说得不错。

④ 他汉语说得不错。

⑤ 汉语他说得不错。

（3）否定形式在“得”后加“不”（例⑥）或者“没”（例⑦）。

例：⑥ 他写得不好看。

⑦ 他做得没有特点。

2. 结果补语

结果补语补充、说明动作的结果。其基本结构如下表：

V	+结果补语
开	满了花
写	完了作业

（1）结果补语由动词（例⑧）、形容词（例⑨）或介词短语（例⑩）充当。常见的结果补语有“完”、“到”、“去”、“懂”、“走”、“成”等。

例：⑧ 我听懂了。

⑨ 我看清楚了。

⑩ 我放在外面了。

（2）有宾语时，放在结果补语后（例⑪、⑫）。

例：⑪ 他借走了我的书。

⑫ 他打开了窗户。

（3）否定形式在动词前加“没”（例⑬、⑭）。

例：⑬ 我没看见。

⑭ 我没找到。

3. 时量补语

时量补语补充、说明动作或状态持续的时间。其基本结构如下表：

V	+时量补语
休息了	半个小时
写了	三天

（1）时量补语由表示时间段的词充当（例⑮、⑯）。

例：⑮ 我叫了你半天。

⑯ 我在北京住了三年。

（2）有宾语时，如果宾语是一般名词，可以重复动词（例⑰），也可以把宾语放在时量补语后（例⑱），补语和宾语之间可以加“的”（例⑲）。

例：⑰ 他打球打了两个小时。

⑱ 他看了半个小时书。

⑲ 他看了半个小时的书。

如果宾语是人称代词或处所词，应该放在时量补语前（例⑳、㉑）。

例：⑳ 我等了你半个小时。

㉑ 我来中国一年了。

（3）如果动作已经完成，在动词后加“了”（例㉒、㉓）。

例：㉒ 我学了两年。

㉓ 他住了三天。

如果动作还在进行，动词和时量补语后都加“了”，动词后的“了”可以省略。（例㉔、㉕）。

例：㉔ 我学了两年了。

㉕ 他住三天了。

（4）否定形式在动词前加“没”（例㉖、㉗）。

例：㉖ 我没看一个小时电视。

㉗ 我没玩三个小时游戏。

4. 动量补语

动量补语补充、说明动作发生或进行的次数。其基本结构如下表：

V	+动量补语
看了	两遍
去过	五六次

（1）动量补语由表示次数的词充当（例㉘、㉙）。

例：㉘ 他看了两遍。

㉙ 他来过一次。

（2）有宾语时，如果宾语是一般名词，应该放在动量补语后（例㉚、㉛）。

例：㉚ 他吃过两次火锅。

㉛ 他看过两遍那部电影。

如果宾语是人称代词，应该放在动量补语前（例㉜、㉝）。

例：㉜ 我见过他两次。

㉝ 我找过他们一次。

如果宾语是处所词或指人的名词，放在动量补语前（例㉞、㉟），或者动量补语后（例㊱、㊲）。

例：㉞ 他去过长城两次。

㉟ 我去医院看过大卫两次。

㊱ 他去过两次长城。

㊲ 我去医院看过两次大卫。

（3）有“了”（例㊳）、“过”（例㊴）时，放在动词后。

例：㊳ 我看了他一眼。

㊴ 他去过一次北京。

5. 趋向补语

趋向补语补充、说明动作的趋向或相关引申意义。其基本结构如下表：

V/A	+趋向补语
送	来
开	过去
热	起来

（1）趋向补语由“来/去”（例㊵）或“上/下/进/出/过/回/起+来/去”（例㊶）充当。

例：㊵ 我回去了。

㊶ 他跑下去了。

（2）有宾语时，如果宾语是一般名词，放在“来/去”前（例㊷、㊸），或者“来/去”后（例㊹、㊺）。

例：㊷ 他送了一些水果来。

㊸ 他拿出一本书来。

㊹ 他送来了一些水果。

㊺ 他拿出来一本书。

如果宾语是处所，放在“来/去”前（例㊻、㊼）。

例：㊻ 他下楼来。

㊼ 他们跑进商店去。

（3）否定形式在动词前加“没”（例㊽）或者“不”（例㊾）。

例：㊽ 他没过来。

㊾ 他不过来。

6. 可能补语

可能补语补充、说明动作能否到达某种结果或情况。其基本结构如下表：

V/A	+得	+结果补语/趋向补语/了（liǎo）
看	得	完
游	得	过去
好	得	了

（1）可能补语含有形容词时，形容词前不加程度副词（例㊿、51）。

例：㊿ 他说得快。（可能补语）

51 他说得很快。（情态补语）

（2）有宾语时，放在可能补语后（例52），或者主语前（例53）。

例：52 我听得懂他的话。

53 他的话我听得懂。

（3）否定形式把“得”换成“不”（例54、55）。

例：54 我听不清楚。

55 我去不了。

7. 程度补语

程度补语补充、说明动作的程度和事物情态、性状的程度。其基本结构如下表：

表1：

$V_{心理}$/A	+极了/坏了/透了/死了/多了/远了
高兴	坏了
热	极了

表2：

$V_{心理}$/A	+得	+很/多/慌/要命/要死/厉害/不行/不得了（liǎo）
喜欢	得	不得了
忙	得	要命

有宾语时，有时要把宾语放在程度补语后（例56），有时要重复动词（例57）。

例：56 今天热死我了。

57 我们怕他怕得要命。

8. 介词短语补语

介词短语补语补充、说明动作发生的时间、处所、方向、对象、原因、来源或比较对象、数量等。其基本结构如下表：

V/A	+介词短语补语
建立	于1949年
生活	在大城市

（1）介词短语补语由“于”、“自”、“到”、“在”、“给”、“向”、“往”等少数几个介词组成介词短语充当（例58、59）。

例：58 这趟车开往北京。

59 孩子跑向妈妈。

（2）介词短语补语后没有宾语（例60、61）。

例：60 *他留下了给我深刻的印象。（介词短语作补语）

61 他给我留下了深刻的印象。（介词短语作状语）

（3）否定形式在动词前加“没”（例62）或者“不”（例63）。

例：62 我没借给他钱。

63 这趟火车不开往上海。

解题方法：

（1）补语是最常考到的内容之一，要重点复习。

（2）常考情态补语、介词短语补语，还考过趋向补语，要重点复习。

（3）做这类题的关键是通过标志词、补语的特点确定是否考补语以及考哪种补语。

（4）常考“V+得+程度副词+A”结构的情态补语。题目中有“得”和程度副词时，很可能考情态补语。

（5）常考“于”组成的介词短语补语。要重点复习介词“于”的用法：

条件	用法	例句
“于”组成的介词短语作补语	表示处所、来源	这种玩具产于中国。
	表示时间	他生于1981年。
	表示方向、目标	工作接近于完成。
	表示对象	他不满足于现在的状况。
	表示方面、原因、目的	他忙于收集资料。
	表示被动	我们受限于客观条件。
	表示比较	自由高于一切。
“于”组成的介词短语作状语	表示时间	新中国于1949年成立。
	表示对象	形势于我们有利。
	表示范围	于专业书之外，我也喜欢看小说。

（6）还应该记一些常用搭配：

生于、死于、敢于、勇于、苦于、便于、乐于、用于、忙于、产于、优于、高于、大于、重于、成立于、开始于、始建于、毕业于、相当于、接近于、不同于、区别于、落后于、满足于、相对于、有利于、服务于、应用于、运用于、作用于、从事于、习惯于、取材于

（7）题目中有“来/去”、“上/下/进/出/过/回/起+来/去”，以及可以作谓语的动词、形容词时，很可能考趋向补语。

标志词：

补语类型	标志词
情态补语	①“得” ② 程度副词
结果补语	①“完”、“到”、“去”、“懂”、“走”、“成”等经常作结果补语的动词 ② 形容词

（续表）

补语类型	标志词
时量补语	表示时间段的词
动量补语	表示次数的词
趋向补语	①“来/去” ②“上/下/进/出/过/回/起+来/去”
可能补语	“得”、“不”（含有形容词时，形容词前没有程度副词）
程度补语	“极了”、“坏了”、“透了”、“死了”、“多了”、“远了”、“得很”、“得多”、“得慌”、“得要命”、“得要死”、“得厉害”、“得不行”、“得不得了”等
介词短语补语	“于”、“自”、“到”、“在”、“给”、“向”、“往”等介词

解题步骤：

（1）找动词。

（2）补全补语。

（3）确定主语。

（4）加状语、定语等成分。

真题演练

1. 大笑　　忍不住　　起来　　他（样题）

____

判断：

有标志词“起来”，有动词“大笑”，“起来”应该是趋向补语。

分析：

① 找动词性成分：“大笑”。

② 加补语。→“……大笑起来”。

③ 确定主语。→“他大笑起来”。

④“忍不住”，作状语。→“他忍不住大笑起来。”

知识链接：

①“大笑起来”的意思是开始大笑。“V/A+起来”表示开始某件事或某种状态。

②“忍不住”是习惯用法，在这里作状语。“忍不住”还可以作谓语，如“他实在忍不住了，哭了起来”。

2. 犹豫　　他　　有些　　显得（真题编号：H51117）

____

判断：

有“得”，可能是情态补语、可能补语或程度补语。因为有程度副词“有些”，所以不是可能补语；因为程度补语前应该是形容词或心理动词，选项里没有，所以不是程度补语。

分析：

① 找动词：“显得”。

② 补全补语：根据结构“V+得+程度副词+A”。→“……显得有些犹豫”。

③ 确定主语。→“他显得有些犹豫。”

小提示：

“得”提示我们后面有情态补语、可能补语或程度补语，可以通过补语的特点和其他项，确定补语类型。

3. 你的领带　　太　　紧　　系得　　了（真题编号：H51117）

____

判断：

有“得”，有程度副词“太”，动词是“系”，应该是情态补语。

分析：

① 找动词：“系得”。

② 补全补语：根据结构“V+得+程度副词+A”。→“……系得太紧了”。

③ 确定主语。→“你的领带系得太紧了。”

知识链接：

“太……了”是常用结构。

4. 水煮鱼　　很　　老王的　　做得　　地道（样题）

____

判断：

有“得”，有程度副词“很”，动词是“做”，应该是情态补语。

分析：

① 找动词："做得"。

② 补全补语：根据结构"V+得+程度副词+A"。→"……做得很地道"。

③ 确定主语。→"水煮鱼做得很地道"。

④"老王的"作定语。→"老王的水煮鱼做得很地道。"

知识链接：

"水煮鱼"是一道中国菜。

小提示：

如果不认识"水煮鱼"也没关系，只要知道这是一种鱼就可以了。

5. 顺利　　今天的手术　　进行　　相当　　得（真题编号：H51115）

____

判断：

有"得"，有程度副词"相当"，动词是"进行"，应该是情态补语。

分析：

① 找动词："进行"。

② 补全补语：根据结构"V+得+程度副词+A"。→"……进行得相当顺利"。

③ 确定主语。→"今天的手术进行得相当顺利。"

6. 1860年　　这座　　始建于　　雄伟的　　建筑（真题编号：H51115）

____

判断：

动词后有介词"于"，应该是介词短语补语。

分析：

① 找动词性成分："始建于"。

② 确定介词后的成分：介词"于"后可以加时间。→"……始建于1860年"。

③ 确定主语："始建"的意思是"开始建设"，它的主语应该是建筑。→"建筑始建于1860年"。

④"这座"、"雄伟的"作定语。根据多项定语的顺序："指量+什么样的+名词"，应该是"这座雄伟的建筑"。→"这座雄伟的建筑始建于1860年。"

小提示：

① 如果不认识“始建”，可以用“始”、“建”组词猜词义：“开始建造”。

② 常通过介词的用法确定介词后的成分，要注意复习介词的用法。

③ 可以通过介词找动词，介词前的词可能是动词。

7. 有利于　　缓解　　深呼吸　　紧张情绪（真题编号：H51113）

____

判断：

动词后有介词“于”，应该是介词短语补语。

分析：

① 找动词性成分：“有利于”。

② 确定主语、介词后的成分：“有利于”的意思是对某方面的内容有利。“深呼吸”对“缓解”“紧张情绪”有利。→“深呼吸有利于缓解紧张情绪。”

知识链接：

①“缓解紧张情绪”是常用搭配。

②“深呼吸”是动词性短语，这道题是动词性短语作主语。

小提示：

除了介词的用法，也可以从意思、常用搭配角度确定主语、介词后面的成分。

8. 这个电视剧　　一个神话　　取材　　于（真题编号：H51003）

____

判断：

有介词“于”，没有“的”，介词短语作补语或状语。

分析：

① 找动词：“取材”。

②“取材”的意思是“选择、获得材料”。“这个电视剧”的内容可能来自“一个神话”，所以介词“于”应该表示来源。“于”只有组成介词短语作补语时才可以表示来源。→“这个电视剧取材于一个神话。”

小提示：

① 如果不认识“取材”，可以通过其他的项来猜它的词性。这道题中其他的项是

名词性成分、介词，所以“取材”很可能是动词。还可以用“取”、“材”组词猜词义：“取得材料”。

② 不能确定介词短语作状语还是补语时，可以通过介词的用法、意思来判断。

③“取材于”是一个常用搭配，如果知道这个常用搭配，做这道题会更容易，所以我们应该记一些介词的常用搭配。

同步训练

1. 请写出带介词“于”的常用搭配

____

____

2. 完成句子

（1）应该　你　下来　冷静

____

（2）明白　终于　他　过来了

____

（3）想得　她　周到　非常

____

（4）你的作业　乱　太　了　写得

____

（5）很　小王的　记得　详细　笔记

____

（6）节目　今天的　表演得　成功　非常

____

（7）那位　作家　有名的　1960年　出生于

____

（8）减少　有利于　慢跑　心理压力

____

（9）于　文学作品　日常生活　来自

____

（10）于　那位教授　北京大学　毕业

____

答案：

（1）你应该冷静下来。

分析：解题步骤为“动词→补语→主语”。有标志词“下来”、形容词“冷静”，“下来”应该是趋向补语。这里是“下来”的引申用法，表示由动态变成静态，如“停下来”。“应该”，助动词，作状语。

（2）他终于明白过来了。

分析：这里是“过来”的引申用法，表示转到正常的、积极的状态，如“醒过来”。“终于”，副词，作状语。

（3）她想得非常周到。

分析：有标志词“得”、“非常”，动词后应该带情态补语。→“……想得非常周到”。“周到”形容人办事情、想问题很全面。如果不认识“周到”，可以通过其他项判断出“周到”应该是形容词。

（4）你的作业写得太乱了。

分析：通过标志词“得”、“太”，可以得到“……写得太乱了”。

（5）小王的笔记记得很详细。

分析：通过标志词“得”、“很”，可以得到“……记得很详细”。

（6）今天的节目表演得非常成功。

分析：通过标志词“得”、“非常”，可以得到“……表演得非常成功”。

（7）那位有名的作家出生于1960年。

分析：动词后有介词“于”，应该是介词短语补语。→“……出生于1960年”。

（8）慢跑有利于减少心理压力。

分析：可以得到“……有利于……”。“慢跑”是动词性成分，这道题是动词性成分作主语。“减少压力”是常用搭配。

（9）文学作品来自于日常生活。

分析：“于”组成的介词短语作补语。→“……来自于……”。

（10）那位教授毕业于北京大学。

分析：可以得到“……毕业于……”。

（二）动作的状态

动作的状态是动作处在进行、持续、完成、将要进行或者经历等情况。汉语中常见的动作状态有：进行态、持续态、完成态、将要进行态和经历态。下面我们就看看怎样表示这些动作状态，以及有哪些需要注意的地方。

1.进行态

进行态表示动作正在进行。其基本结构如下表：

正/在/正在	+VP	+呢
正	复习	呢
正在	看书	呢

（1）上表是进行态的完整结构。进行态也可以省略“呢”或“正在”（例①、②）。

例：① 他在做饭。

② 他打电话呢。

（2）“在”前常有“总”、“还”、“一直”、“又”、“经常”等副词（例③、④）。

例：③ 他还在想那件事。

④ 他又在看电视。

（3）进行态不能和“了”、“过”、结果补语、时量补语或者动量补语一起使用（例⑤）。

例：⑤ *他在上网了。

（4）否定式在“正”、“在”、“正在”前加“没”（例⑥、⑦）。

例：⑥ 他没在睡觉。

⑦ 我去找他的时候他没在看书。

2.持续态

持续态表示动作、状态的持续。其基本结构如下表：

V/A	+着	（+O）
穿	着	一件白衬衫
忙	着	

（1）有宾语时，“着”要放在谓语和宾语之间（例⑧、⑨）。

例：⑧ 他戴着一副墨镜。

⑨ 桌上放着很多书。

（2）持续态可以和进行态在一起使用（例⑩、⑪）。

例：⑩ 外面正下着雨呢。

⑪ 他正上着课呢。

（3）持续态可以用在其他动词前作状语，表示后面动作的方式（例⑫、⑬）。

例：⑫ 他听着音乐写作业。

⑬ 他们喝着咖啡聊天。

（4）持续态不能和“了”、“过”或者补语一起使用（例⑭）。

例：⑭ *门开着了。

（5）持续态的时间可以是过去、现在或者将来（例⑮、⑯）。

例：⑮ 去年墙上贴着一幅画。

⑯ 两年以后，我一定会笑着离开。

（6）否定式在谓语前加“没”，谓语后一定要用“着”（例⑰、⑱）。

例：⑰ *抽屉里没放学生证。

⑱ 书上没写着名字。

3. 完成态

完成态表示动作的实现、完成。其基本结构如下表：

V/A	+了	（+O）
吃	了	药
累	了	

（1）有宾语时，“了”要放在谓语和宾语之间（例⑲、⑳）。

例：⑲ 他看了那本书。

⑳ 他买了今天的报纸。

（2）有宾语时，宾语前要有定语。如果没有定语，句末多有“了”（例㉑、㉒）。

例：㉑ 我买了一本书。

㉒ 我买书了。

（3）有结果补语时，“了”要放在结果补语后（例㉓、㉔）。

例：㉓ 我看完了那本书。

㉔ 我找到了他。

（4）完成态的时间可以是过去、现在或者将来（例㉕、㉖）。

例：㉕ 昨天他看了一个电影。

㉖ 明天我吃了饭去找你。

（5）否定式在谓语前加“没”，不再用“了”（例㉗、㉘）。

例：㉗ *他没去了。

㉘ 我没买那本书。

（6）注意区别放在谓语后的“了”和放在句末的“了”。“了”在谓语后主要表示动作的完成（例㉙），在句末主要表示变化（例㉚）。

例：㉙ 他有了自己的公司。

㉚ 我有自己的公司了。

（7）如果宾语是小句子，谓语后不能再加“了”，但是可以在句末加“了”（例㉛、㉜）。

例：㉛ *我知道了他是日本人。

㉜ 我发现他有女朋友了。

（8）谓语后有情态补语时，谓语后不能再加“了”，但是可以在句末加“了”（例㉝、㉞）。

例：㉝ *他说得了很清楚。

㉞ 他说得很清楚了。

（9）谓语前有“已经”时，句末一定有“了”（例㉟、㊱）。

例：㉟ 他已经走了。

㊱ 他的病已经好了。

（10）否定式在谓语前加“没”或“不”。用“没”时，不再用“了”（例㊲）。用“不”时，要用“了”（例㊳）。

例：㊲ 他没到北京。

㊳ 我不想去了。

4. 将要进行态

将要进行态表示动作将要发生。其基本结构如下表：

要/就要/快（要）/将（要）	+ V/A	+了
要	开始	了
就要	熟	了

（1）“将（要）”比较正式，后面一般不用“了”（例㊴、㊵）。

例：㊴ 他将要出席那个讨论会。

㊵ 奥运会将在巴西举行。

（2）将要进行态的时间可以是过去，但后面不用“了”（例㊶、㊷）。

例：㊶ 电影要开始的时候，他忽然肚子疼。

㊷ 快毕业的时候，他找到了一份理想的工作。

（3）否定式在谓语前加“没”，不再用“要/就要/快（要）/将（要）”（例㊸、㊹）。

例：㊸ *我没快要毕业。

㊹ 火车没到上海。

5.经历态

经历态表示过去曾经有过某种经历。其基本结构如下表：

V/A	+过	（+O）
瘦	过	
去	过	北京

（1）有宾语时，“过”要放在谓语和宾语之间（例㊺、㊻）。

例：㊺ 我吃过北京烤鸭。

㊻ 我学过汉语。

（2）有结果补语时，“过”要放在结果补语后（例㊼、㊽）。

例：㊼ 我看见过那个人。

㊽ 我答错过这道题。

（3）谓语前常有“曾经”（例㊾、㊿）。

例：㊾ 他曾经去过上海。

㊿ 他曾经在那里工作过。

（4）否定式在谓语前加“没”，谓语后一定要用“过”（例51）。如果谓语前有介词短语作状语，“没”多放在介词短语前（例52）。

例：51 我没吃过这种鱼。

52 我没和他说过话。

6. 解题方法和解题步骤

解题方法：

（1）常考进行态、持续态和完成态，要重点复习。

（2）表示进行态的句子，状语应该放在标志词“正”、“在”、“正在”前。

（3）要注意区别表示持续态的句子和表示存在的存现句：

	表示持续态的句子	表示存在的存现句
意思	表示动作、状态的持续。	表示某个地方存在某个东西。
基本结构	S+ V/A+着（+O） 主语多是有生命的、动作的发出者。	$NP_{处所}$+V+着+$NP_{人/事物}$ 句首是处所词。

（4）表示完成态的句子，应该根据句子要强调变化还是完成，确定“了”的位置。

（5）有时名词和动词既可以组成主谓短语，又可以组成动宾短语，要注意这种情况的处理方法。

标志词：

动作的态	标志词
进行态	正/在/正在/呢
持续态	着
完成态	了
将要进行态	① 要/就要/快（要）/将（要） ② 了
经历态	过

解题步骤：

（1）找动词。

（2）确定主语、宾语。

（3）加动作的态的标志词“在”、“着”、“了”等。

（4）加状语、定语等成分。

真题演练

1. 小马　　一直在　　一家酒吧　　经营（真题编号：H51005）

____

分析：

① 找动词：“经营”。

② 确定主语、宾语：“经营”的宾语应该是公司、企业。→“小马经营一家酒吧”。

③ “一直”，副词，作状语。“在”，表示动作正在进行，放在谓语前。→“小马一直在经营一家酒吧。”

知识链接：

“经营酒吧”是常用搭配，还常说“经营公司/饭馆”等。

小提示：

表示进行态的句子里常有副词“一直”作状语。

2. 正在　　律师　　双方的意见　　征求（真题编号：H51113）

____

分析：

① 找动词："征求"。

② 确定主语、宾语："征求"的宾语应该是意见、看法、作品。→"律师征求双方的意见"。

③ "正在"，表示动作正在进行，放在谓语前。→"律师正在征求双方的意见。"

知识链接：

"征求意见"是常用搭配，还常说"征求看法/方案"等。

3. 上涨　　黄金的价格　　一直　　在（真题编号：H51116）

____

分析：

① 找动词："上涨"。

② 确定主语："上涨"的主语应该是价格或水位。→"黄金的价格上涨"。

③ "在"，表示动作正在进行，放在谓语前。

④ "一直"，副词，作状语，放在"在"前。→"黄金的价格一直在上涨。"

知识链接：

① 不要说"黄金的价格在一直上涨"，状语应放在"在"前。

② "上涨"不能带宾语，只能说"黄金的价格上涨"，不能说"上涨黄金的价格"。

4. 许多美丽的　　这里　　流传着　　传说（真题编号：H51117）

____

分析：

① 找动词："流传着"。

② 确定主语、宾语："流传"的宾语应该是故事、作品。→"这里流传着传说"。

③ "许多美丽的"作定语。→"这里流传着许多美丽的传说。"

知识链接：

"流传着……传说"是常用搭配，还常说"流传着一个故事/他的作品"等。

5. 新的调整　股票市场　面临　着（真题编号：H51005）

____

分析：

① 找动词："面临"。

② 确定主语、宾语："面临"的宾语应该是困难、问题。→"股票市场面临新的调整"。

③ "着"，表示动作、状态的持续，放在谓语后。→"股票市场面临着新的调整。"

6. 高速公路　城市之间的距离　缩短　了（真题编号：H51115）

____

分析：

① 找动词："缩短"。

② 确定主语、宾语："缩短"的宾语应该是距离、长度、时间。→"高速公路缩短城市之间的距离"。

③ "了"，放在谓语后表示完成，或者放在句末表示变化。这个句子说的不是一件新发生的事，不强调变化，"了"放在谓语后表示完成。→"高速公路缩短了城市之间的距离。"

知识链接：

"缩短距离"是常用搭配，还常说"缩短长度/时间"等。

小提示：

应该根据句子要强调的内容确定"了"的位置。

7. 利息　又　涨　银行的　了（真题编号：H51115）

____

分析：

① 找动词："涨"。

② 确定主语、宾语：可以说"利息涨"，也可以说"涨利息"。如果是"涨利息"，没有主语，意思不清楚。→"利息涨"。

③ 谓语后没有宾语，"了"只能放在谓语后表示表示完成、变化。

④ "又"，副词，作状语。

⑤“银行的”作定语。→“银行的利息又涨了。”

知识链接：

“涨”多和价格、水位搭配。“利息涨了”是常用搭配。

小提示：

① 有的名词和动词既可以组成主谓短语，又可以组成动宾短语，可以通过其他的项判断。

② 谓语后没有宾语时，“了”只能在谓语后表示完成、变化。

8. 再　　推迟了　　会议日期　　不能（真题编号：H51005）

____

分析：

① 找动词：“推迟了”。

② 确定主语、宾语：可以说“推迟了会议日期”，也可以说“会议日期推迟了”。

③“能”，助动词，作状语：“不能推迟了”。

④“再”，副词，作状语。从意思角度看，不能再一次推迟：“不能再推迟了”。

⑤ 否定句中，动词和宾语之间不能加“了”，句末可以加“了”表示变化。所以“推迟了”应该在句末。→“会议日期不能再推迟了。”

知识链接：

“推迟……日期”是常用搭配。

小提示：

① 某个词可能是不同成分时，可以先不管那个词，继续往下做，之后通过其他项来判断，要充分利用每个项提供给我们的信息。

② 有时不直接考动作的态，而是要通过动作的态的有关知识确定其他项的位置。

同步训练

1. 请写出合适的搭配

经营__________/__________

征求__________/__________

流传着__________/__________

缩短__________/__________

__________/__________涨

2. 完成句子

（1）一直在　研究　老张　中国历史

____

（2）秘书　会议的记录　正在　整理

____

（3）在　森林的面积　减少　一直

____

（4）沙漠化的　面临着　威胁　很多地方

____

（5）存在　东西文化　着　明显的差异

____

（6）科学技术　了　改变　人们的生活方式

____

（7）部门的　辞职　也　经理　了

____

（8）工作计划　再　改变了　不要

____

（9）婚礼　他们　举行　了　快要

____

（10）也　我们　听说　过　那个地方

____

答案：

（1）老张一直在研究中国历史。

分析：解题步骤为“动词→主语、宾语→态的标志词”。这个句子是进行态。“一直”，副词，作状语。“在”表示动作正在进行，放在谓语前。“研究历史”是常用搭配。

（2）秘书正在整理会议的记录。

分析：“整理……记录”是常用搭配。

（3）森林的面积一直在减少。

分析：“一直”，副词，作状语，放在“在”前。“面积减少”是常用搭配。

（4）很多地方面临着沙漠化的威胁。

分析：这个句子是持续态。“沙漠化”的意思是“逐渐变成沙漠”。如果不认识“沙漠化”，可以通过“的”判断出这是一个定语。“面临……威胁”是常用搭配。

（5）东西文化存在着明显的差异。

分析：“着”表示动作、状态的持续，放在谓语后。“东西文化”的意思是“东方文化和西方文化”。如果不认识“东西文化”，可以通过“文化”判断出这是一个名词性成分。“存在……差异”是常用搭配。

（6）科学技术改变了人们的生活方式。

分析：这个句子是完成态。这里强调动作的实现、完成，“了”放在谓语后。“改变……方式”是常用搭配。

（7）部门的经理也辞职了。

分析：谓语后没有宾语，“了”只能放在谓语后表示完成、变化。“也”，副词，作状语。

（8）工作计划不要再改变了。

分析：“要”，助动词，作状语。“再”，副词，作状语。否定句中，动词和宾语之间不能加“了”，句末可以加“了”表示变化。所以不能说“不要再改变了工作计划”，只能说“工作计划不要再改变了”。

（9）他们快要举行婚礼了。

分析：这个句子是将要进行态。“举行婚礼”是常用搭配。

（10）我们也听说过那个地方。

分析：这个句子是经历态。“过”表示过去曾经有过某种经历，放在谓语后。“也”，副词，作状语。

（三）特殊句式

1. 被动句

被动句表示被动意义，句中常有“被”、“给”、“叫”、“让”为标记。其基本结构如下表：

S	+被/给/叫/让	+O	+V	+其他
那个问题	被	他	解决	了。
那个房间	给	他	打扫	干净了。
那个手机	叫	他	弄	坏了。
那个包裹	让	他	取	走了。

注意事项：

（1）谓语动词后一定有其他成分（例①），可以是补语（例②）、宾语（例③）、“了”（例④）、“过”（例⑤）等。

例：①★那些书被卖。

②饼干被他吃完了。

③他的头被撞了一个包。

④文件被他删了。

⑤我的东西被别人动过。

（2）助动词（例⑥）、副词（例⑦）要放在“被”、“给”、“叫”、“让”的前面。

例：⑥糖可能被他吃光了。

⑦他马上被送到了医院。

（3）主语应该是明确的（例⑧），主语前不可加“一个”等定语（例⑨）。

例：⑧那张照片被一张纸盖住了。

⑨★一张照片被一张纸盖住了。

（4）“被”、“给”后可以没有宾语（例⑩、⑪），“叫”、“让”后必须有宾语（例⑫、⑬）。

例：⑩他被批评了。

⑪他给打了。

⑫★他叫带走了。

⑬★他让累病了。

（5）否定形式在“被”、“给”、“叫”、“让”前加“没”（例⑭）或者“不”（例⑮）。

例：⑭那本书没被别人拿走。

⑮他的看法不被大家重视。

解题方法：

（1）被动句是最常考到的内容之一，要重点复习。

（2）写框架前要特别注意动词后有没有其他成分，结构是不是完整。

（3）被动句中，动词后有"在/到/给/成"时，后面一定有宾语。

（4）应该先确定主语、宾语，再确定动词后的成分，会容易一些。

（5）被动句中也可能没有宾语。

标志词：

"被"

解题步骤：

（1）找动词。

（2）写框架："……被……V……"。

（3）确定主语、宾语。

（4）补充动词后的成分。

（5）加状语、定语等成分。

真题演练

1. 他　　被　　录取了　　那所名牌大学（真题编号：H51003）

____

分析：

① 找动词："录取了"。结构完整，后面不需要有其他成分。

② 写框架："……被……录取了"。

③ 确定主语、宾语："那所名牌大学"录取了"他"。→"他被那所名牌大学录取了。"

知识链接：

用"录取"时，主语一定是学校。

小提示：

动词后可能只有一个"了"。

2. 被　　他的　　取消了　　比赛资格（真题编号：H51117）

____

分析：

① 找动词："取消了"。结构完整，后面不需要有其他成分。

② 写框架："……被……取消了"。

③ 确定主语、宾语：取消"比赛资格"。没有宾语。→"比赛资格被取消了"。

④ "他的"作定语。→"他的比赛资格被取消了。"

知识链接：

"取消"的宾语应该是原来的制度、活动、权利。"取消资格"是常用搭配，还常说"取消会议/规定/约会/航班"等。

3. 临时取消了　　飞往青岛的　　航班　　被（真题编号：H51113）

____

分析：

① 找动词性成分："临时取消了"。结构完整，后面不需要有其他成分。

② 写框架："……被……临时取消了"。

③ 确定主语、宾语：取消"航班"。没有宾语。→"航班被临时取消了"。

④ "飞往青岛的"作定语。→"飞往青岛的航班被临时取消了。"

知识链接：

"临时取消"是常用搭配，还常说"临时决定/通知/准备"等。

小提示：

如果不认识"飞往青岛的"也没关系，可以通过"的"确定这是一个定语，修饰主语或宾语。

4. 花盆　　被　　那个　　打碎了（真题编号：H51115）

____

分析：

① 找动词性成分："打碎了"。结构完整，后面不需要有其他成分。

② 写框架："……被……打碎了"。

③ 确定主语、宾语：打碎"花盆"。没有宾语。→"花盆被打碎了"。

④ "那个"作定语。→"那个花盆被打碎了。"

知识链接：

"碎"常在动词后作结果补语，如"撕碎"、"摔碎"等。

5. 摔　玩具　被　了　坏（样题）

____

分析：

① 找动词："摔"。后面还应该有其他成分。

② 写框架："……被……摔……"。

③ 确定主语、宾语：摔"玩具"。没有宾语。→"玩具被摔……"。

④ 补充动词后的成分："坏"、"了"。→"玩具被摔坏了。"

知识链接：

①"坏"常在动词后作结果补语，如"弄坏"、"吃坏（肚子）"等。

② 不要说"坏玩具"，如果要表达这个意思，要用"坏了的玩具"。

小提示：

动词后有补语时，补语后常有"了"。

6. 预订　3号桌　已经　了　被　别人（真题编号：H51002）

____

分析：

① 找动词："预订"。后面还应该有其他成分。

② 写框架："……被……预订……"。

③ 确定主语、宾语："别人"预订"3号桌"。→"3号桌被别人预订……"。

④ 补充动词后的成分："了"。

⑤"已经"，副词，作状语，放在"被"前。→"3号桌已经被别人预订了。"

知识链接：

①"预订座位"是常用搭配，还常说"预订房间/机票"等。

② 不要说"3号桌被别人已经预订了"，状语应放在"被"前。

7. 领域　这个理论　被　很多　应用到（真题编号：H51004）

____

分析：

① 找动词性成分："应用到"。后面还应该有其他成分。

② 写框架："……被……应用到……"。

③ 确定主语、宾语："应用"什么？"这个理论"。谁"应用"？找不到合适的

词，没有宾语。“应用到”哪里？某些“领域”。→“这个理论被应用到领域”。

④“很多”作定语。→“这个理论被应用到很多领域。”

知识链接：

“应用”的宾语应该是科学、理论。“应用理论”是常用搭配，还常说“应用方法/技术/发明”等。

小提示：

“被”字句中，动词后有“到/在/给/成”时，后面一定有宾语。

同步训练

1. 请写出合适的搭配

取消__________/__________

临时__________/__________

预订__________/__________

应用__________/__________

2. 完成句子

（1）她　雇佣了　被　那家大公司

____

（2）被　贷款申请　他的　拒绝了

____

（3）不小心删除了　被　文件　电脑里的

____

（4）那些　被　搬走了　东西

____

（5）抓　小偷　住　被　了

____

（6）吓　孩子　哭　被　了

____

（7）他的观点　接受　人们　了　被　终于

____

（8）都　被　拒绝　他　那些要求　了

____

（9）被　　这种产品　　出口到　　国家　　很多

____

（10）那位老人　　医院　　送到了　　被　　附近的

____

答案：

（1）她被那家大公司雇佣了。

分析：被动句的基本结构为“S+被+O+V+其他”。句子框架为“……被……雇佣了”。

（2）他的贷款申请被拒绝了。

分析：句子框架为“……被……拒绝了”。“拒绝……（的）申请”是常用搭配。

（3）电脑里的文件被不小心删除了。

分析：句子框架为“……被……不小心删除了”。“删除文件”是常用搭配。

（4）那些东西被搬走了。

分析：句子框架为“……被……搬走了”。

（5）小偷被抓住了。

分析：句子框架为“……被……抓……”。这里的“住”作结果补语，表示通过动作使人或东西固定在某个地方。

（6）孩子被吓哭了。

分析：句子框架为“……被……吓……”。这里的“哭”作结果补语。

（7）他的观点终于被人们接受了。

分析：句子框架为“……被……接受……”。“终于”，副词，在“被”前作状语。“接受……（的）观点”是常用搭配。

（8）那些要求都被他拒绝了。

分析：句子框架为“……被……拒绝……”。“都”，副词，作状语。“拒绝……（的）要求”是常用搭配。

（9）这种产品被出口到很多国家。

分析：句子框架为“……被……出口到……”。“被”字句中，动词后有“到/在/给/成”时，后面一定有宾语。

（10）那位老人被送到了附近的医院。

分析：句子框架为“……被……送到了……”。

2.“把”字句

“把”字句以介词“把”为标记，表示对宾语施加了某种动作，使它发生了某种变化或产生了某种结果。其基本结构如下表：

表1：

S	+把	+O	+V	+在/到/给/成	+其他
他	把	书包	放	在	了地上。
他	把	东西	搬	到	了宿舍。
他	把	作业	交	给	了老师。
他	把	这个句子	翻译	成	了汉语。

表2：

S	+把	+O	+V	+其他
他	把	窗户	打	开了。
他	把	那本书	拿	回去了。

注意事项：

（1）谓语动词后一定有其他成分（例①），可以是补语（例②）、宾语（例③）、“了”（例④）、“着”（例⑤）、动词的重叠形式（例⑥）等。

例：①★他把作业做。（“做”后应有其他成分）

②你应该把这些词记住。

③他把这件事告诉她了。

④小猫把鱼吃了。

⑤你把钱收着。

⑥明天我要把衣服洗洗。

（2）助动词（例⑦）、副词（例⑧）要放在“把”前。

例：⑦我要把孩子送回去。

⑧他已经把照片带来了。

（3）宾语应该是明确的（例⑨），宾语前一般不可加“一个”等定语（例⑩）。

例：⑨ 一个人把那个孩子带走了。

⑩ *一个人把一个孩子带走了。

（4）否定形式在“把”前加“没”（例⑪）或者“不”（例⑫）。

例：⑪ 他没把东西收起来。

⑫ 我不把礼物送给他。

解题方法：

（1）“把”字句是最常考到的内容之一，要重点复习。

（2）写框架前要特别注意动词后有没有其他成分，结构是不是完整。

（3）“把”字句中，动词后有“在/到/给/成”时，后面一定有宾语。

（4）应该先确定主语、宾语，再确定动词后的成分，会容易一些。

标志词：

“把”

解题步骤：

（1）找动词。

（2）写框架：“……把……V……”。

（3）确定主语、宾语。

（4）补充动词后的成分。

（5）加状语、定语等成分。

真题演练

1. 删除　　了　　文件　　电脑里的　　他把（真题编号：H51005）

____

分析：

① 找动词：“删除”。后面还应该有其他成分。

② 写框架：“……把……删除……”。

② 确定主语、宾语：“他”、“文件”。→“他把文件删除……”。

③ 补充动词后的成分：“了”。

④“电脑里的”作定语。→“他把电脑里的文件删除了。”

知识链接：

“删除文件”是常用搭配，还常说“删除一句话/一段话/图片”等。

小提示：

动词后可能只有一个“了”。

2. 他　日程　把　已经　安排好了（真题编号：H51001）

____

分析：

① 找动词性成分：“安排好了”。结构完整，后面不需要有其他成分。

② 写框架：“……把……安排好了”。

③ 确定主语、宾语：“他”安排好了“日程”。→“他把日程安排好了”。

④“已经”，副词，作状语，放在“把”前。→“他已经把日程安排好了。”

知识链接：

“安排日程”是常用搭配，还常说“安排活动/工作”等。

小提示：

动词后可能是结果补语。

3. 上午　任务　一下　要　分配　把（样题）

____

分析：

① 找动词：“分配”。后面还应该有其他成分。

② 写框架：“……把……分配……”。

③ 确定主语、宾语：“分配”的宾语应该是工作。省略了主语。→“把任务分配……”。

④ 补充动词后的成分：“一下”。

⑤“要”，助动词，作状语。“上午”，时间词，作状语。从意思角度看，上午应该分配任务。→“上午要把任务分配一下。”

知识链接：

① 这个句子应该是面对面的对话，不会影响理解，所以省略了主语。

② “一下”是数量短语，放在动词后作动量补语。

③“分配”的意思是“安排”。“分配任务”是常用搭配，还常说“分配工作”等。

小提示：

① 在非常特殊的情况下可以省略主语。

② 动词后可能是动量补语。

4. 文件　　递给　　我　　请　　把（真题编号：H51117）

____

分析：

① 找动词性成分：“递给”。动词后有“给”，后面应该有宾语。

② 写框架：“……把……递给……”。

③ 确定主语、宾语：“递给”谁？“我”。“递给我”什么？“文件”。谁“递给我”文件？找不到合适的词，可能省略了主语。→“把文件递给我”。

④“请”是祈使句的标志，应该放在句首。→“请把文件递给我。”

知识链接：

① 祈使句的句首常用“请”、“麻烦”等，常省略主语。

② 根据结构“S+把+O+V+在/到/给/成+其他”，动词后有“在/到/给/成”时，后面一定有宾语。

小提示：

① 有“请”时，很可能是祈使句，没有主语。

② 如果动词后有宾语，可以通过提问的方式逐步补充主语、宾语。

5. 他　　食物　　分配给了　　把　　每个士兵（真题编号：H51002）

____

分析：

① 找动词性成分：“分配给了”。后面应该有宾语。

② 写框架：“……把……分配给了……”。

③ 确定主语、宾语：“分配给了”谁？“每个士兵”。“分配给了每个士兵”什么？“食物”。谁“分配给了每个士兵”食物？“他”。→“他把食物分配给了每个士兵。”

知识链接：

“分配”在这里的意思不是“安排”，而是“分钱、分东西”。

6. 他们　　时间　　把　　5月中旬　　聚会　　定在（真题编号：H51004）

____

分析：

① 找动词性成分：“定在”。后面应该有宾语。

② 写框架：“……把……定在……”。

③ 确定主语、宾语：“定”什么？“时间”。谁“定”时间？“他们”。“定在”什么时候？“5月中旬”。→“他们把时间定在5月中旬”。

④ 已经有了所有必要的成分，“聚会”很可能作定语。→“他们把聚会时间定在5月中旬。”

知识链接：

① “定时间”是常用搭配，还常说“定地点/计划”等。

② 10天是一旬，每个月有三旬：上旬、中旬、下旬。

小提示：

① 如果不认识“5月中旬”也没关系，只要知道是一个时间就可以了。

② 如果已经有了所有必要的成分，剩下的项很可能作定语。

同步训练

1. 请写出合适的搭配

删除__________/__________

安排__________/__________

分配__________/__________

定__________/__________

2. 完成句子

（1）他把　　新买的　　了　　丢　　自行车

____

（2）她　　论文　　终于　　写完了　　把

____

（3）行李　他　把　收拾好了　已经

______

（4）把　明天　要　整理　一下　资料

______

（5）收拾　今天　把　东西　应该　一下

______

（6）请　还给　钥匙　他　把

______

（7）送给了　她　祝福　把　每个人

______

（8）他　交给了　把　老师　作业

______

（9）他们　见面　定在　地点　一家咖啡馆　把

______

（10）把　他们　时间　推迟到　会议　下周

______

答案：

（1）他把新买的自行车丢了。

分析："把"字句的基本结构为"S+把+O+V+其他"。句子框架为"他把……丢……"。

（2）她终于把论文写完了。

分析：句子框架为"……把……写完了"。"终于"，副词，放在"把"前作状语。

（3）他已经把行李收拾好了。

分析：句子框架为"……把……收拾好了"。"已经"，副词，作状语。"收拾行李"是常用搭配。

（4）明天要把资料整理一下。

分析：句子框架为"……把……整理……"。这个句子省略了主语。"一下"，数量词，作补语。"要"，助动词，作状语。"明天"，时间词，作状语。"整理资料"是常用搭配。

（5）今天应该把东西收拾一下。

分析：句子框架为"……把……收拾……"。"应该"，助动词，作状语。"收拾东西”是常用搭配。

（6）请把钥匙还给他。

分析：“把”字句的基本结构为“S+把+O+V+在/到/给/成+其他”。句子框架为“……把……还给……”。这个句子是祈使句，省略了主语。

（7）她把祝福送给了每个人。

分析：句子框架为“……把……送给了……”。“祝福”是祝别人幸福，是动词，这里是动词作宾语。如果不认识“祝福”，可以通过“祝”、“福”来猜词义。

（8）他把作业交给了老师。

分析：句子框架为“……把……交给了……”。“交作业”时，对象多是老师。

（9）他们把见面地点定在一家咖啡馆。

分析：句子框架为“……把……定在……”。“定地点”和“见面地点”是常用搭配。

（10）他们把会议时间推迟到下周。

分析：句子框架为“……把……推迟到……”。“推迟……（的）时间”和“会议时间”是常用搭配。

3. 兼语句

兼语句由两个动词短语作谓语，前一个动词的宾语是后一个动词的主语。其基本结构如下表：

表1：

S	+V1	+O1	+V2	（+O2）
他	请	我们	喝	茶。
我	让	他	走了。	

表2：

S	+V	+O	+A
这个消息	让	我们	很高兴。
这个通知	让	大家	有点儿生气。

注意事项：

（1）第一个动词可以是表示命令意义的“叫”、“让”、“请”等（例①、②）。

例：① 老师叫他回答问题。

② 他让你过去一趟。

可以是表示称呼意义的“称”、“选”等（例③、④）。

例：③ 大家选他当代表。

④ 我称她陈阿姨。

可以是表示心理情绪意义的“喜欢”、“怪”等（例⑤、⑥）。

例：⑤ 大家都喜欢他诚实。

⑥ 他怪我来晚了。

（2）宾语后也可以是形容词，第一个动词多是“让”、“使”、“叫”、“令”、“有”（例⑦、⑧）。

例：⑦ 他的话让我很难过。

⑧ 他的行为使大家很感动。

（3）助动词（例⑨）、副词（例⑩）放在第一个动词前，不放在第二个动词前（例⑪）。

例：⑨ 这件事会让她感到难过。

⑩ 他常常请我吃饭。

⑪ *他请我常常吃饭。

（4）“着”（例⑫）、“了”（例⑬）、“过”（例⑭）应放在第二个动词后，不放在第一个动词后（例⑮），句末可加“了”（例⑯）。

例：⑫ 他让我背着书包。

⑬ 老师让大家预习了生词。

⑭ 他让我们说过自己的看法。

⑮ *我让了孩子们回去。

⑯ 我让孩子们回去了。

解题方法：

（1）曾经考过"……很/真让+$N_人$+V"结构的兼语句，这种结构的V后不加宾语。

（2）要注意区别兼语句、动词作主语和动词作宾语：这三种情况都会有两个动词性成分，但兼语句中一个动词的宾语是另一个动词的主语，而且常有表示命令意义、称呼意义或心理情绪意义的词。

（3）应该根据意思、常用搭配以及动词的用法确定两个动词短语的顺序。

标志词：

（1）两个动词性成分

（2）标志词的意义类别

① 表示命令意义的标志词：

叫、让、请、使、要、需要、命令、要求、请求、嘱咐、促使、启发、鼓励、催、劝、引导、通知、委托、派、制定、组织、领导、答应、允许、禁止

② 表示称呼意义的标志词：

叫、认为、选、选举、骂

③ 表示心理情绪意义的标志词：

爱、喜欢、表扬、称赞、夸、欣赏、佩服、羡慕、鼓励、祝、劝、原谅、责备、讨厌、恨、笑话

解题步骤：

（1）找动词性成分。

（2）写框架："……V_1……V_2……"。

（3）确定主语、动词短语中的宾语。

（4）加定语、状语等成分。

真题演练

1. 要　　她　　出席此次　　学术讨论会　　邀请专家（真题编号：H51002）

____

分析：

① 找动词性成分："出席此次"、"邀请专家"。

② 从意思角度看，"专家"可以"出席"活动，应该是兼语句。→"……邀请专家出席此次……"。

③ 确定主语、动词短语中的宾语："出席"的宾语应该是活动、会议。→"她邀

请专家出席此次学术讨论会”。

④“要”，助动词，作状语，放在第一个动词前。→“她要邀请专家出席此次学术讨论会。”

知识链接：

“出席……会（议）”是常用搭配。

小提示：

可以通过动词性成分的关系判断句子类型。

2. 很羡慕　她　苗条的身材　让　人（真题编号：H51004）

____

分析：

① 找动词性成分：“让”、“很羡慕”。

② 从意思角度看，可以“让”某个人“很羡慕”，应该是兼语句。→“……让……很羡慕”。

③ 确定主语、动词短语中的宾语：“苗条的身材”可以让“人”或“她”很羡慕。

④ 代词“她”可以直接作定语：“她苗条的身材”。→“她苗条的身材让人很羡慕。”

知识链接：

①“羡慕”是心理动词，前面可以加“很”等程度副词。

② 人称代词可以直接作定语。

小提示：

几个词都可能是同一成分时，应该注意分析词本身的特点以及可以作哪些成分，也可以分别尝试。

3. 他的　佩服　勇气　很让我（真题编号：H51002）

____

分析：

① 找动词性成分：“佩服”、“很让我”。

② 从意思角度看，“我”可以感到“佩服”，应该是兼语句。→“……很让我佩服”。

③ 确定主语：“勇气”。→“勇气很让我佩服”。

④“他的”作定语。→“他的勇气很让我佩服。”

知识链接：

不要说“很让我佩服他的勇气”，“很让+$N_{人}$+V”后一般不加宾语。

小提示：

第二个动词可能没有宾语。

4. 佩服　　勇气　　那些士兵的　　真让人（真题编号：H51114）

____

分析：

① 找动词性成分：“佩服”、“真让人”。

② 从意思角度看，“人”可以感到“佩服”，应该是兼语句。→“……真让人佩服”。

③ 确定主语：“勇气”。→“勇气真让人佩服”。

④“那些士兵的”作定语。→“那些士兵的勇气真让人佩服。”

同步训练

1. 请写出兼语句常见的标志词

表示命令意义的标志词：____

____

表示称呼意义的标志词：____

____

表示心理情绪意义的标志词：____

____

2. 完成句子

（1）我　　会　　邀请朋友　　参加这个　　庆祝活动

____

（2）公司　　要　　组织员工　　参加相关　　工作培训

____

（3）大家　　想　　请你　　介绍一下　　工作经验

____

（4）骄傲的态度　他　人　很讨厌　让

____

（5）流利的汉语　很羡慕　他　让　人

____

（6）让　这个　我们　结果　很激动

____

（7）能力　他的　羡慕　很让我

____

（8）他的　话　很让我　怀疑

____

（9）那位老人的　真让人　情况　担心

____

（10）真让人　这个孩子的　吃惊　变化

____

答案：

（1）我会邀请朋友参加这个庆祝活动。

分析：有两个动词性成分，“朋友”可以“参加”活动，应该是兼语句。基本结构为“$S+V_1+O_1+V_2$（$+O_2$）”。可以得到“……邀请朋友参加这个……”。“会”，助动词，放在第一个动词前作状语。“参加……活动”是常用搭配。

（2）公司要组织员工参加相关工作培训。

分析：可以得到“……组织员工参加相关……”。“要”，助动词，作状语。“参加培训”是常用搭配。

（3）大家想请你介绍一下工作经验。

分析：可以得到“……请你介绍一下……”。“想”，助动词，作状语。“介绍经验”是常用搭配。

（4）他骄傲的态度让人很讨厌。

分析：可以得到“……让……很讨厌”。“讨厌”是心理动词，前面可以加“很”等程度副词。代词“他”直接作定语。

（5）他流利的汉语让人很羡慕。

分析：可以得到“……让……很羡慕”。

（6）这个结果让我们很激动。

分析：可以得到"……让……很激动"。"激动"是心理动词。"这个"直接作定语。

（7）他的能力很让我羡慕。

分析：可以得到"……很让我羡慕"。"……很让+$N_{人}$+V"是常用结构，V后不加宾语。

（8）他的话很让我怀疑。

分析：可以得到"……很让我怀疑"。

（9）那位老人的情况真让人担心。

分析：可以得到"……真让人担心"。"……真让+$N_{人}$+V"是常用结构，V后不加宾语。

（10）这个孩子的变化真让人吃惊。

分析：可以得到"……真让人吃惊"。

4."有"字句

"有"字句由"有"作谓语，表示领属、存在以及具有意义。其基本结构如下表：

（1）表示领属

NP_1	+有	$+NP_2$
他	有	两台电脑。
他	有过	一个幸福的家庭。

（2）表示存在

$NP_{处所/时间}$	+有	$+ NP_{人/事物}$
学校附近	有	很多饭馆。
唐代	有	一位女皇帝。

（3）表示具有

NP_1	+有	$+NP_2/VP$
他	有	领导能力。
他的汉语	有	很大的进步。

注意事项：

（1）表领属时，NP_1常是有生命的（例①），或单位、组织（例②）。

例：① 她有两个孩子。

② 那个工厂有很多工人。

“有”后可加“了”（例③）、“过”（例④）。

例：③ 他有了自己的家庭。

④ 他曾经有过这种经历。

（2）表存在时，$NP_{处所}$常由“N+方位词”（例⑤）、“N+处所代词”（例⑥）表示。

例：⑤ 图书馆里有很多汉语课本。

⑥ 西门那里有一些小饭馆。

$NP_{人/事物}$前常有表示数量的定语“一个/几个/很多/一些”等（例⑦、⑧）。

例：⑦ 他的箱子里有一些书。

⑧ 她的柜子里有很多衣服。

（3）表具有时，“有”后常有“了”（例⑨、⑩）。

例：⑨ 人们的生活水平有了明显的提高。

⑩ 那里的经济有了很大的发展。

NP_2是抽象名词时，“有+NP_2”前可以有程度副词“很/非常”等（例⑫、⑬）。

例：⑫ 产品的质量很有问题。

⑬ 这次活动非常有意义。

（4）否定形式在“有”前加“没”（例⑭、⑮）。

例：⑭ 他没有工作。

⑮ 教室里没有学生。

解题方法：

（1）常考表示具有的“有”字句，还考过表示存在的“有”字句，要重点复习。

（2）如果有表示处所的名词，很可能是表示存在的“有”字句，表示处所的名词作主语。

（3）“有”字句的主语、宾语多是名词，也可能是动词性成分。

标志词：

“有”

解题步骤：

（1）找名词。

（2）确定主语、宾语。

（3）加定语等成分。

真题演练

1. 世界上　　作品　　没有绝对　　完美的（真题编号：H51004）

____

分析：

① 找名词性成分：“世界上”、“作品”。

② 确定主语、宾语：“世界上”表示处所，应是表示存在的“有”字句，“世界上”应该是主语。→“世界上没有绝对作品”。

③“完美的”作定语。→“世界上没有绝对完美的作品。”

2. 意义　　他的　　有　　很特殊的　　这段经历（真题编号：H51001）

____

分析：

① 找名词性成分：“意义”、“这段经历”。

② 确定主语、宾语。→“这段经历有意义”。

③“他的”、“很特殊的”作定语。→“他的这段经历有很特殊的意义。”

小提示：

可能有两项定语，分别修饰主语和宾语。

3. 做　　心脏手术　　风险　　一定的　　有（真题编号：H51114）

____

分析：

① 找名词性成分：“心脏手术”、“风险”。

② 确定主语、宾语。→“心脏手术有风险”。

③“一定的”作定语。

④“做”什么？“做”“心脏手术”。→“做心脏手术有一定的风险。”

知识链接：

①“做心脏手术”是动宾短语，这道题是动宾短语作主语。

②“有风险”是常用搭配。

小提示：

可以先把容易的项连成句子，最后从意思、搭配角度分析，把剩下的项插入句中。

4. 有　　风险　　很大　　投资股市（真题编号：H51113）

____

分析：

① 找名词：“风险”。找动词性成分：“投资股市”。

② 确定主语、宾语。→“投资股市有风险”。

③“很大”作定语。→“投资股市有很大风险。”

知识链接：

①“股市”是股票市场。

②“投资股市”是动宾短语，这道题是动宾短语作主语。

小提示：

① 如果不认识“股市”，可以用“股”、“市”组词，猜词义。

② 只有一个名词时应注意找动词性成分。

同步训练

1. 请写出合适的搭配

有__________/__________

2. 完成句子

（1）他的心里　　明确的　　还没有　　目标

____

（2）各种各样的　　生活中　　问题　　会有

____

（3）明显的　她的　有　学习成绩　进步

____

（4）老师的　很大的　这句话　影响　有

____

（5）危害　油炸食品　有　吃　一定的

____

（6）辅导课　上　很大的　有　帮助

____

（7）有　做生意　风险　一定的

____

（8）明确的　写作文　有　主题　要

____

（9）我们　年轻员工　有　很多　公司

____

（10）他的　一个　爷爷　果园　有

____

答案：

（1）他的心里还没有明确的目标。

分析："他的心里"表示处所，这是一个表示存在的"有"字句。基本结构为"$NP_{处所/时间}$+有+ $NP_{人/事物}$"。"明确的目标"是常用搭配。

（2）生活中会有各种各样的问题。

分析："生活中"表示处所，这里是一个表示存在的"有"字句。

（3）她的学习成绩有明显的进步。

分析：这是一个表示具有的"有"字句。基本结构为"NP_1+有+NP_2/VP"。"有进步"和"明显的进步"是常用搭配。

（4）老师的这句话有很大的影响。

分析："有影响"是常用搭配。

（5）吃油炸食品有一定的危害。

分析："吃油炸食品"，动宾短语，作主语。这里的"一定"是形容词，表示某种程度，作定语。"有危害"是常用搭配。

（6）上辅导课有很大的帮助。

分析：“有帮助”是常用搭配。

（7）做生意有一定的风险。

分析：“有风险”是常用搭配。

（8）写作文要有明确的主题。

分析：“要”，助动词，作状语。“明确的主题”是常用搭配。

（9）我们公司有很多年轻员工。

分析：这是一个表示领属的“有”字句。基本结构为“NP_1+有+NP_2”。代词“我们”直接作定语。

（10）他的爷爷有一个果园。

分析：这是一个表示“领属”的“有”字句。

5.“是”字句

“是”字句由“是”作谓语，表示判断、说明或存在意义。其基本结构如下表：

（1）表示判断、说明

NP_1	+是	+NP_2
我	是	大卫。
那本书	是	我的。

（2）表示存在

$NP_{处所}$	+是	+$NP_{人/事物}$
超市旁边	是	一家书店。
盒子里	是	很多老照片。

注意事项：

（1）表判断、说明时，NP_2可能是“N+之一”构成的短语（例①、②）。

例：① 西安是中国最古老的城市之一。

② 上海是我最喜欢的城市之一。

NP_1和NP_2可能是“等于”的关系（例③），也可能是“属于”的关系（例④）。如果是“等于”的关系，NP_1和NP_2可以调换位置（例⑤）。如果是“属于”的关系，NP_1小于NP_2，它们不可以调换位置（例⑥）。

例：③ 他是大卫。

④ 他是一位诗人。

⑤ 他是这部小说的作者。＝这部小说的作者是他。

⑥ 那个包是他的。≠*他的是那个包。

（2）表存在时，$NP_{处所}$常由“N+方位词”（例⑦）、“N+处所代词”（例⑧）表示。

例：⑦ 桌子下面是几个箱子。

⑧ 门口那里是一张旧桌子。

$NP_{人/事物}$前常有表示数量的定语“一个/几个/很多/一些”等（例⑨、⑩）。

例：⑨ 桌子上是一本书。

⑩ 他身后是一些花。

（3）否定形式在“是”前加“不”（例⑪、⑫）。

例：⑪ 大卫不是美国人。

⑫ 那个本子不是我的。

解题方法：

（1）常考表示判断、说明的“是”字句，要重点复习。

（2）可以从意思角度确定主语、宾语。

（3）主语应该是确定的人或事物，主语前一般不加“一个”等定语。

标志词：

“是”

解题步骤：

（1）找名词。

（2）确定主语、宾语。

（3）加状语、定语等成分。

真题演练

1. 一种蔬菜　　土豆　　也　　是（真题编号：H51115）

____

分析：

① 找名词性成分："土豆"、"一种蔬菜"。

② 确定主语、宾语。→"土豆是一种蔬菜"。

③ "也"，副词，作状语。→"土豆也是一种蔬菜。"

知识链接：

这个句子表示"属于"的关系，NP_1和NP_2不能调换位置，不能说"一种蔬菜是土豆"。

2. 节日　　是　　春节　　一个　　传统的（真题编号：H51001）

____

分析：

① 找名词："节日"、"春节"。

② 确定主语、宾语。→"春节是节日"。

③ "一个"、"传统的"作定语。根据多项定语的顺序："数量+什么样的+名词"，应该是"一个传统的节日"。→"春节是一个传统的节日。"

3. 七大奇迹　　长城　　是　　世界　　之一（真题编号：H51002）

____

分析：

① 找名词性成分："七大奇迹"、"长城"、"世界"。

② 确定主语、宾语。→"长城是七大奇迹"。

③ 已经有了主语、谓语、宾语，"世界"很可能作定语："世界七大奇迹"。

④ "长城"只是"世界七大奇迹"的一部分，所以后面应该加上"之一"。→"长城是世界七大奇迹之一。"

知识链接：

①"世界"是名词，这道题是名词作定语。

②"世界七大奇迹"是世界最有名的七个古代建筑。

小提示：

① 如果不认识"七大奇迹"，可以通过"奇迹"来猜词性、词义。

② 有的词开始时不能确定作什么成分，可以留到最后，从意思角度分析，把它插入合适的位置。

③ 如果已经有了主语、谓语和宾语，剩下的项很可能作定语。

同步训练

1. 完成句子

（1）是　还　一位艺术家　他

____

（2）动物　我们的朋友　是　也

____

（3）传统的　饺子　一种　食物　是

____

（4）是　京剧　艺术　一种　传统的

____

（5）一种　语言　汉语　古老的　是

____

（6）四大发明　是　之一　纸　世界

____

（7）中国　四大文明古国　是　之一　世界

____

（8）中国　是　之一　烤鸭　最有名的菜

____

（9）是　冰箱里　零食　各种

____

（10）是　曾经　一片　这里　森林

____

答案：

（1）他还是一位艺术家。

分析：这是一个表示判断、说明的“是”字句。基本结构为“NP_1+是+NP_2”。“还”，副词，作状语。

（2）动物也是我们的朋友。

分析：“也”，副词，作状语。

（3）饺子是一种传统的食物。

分析：多项定语的顺序："数量+什么样的+名词"。→"一种传统的食物"。

（4）京剧是一种传统的艺术。

分析：多项定语的顺序："数量+什么样的+名词"。→"一种传统的艺术"。

（5）汉语是一种古老的语言。

分析：多项定语的顺序："数量+什么样的+名词"。→"一种古老的语言"。

（6）纸是世界四大发明之一。

分析：名词"世界"，直接作定语。"四大发明"是中国古代对世界具有很大影响的四种发明。如果不认识"四大发明"，可以通过"发明"来猜词性、词义。

（7）中国是世界四大文明古国之一。

分析："四大文明古国"是对世界四大古代文明的称呼。如果不认识"四大文明古国"，可以通过"国"来猜词性、词义。

（8）烤鸭是中国最有名的菜之一。

分析：烤鸭是一道北京菜，一般只说"北京烤鸭"，不说"中国烤鸭"。

（9）冰箱里是各种零食。

分析：这是一个表示存在的"是"字句。基本结构为"$NP_{处所}$+是+$NP_{人/事物}$"。

（10）这里曾经是一片森林。

分析：这是一个表示存在的"是"字句。"曾经"，副词，作状语。

6. 连动句

连动句由两个或两个以上动词作谓语，两个动词短语共用一个主语。其基本结构如下表：

（1）表示目的

S	+来/去	（+$NP_{处所}$）	+VP
妈妈	要来	北京	看我。
他	去	（电影院）	看电影了。

（2）表示方式

S	+VP$_1$	+VP$_2$
他	坐公共汽车	上学。
中国人	用筷子	吃饭。

注意事项：

（1）注意动词短语的顺序，表目的时，表目的的短语在后（例①、②）。

例：① 他要来北京开会。

② 他去食堂吃饭了。

表方式时，表方式的短语在前（例③、④）。

例：③ 我们坐火车去上海。

④ 他用左手写字。

（2）助动词（例⑤）、副词（例⑥）多放在第一个动词前，不放在第二个动词前（例⑦）。

例：⑤ 他想来中国学汉语。

⑥ 他经常去图书馆学习。

⑦ *他去图书馆经常学习。

（3）“了”（例⑧）、“过”（例⑨）应放在第二个动词后，不放在第一个动词后（例⑩），句末可加“了”（例⑪）。

例：⑧ 他去图书馆借了书。

⑨ 他来找过你。

⑩ *他去了超市买东西。

⑪ 他去超市买东西了。

（4）否定形式在第一个动词前加“不”（例⑫），或者“没”（例⑬）。

例：⑫ 我下午不去看电影。

⑬ 我没去上课。

解题方法：

（1）常考表示目的的连动句，要重点复习。

（2）要注意区别连动句、兼语句、动词性成分作主语或宾语：这四种情况都会有两个动词性成分，但连动句的两个动词性成分中，有一个表示目的、方式等，而且常有标志词“来”、“去”、“用”等。

（3）根据标志词、动词的关系确定连动句的类型。如果是表示目的的连动句，就去找处所词。如果是表示方式的连动句，就去找表示方式的词。

标志词：

（1）两个动词性成分

（2）“来”、“去”、“用”等

解题步骤：

（1）找动词。

（2）写框架：“……去/来/用……V……”。

（3）补充处所词或表示方式的词。

（4）确定主语。

（5）加状语、补语等成分。

真题演练

1. 一下　　柜台前　　请您　　去　　登记（真题编号：H51003）

____

分析：

① 找动词：“去”、“登记”。

② 有标志词“去”，应该是表示目的的连动句。写框架：“……去……登记”。

③ 找处所词：“柜台前”。

④ 确定主语：“您”。→“请您去柜台前登记”。

⑤“一下”，数量短语，放在动词后作动量补语。→“请您去柜台前登记一下。”

知识链接：

这个句子的主语前有“请”，是祈使句。

小提示：

① 可以通过标志词判断是不是连动句，以及是哪种连动句。

② 如果有两个动词，可以从连动句、兼语句、动词作主语和动词作宾语角度考虑。

2. 锻炼　　健身房　　去　　他　　偶尔　　会（真题编号：H51001）

____

分析：

① 找动词："锻炼"、"去"。

② 有标志词"去"，应该是表示目的的连动句。写框架："……去……锻炼"。

③ 找处所词："健身房"。

④ 确定主语："他"。→"他去健身房锻炼"。

⑤"会"，助动词，作状语，放在第一个动词前："会去健身房锻炼"。

⑥"偶尔"，副词，作状语。从意思角度看，偶尔会去健身房："偶尔会去健身房锻炼"。→"他偶尔会去健身房锻炼。"

知识链接：

不要说"他去健身房偶尔会锻炼"，状语多放在第一个动词前。

小提示：

有副词和助动词作状语时，可从意思角度确定副词和助动词的位置。

3. 来结账　　您是　　用现金　　吗（真题编号：H51116）

____

分析：

① 找动词性成分："来结账"、"用现金"。

② 有标志词"用"，应该是表示方式的连动句。写框架："……用现金来结账"。

③ 确定主语："您"。→"您是用现金来结账"。

④"吗"，语气助词，放在句末，帮助构成疑问句。→"您是用现金来结账吗？"

知识链接：

① 这是一个是非问句，句末常有语气助词"吗"。

② 汉语疑问句的结构基本上跟陈述句是一样的，只是在句末加上表示疑问的语气助词、疑问语气，或者在陈述句的疑问处用上疑问代词。

③ 这个句子也可以说"您用现金来结账吗"。原句用"是"，表示强调。

④ 不要说"您是来结账用现金吗？"，表示方式的动词短语应该放在前面。

小提示：

写答案时注意在句末加"？"。

同步训练

1. 请把陈述句变成是非疑问句

（1）他习惯用铅笔写作业。

____

（2）他们经常用电子邮件联系。

____

（3）他要坐船去上海。

____

（4）他经常骑车上班。

____

2. 完成句子

（1）去　一下　会议室　请您　休息

____

（2）去　请你　办公室　一下　注册

____

（3）请你　问　公司　去　一下

____

（4）去　我　图书馆　会　学习　可能

____

（5）你　去　马上　应该　看病　医院

____

（6）他　上网　一定　去　要　网吧

____

（7）来上课　你们是　吗　用汉语

____

（8）来结账　我可以　吗　用信用卡

____

（9）用筷子　你会　吗　吃饭

____

（10）上网　你常　吗　用手机

____

答案：

1. 把陈述句变成是非疑问句

（1）他习惯用铅笔写作吗？

（2）他们经常用电子邮件联系吗？

（3）他要坐船去上海吗？

（4）他经常骑车上班吗？

2. 完成句子

（1）请您去会议室休息一下。

分析：有标志词“去”、动词“休息”，应该是表示目的的连动句。基本结构为“S+来/去（+$NP_{处所}$）+VP”。句子框架为“……去……休息”。这是一个祈使句。“一下”，数量词，作补语。“会议室”是开会的房间。如果不认识“会议室”，可以通过“室”来猜词性、词义。

（2）请你去办公室注册一下。

分析：句子框架为“……去……注册”。

（3）请你去公司问一下。

分析：句子框架为“……去……问”。

（4）我可能会去图书馆学习。

分析：句子框架为“……去……学习”。“会”，助动词，放在“去”前作状语。“可能”，助动词，作状语。

（5）你应该马上去医院看病。

分析：句子框架为“……去……看病”。“应该”，助动词，作状语。“马上”，副词，作状语。

（6）他一定要去网吧上网。

分析：句子框架为“……去……上网”。“要”，助动词，作状语。“一定”，副词，作状语。

（7）你们是用汉语来上课吗？

分析：有标志词“用”、动词性成分“来上课”，应该是表示方式的连动句。基本结构为“S+ VP_1+ VP_2”。句子框架为“……用汉语来上课”。“吗”，语气助词，放在句末，帮助构成疑问句。

（8）我可以用信用卡来结账吗？

分析：句子框架为“……用信用卡来结账”。

（9）你会用筷子吃饭吗？

分析：句子框架为“……用筷子吃饭”。

（10）你常用手机上网吗？

分析：句子框架为“……用手机上网”。

7. 存现句

存现句表示人或事物存在、出现或消失。其基本结构如下表：

（1）表示存在

NP处所	+V	+着	+NP人/事物
桌子上	放	着	一本书。
楼下	站	着	一个人。

（2）表示出现、消失

NP处所/时间	+V	+了/过/补语	+NP人/事物
早上	走	了	三位客人。
这个学校	来	过	几位专家。
前面	开	过来	一辆车。

注意事项：

（1）NP处所常由“N+方位词”（例①）、“N+处所代词”（例②）表示，不受表示数量的定语修饰（例③）。

例：① 本子上写着一个大字。

② 门口那里停着一辆车。

③ *一个门口那里停着一辆车。

（2）NP人/事物前常有表示数量的定语“一个/几个/很多/一些”等（例④），但不受“这个/我的”修饰（例⑤）。

例：④ 门口站着几个人。

⑤ *门口站着这个人。

（3）表存在时，动词多是表示人或事物静止时的姿势、状态的“坐”、“停”、“站”等（例⑥、⑦），或表示安放物品动作的“放”、“挂”、“写”等（例⑧、⑨）。

例：⑥ 里面坐着两个人。

⑦ 路边停着很多自行车。

⑧ 桌上放着一个杯子。

⑨ 墙上挂着一张地图。

（4）表出现时，动词多是“出现”、“来”、“进”、“出”、“起”等（例⑩、⑪）。

例：⑩ 他身后出现了一个警察。

⑪ 我们班来了一个新同学。

（5）表消失时，动词多是“丢”、“死”、“掉”、“走”、“消失”等（例⑫、⑬）。

例：⑫ 村里丢了两头牛。

⑬ 邻居家死了一只猫。

（6）否定形式在动词前加“没”（例⑭、⑮）。

例：⑭ 包里没放着钱。

⑮ 宿舍里没搬来新同学。

解题方法：

（1）曾经考过表示存在的存现句和表示出现的存现句，要重点复习。

（2）应该从意思、结构角度确定处所词，处所词常是“N+方位词/处所代词”。

（3）如果句中既有“着”、“了”、“过”、补语，又有处所词，很可能是存现句，处所词应该放在句首。

标志词：

（1）处所词

（2）“着”、“了”、“过”、补语等

解题步骤：

（1）找动词。

（2）写句子中间部分：“……V+着/了/过/补语……”。

（3）确定宾语。

（4）找处所词。

（5）加定语等成分。

真题演练

1. 游人止步　　门上　　的　　牌子　　挂着（真题编号：H51005）

____

判断：

有标志词“着”，有处所词“门上”，应该是表示存在的存现句。

分析：

① 找动词：“挂着”。

② 写句子中间部分：“……挂着……”。

③ 确定宾语：“牌子”。

④ 找处所词：“门上”。→“门上挂着牌子”。

⑤“的”提示我们“游人止步”应该是定语。→“门上挂着游人止步的牌子。”

知识链接：

“游人止步”的意思是“请游览的人不要进去”。“游人止步的牌子”意思是牌子上写着“游人止步”。

小提示：

① 如果不认识“游人止步”也没关系，可以通过“的”确定这是一个定语。

② 看到“着”，可以从存现句、动作的态角度考虑。

2. 隔壁　　搬来　　小伙子　　一个(真题编号：H51115)

____

判断：

有补语“来”，有处所词“隔壁”，应该是表示出现的存现句。

分析：

① 找动词性成分：“搬来”。

② 写句子中间部分：“……搬来……”。

③ 确定宾语：“小伙子”。

④ 找处所词：“隔壁”。→“隔壁搬来小伙子”。

⑤“一个”作定语。→“隔壁搬来一个小伙子。”

知识链接：

“隔壁”是旁边的房子，如果想说住在旁边的人，要用“邻居”。

同步训练

1. 完成句子

（1）墙上　的　挂着　牌子　禁止吸烟

____

（2）广告栏上　的　出租公寓　贴着　广告

____

（3）的　花园里　各种各样　花　种着

____

（4）很多　墙上　贴着　照片　漂亮的

____

（5）学校门口　停着　很多　自行车

____

（6）一位　走来　前面　老人

____

（7）公共汽车　北边　一辆　开过来

____

（8）一位　我们年级　新老师　来了

____

（9）转走了　我们班　同学　一个

____

（10）死了　邻居家　狗　一条

____

答案：

（1）墙上挂着禁止吸烟的牌子。

分析：有标志词“着”、处所词“墙上”，应该是表示存在的存现句。基本结构为“$NP_{处所}$+V+着+$NP_{人/事物}$”。句子框架为“墙上挂着牌子”。“吸烟”的意思是“抽烟”，但是更正式些。

（2）广告栏上贴着出租公寓的广告。

分析：句子框架为“广告栏上贴着广告”。“广告栏”是专门让人们贴广告的地方。如果不认识“广告栏”，可以通过“上”判断出这是一个地方。

（3）花园里种着各种各样的花。

分析：句子框架为“花园里种着花”。“各种各样”的意思是“不同的样式”。

如果不认识“各种各样”，可以通过“的”判断出这是一个定语。

（4）墙上贴着很多漂亮的照片。

分析：句子框架为“墙上贴着照片”。多项定语的顺序：“数量+什么样的+名词”。→“很多漂亮的照片”。

（5）学校门口停着很多自行车。

分析：句子框架为“学校门口停着自行车”。

（6）前面走来一位老人。

分析：有标志词“来”、处所词“前面”，应该是表示出现的存现句。基本结构为“$NP_{处所/时间}$+V +了/过/补语+$NP_{人/事物}$”。句子框架为“前面走来老人”。

（7）北边开过来一辆公共汽车。

分析：句子框架为“北边开过来公共汽车”。

（8）我们年级来了一位新老师。

分析：句子框架为“我们年级来了新老师”。处所词表示的不一定是具体的地方，也可以是“我们年级”等比较抽象的概念。

（9）我们班转走了一个同学。

分析：有标志词“走”、处所词“我们班”，应该是表示消失的存现句。基本结构为“$NP_{处所/时间}$+V +了/过/补语+$NP_{人/事物}$”。句子框架为“我们班转走了同学”。“转走”的意思是“去别的班或学校学习”。

（10）邻居家死了一条狗。

分析：句子框架为“邻居家死了狗”。

8. “在”字句

除了考试大纲中列出的特殊句型外，真题中还考过“在”字句。

“在”字句由“在”作谓语，表示人或事物存在的位置。其基本结构如下表：

$NP_{人/事物}$	+在	+ $NP_{处所}$
他	在	教室。
手机	在	书包里。

注意事项：

（1）主语应该是明确的（例①），主语前不可加“一个”等定语（例②）。

例：① 那本书在桌子上。

② *一本书在桌子上。

（2）NP处所常由“N+方位词”（例③）、“N+处所代词”（例④）表示。

例：③ 他在教室里。

④ 你的作业在他那里。

（3）“在”后不带“着”、“了”、“过”（例⑤、⑥）。

例：⑤ *钥匙在着宿舍。

⑥ *他在了楼下。

（4）否定形式在“在”前加“不”或者“没”（例⑦、⑧）。

例：⑦ 他不在办公室。

⑧ 他没在家。

解题方法：

（1）要注意区别“在”字句、动作的态和“在”组成的介词短语作状语或补语：“在”字句中没有其他适合作谓语的词。

（2）应该从意思、结构角度确定“在”字句的主语和处所词。

（3）处所词常是“N+方位词/处所代词”。

标志词：

“在”

解题步骤：

（1）找标志词“在”。

（2）写句子中间部分：“……在……”。

（3）确定主语、处所词。

（4）加其他成分。

真题演练

1. 抽屉　在　里　保险柜的钥匙（真题编号：H51113）

____

判断：

没有其他适合作谓语的词，“在”应该是谓语，应该是“在”字句。

分析：

① 找标志词：“在”。

② 写句子中间部分：“……在……”。

③ 确定主语、处所词。→“保险柜的钥匙在抽屉里。”

小提示：

①如果不认识“保险柜”也没关系，可以通过“的钥匙”确定主要意思是“钥匙”，作主语。

② 看到“在”，可以从“在”字句、动作的态和介词短语角度考虑。

同步训练

1. 完成句子

（1）抽屉　手机的充电器　里　在

____

（2）在　书架　过期的杂志　上

____

（3）体育馆　演出的设备　在　里

____

（4）在　书包　开幕式的票　里

____

（5）多余的课本　办公室　在　里

____

（6）抽屉　会议的日程表　里　在

____

（7）在　期末考试的试卷　里　柜子

____

（8）保险柜　那些黄金　里　在

____

（9）我的东西　行李箱　都　里　在

____

（10）在　问题的答案　课本　就　上

____

答案：

（1）手机的充电器在抽屉里。

分析：没有其他适合作谓语的词，“在”应该是谓语，应该是“在”字句。基本结构为“$NP_{人/事物}$+在+ $NP_{处所}$”。“N+里”表示处所。

（2）过期的杂志在书架上。

分析：“N+上”表示处所。

（3）演出的设备在体育馆里。

分析：“在+里”表示处所。

（4）开幕式的票在书包里。

分析：“在+里”表示处所。

（5）多余的课本在办公室里。

分析：“在+里”表示处所。

（6）会议的日程表在抽屉里。

分析：“在+里”表示处所。

（7）期末考试的试卷在柜子里。

分析：“在+里”表示处所。

（8）那些黄金在保险柜里。

分析：“在+里”表示处所。

（9）我的东西都在行李箱里。

分析：“都”，副词，放在“在”前作状语。

（10）问题的答案就在课本上。

分析：“就”，副词，作状语。

考试大纲中列出了“比”、“（没）有……那么（这么）”和“和（跟）……一样”三种表示比较的特殊句型，下面我们就逐一复习一下这些比较句。

9.“比”字句

“比”字句以“比”为标记，表示比较意义。其基本结构如下表：

X	+比	+Y	+A/VP
他的经历	比	我	丰富。
他	比	我	喜欢旅行。

注意事项：

（1）形容词、动词前可加“更”、“还”、“还要”（例①、②）。

例：① 他比你还忙。

② 他比你更喜欢唱歌。

后可加“一点儿”、“一些”、“得多”、“多了”、“很多”（例③、④）。

例：③ 现在比以前好一些了。

④ 那里比以前干净多了。

后还可加具体数字（例⑤、⑥）。

例：⑤ 他比我大三岁。

⑥ 这件衣服比那件便宜一百块。

（2）“比”前可加状语（例⑦、⑧）。

例：⑦ 他的成绩又比我高。

⑧ 他们都比我年轻。

“多”、“少”、“早”、“晚”做状语时，要在动词前（例⑨、⑩）。

例：⑨ 他比我多吃了一碗饭。

⑩ 他比我早来了半个小时。

（3）动词前可加助动词（例⑪、⑫）。

例：⑪ 他比你会下棋。

⑫ 他比你能吃。

（4）X、Y的中心语相同时，多省略Y的中心语（例⑬、⑭）。

例：⑬ 那里的条件比这里的（条件）好。

⑭ 他学习的时间比你（学习的时间）长。

（5）比较不同时间的变化时，可以在“比”后用时间词（例⑮、⑯）。

例：⑮ 他比以前瘦多了。

⑯她比那时候努力得多。

（6）表示反对、解释时，会在“比”前加“不”否定（例⑰、⑱）。

例：⑰ 他不我高。

⑱ 他不比我认真。

解题方法：

（1）考比较句时，曾经考过“比”字句，要重点复习。

（2）可以从意思角度分析，根据两个词是不是有关系、是不是可以比较确定比较内容。

标志词：

“比”

解题步骤：

（1）找形容词。

（2）写框架：“……比……A”。

（3）确定比较内容。

（4）加状语等成分。

真题演练

1. 什么安慰的话　　一个拥抱　　比　　都　　温暖（真题编号：H51003）

____

分析：

① 找形容词：“温暖”。

② 写框架：“……比……温暖”。

③ 确定比较内容：“什么安慰的话”、“一个拥抱”。和语言相比，拥抱能给人更多力量，“一个拥抱”更温暖。→“一个拥抱比什么安慰的话温暖”。

④ 根据结构“什么（N）都……”，“都”应该在“什么安慰的话”后。→“一个拥抱比什么安慰的话都温暖。”

知识链接：

“什么安慰的话”中的“什么”表示“任何、所有”，意思是“所有安慰的话”。这是疑问代词的特殊用法，常构成“疑问代词（N）都……”结构。

小提示：

副词不一定在“比”前作状语，要从结构、意思角度具体分析。

同步训练

1. 完成句子

（1）什么东西　身体健康　都　比　重要

____

（2）一切语言　实际行动　都　比　有力

____

（3）家　都　任何地方　比　温暖

____

（4）妈妈　任何人　比　关心我　都

____

（5）骑车　比　反而　开车　快

____

（6）显得年轻　姐姐　比　却　妹妹

____

（7）更　成长环境　比　有影响　学校教育

____

（8）他们的　比　还　以前　好　感情

____

（9）他的　标准　汉语　以前　多了　比

____

（10）比　人们的　高　以前　得多　生活水平

____

答案：

（1）身体健康比什么东西都重要。

分析："比"字句的基本结构为"X+比+Y+A/VP"。句子框架为"……比……重要"。根据结构"什么（N）都……"，"都"应该在"什么东西"后。

（2）实际行动比一切语言都有力。

分析：句子框架为"……比……有力"。"有力"的意思是"能说服别人"。

（3）家比任何地方都温暖。

分析：句子框架为"……比……温暖"。

（4）妈妈比任何人都关心我。

分析：句子框架为"……比……关心我"。比较项后多是形容词，也可以是心理动词组成的短语。

（5）骑车反而比开车快。

分析：句子框架为"……比……快"。"反而"，副词，表示与估计的结果相反，放在"比"前作状语。

（6）姐姐却比妹妹显得年轻。

分析：句子框架为"……比……显得年轻"。"却"，副词，作状语。

（7）成长环境比学校教育更有影响。

分析：句子框架为"……比……有影响"。"有"和"影响"等名词可以组成意思比较抽象的短语，用法很像形容词。"更"，放在形容词、心理动词前。

（8）他们的感情比以前还好。

分析：句子框架为"……比……好"。这个句子是和以前比，时间词"以前"放在"比"后。"还"，放在形容词、心理动词前。

（9）他的汉语比以前标准多了。

分析：句子框架为"……比……标准"。这里的"标准"是形容词。"多了"，放在形容词后。

（10）人们的生活水平比以前高得多。

分析：句子框架为"……比……高"。"得多"，放在形容词后。

10.（没）有……那么（这么）

“（没）有……那么（这么）”表示人或事物在某方面有相似点或有差异。其基本结构如下表：

X	+（没）有	+Y	（+这么/那么）	+A/VP
他	有	你	这么	高。
他	没有	你	这么	爱下棋。

注意事项：

（1）形容词、动词前可加“这么/那么”，指代的人或事物离说话人较近时用“这么”（例①），较远时用“那么”（例②）。

例：① 他没我这么想家。

② 现在没有以前那么好了。

（2）动词前可加助动词（例③、④）。

例：③ 他没有姐姐会唱歌。

④ 我没有他能说。

动词带程度补语时“V得”在X后（例⑤），或在Y后（例⑥）。

例：⑤ 他说得没有你流利。

⑥ 他没有你说得流利。

动词后如果有宾语，要重复动词（例⑦、⑧），或者把宾语放在主语后（例⑨、⑩）。

例：⑦ 他写字写得没有你快。

⑧ 他没有你写字写得快。

⑨ 他歌唱得没有你好听。

⑩ 他歌没有你唱得好听。

（3）X、Y的中心语相同时，多省略Y的中心语（例⑪、⑫）。

例：⑪ 他的汉语没有你的（汉语）好。

⑫ 这幅画没有那幅（画）好看。

（4）比较不同时间是否相似时，可以在“没有”后用时间词（例⑬、⑭）。

例：⑬ 他没有以前那么能喝酒了。

⑭ 他没有年轻时那么爱玩儿了。

解题方法：

（1）在已经公布的真题和样题中没考过“（没）有……那么（这么）”，可以简单复习。

（2）要注意区别“（没）有……那么（这么）”和“有”字句：考“（没）有……那么（这么）”的题多有标志词“这么”、“那么”，而且可以找到两个比较项。

（3）比较项后多是形容词，也可以是动词性成分。

（4）可以从意思角度分析，根据两个词是不是有关系、是不是可以比较确定比较内容。

（5）如果比较项有时间词，很可能是和那时候的情况比较，时间词在“没有”后。

标志词：

“没有”、“有”、“那么”、“这么”

解题步骤：

（1）找形容词。

（2）写框架：“……（没）有……那么（这么）A/VP”。

（3）确定比较内容。

（4）加其他成分。

模拟演练

1. 这么　　美国的　　中国的　　多　　人口　　没有（模拟题）

____

判断：

有“没有”、“这么”，有比较项，应该是“（没）有……那么（这么）”结构。

分析：

① 找形容词：“多”。

② 写框架：“……没有……这么多”。

③ 确定比较内容：“美国的”、“中国的”。“美国的”什么？“美国的人口”。这个句子是在比较美国和中国的人口。→“美国的人口没有中国的这么多。”

知识链接：

① “人口很多/少”是常用搭配。

② 不要说“美国的没有中国的人口这么多”，两个比较项的中心语相同时，多省略后一项的中心语。

小提示：

① 如果比较内容中有“的”，应注意找中心语，确定这个句子到底要比较什么。

② 看到“没有”，可以从“（没）有……那么（这么）”句、“有”字句角度考虑。

2. 她　　没有　　爱玩了　　那么　　以前（模拟题）

____

分析：

① 找动词性成分：“爱玩了”。

② 写框架：“……没有……那么爱玩了”。

③ 确定比较内容：“她”、“以前”。这个句子是在和过去比较。时间词“以前”，放在“没有”后。→“她没有以前那么爱玩了。”

知识链接：

① 比较项后多是形容词，也可以是心理动词组成的短语。

② 比较不同时间是否相似时，会在“没有”后用时间词。

小提示：

没有形容词时应注意找动词性成分。

同步训练

1. 请写出合适的搭配

人口__________/__________

2. 完成句子

（1）写信　　那么　　打电话　　方便　　没有

____

（2）那么　　中国　　美国　　发达　　没有

____

（3）农村的　城市的　生活　这么　没有　方便

____

（4）记忆　老人的　没有　这么　好　年轻人的

____

（5）快乐　什么　没有　重要　都

____

（6）生意　过去　没有　那么　好　了

____

（7）那里　了　以前　那么　没有　热闹

____

（8）没有　了　小时候　他　那么　调皮

____

（9）上学期　他们　努力　没有　那么　了

____

（10）刚来时　她　那么　没有　想家　了

____

答案：

（1）写信没有打电话那么方便。

分析："（没）有……那么（这么）"句的基本结构为"X+（没）有+Y（+这么/那么）+A/VP"。句子框架为"……没有……那么方便"。

（2）中国没有美国那么发达。

分析：句子框架为"……没有……那么发达"。

（3）农村的生活没有城市的这么方便。

分析：句子框架为"……没有……这么方便"。这个句子比较的是"生活"，"农村的"和"城市的"作定语。

（4）老人的记忆没有年轻人的这么好。

分析：句子框架为"……没有……这么好"。

（5）什么都没有快乐重要。

分析：句子框架为"……没有……重要"。根据结构"什么（N）都……"，"都"应该在"什么"后。

（6）生意没有过去那么好了。

分析：句子框架为“……没有……那么好”。这个句子是和过去比，时间词“过去”放在“没有”后。这个句子表示变化，语气助词“了”放在句末。

（7）那里没有以前那么热闹了。

分析：句子框架为“……没有……那么热闹”。

（8）他没有小时候那么调皮了。

分析：句子框架为“……没有……那么调皮”。

（9）他们没有上学期那么努力了。

分析：句子框架为“……没有……那么努力”。

（10）她没有刚来时那么想家了。

分析：句子框架为“……没有……那么想家”。比较项后多是形容词，也可以是心理动词组成的短语。

11. 和（跟）……一样

“和（跟）……一样”表示人或事物在某方面是否相同。其基本结构如下表：

X	+和	+Y	+一样	（+A/VP）
这本书	和	那本	一样。	
他	和	我	一样	高。
他	和	我	一样	喜欢唱歌。

注意事项：

（1）“一样”前可加“差不多”、“几乎”、“完全”（例①、②）。

例：① 这里和那里差不多一样热闹。

② 他的书包和你的完全一样。

（2）“一样”后可加助动词（例③、④）。

例：③ 他和你一样会唱歌。

④ 他和你一样能喝。

（3）“一样”后不可加名词（例⑤、⑥）。

例：⑤ *这本书和那本书一样内容。

⑥ 这本书的内容和那本一样。

（4）X、Y的中心语相同时，多省略Y的中心语（例⑦、⑧）。

例：⑦ 他的手机和你的（手机）一样。

⑧ 这副手套和那副（手套）一样贵。

（5）比较不同时间是否相同时，可以在“和”后用时间词（例⑨、⑩）。

例：⑨ 他和以前一样能干。

⑩ 她和那时候一样认真。

（6）否定式在“一样”前加“不”（例⑪、⑫）。

例：⑪ 他和我们不一样。

⑫ 他和你不一样高。

解题方法：

（1）在已经公布的真题和样题中没考过“和（跟）……一样”，可以简单复习。

（2）因为“一样”后可能没有别的成分，应先确定比较项，再找“一样”后的成分。

（3）可以从意思角度，根据两个词是不是有关系、是不是可以比较确定比较内容。

（4）如果比较项有时间词，很可能是和那时候的情况比较，时间词在“和”后。

（5）“一样”后面多是形容词，也可以是动词性成分。

标志词：

“和”、“跟”、“一样”

解题步骤：

（1）写框架：“……和（跟）……一样（……）”。

（2）确定比较内容。

（3）找形容词、动词。

（4）加状语、定语等成分。

模拟演练

1. 一样　　他　　努力　　和你（模拟题）

____

分析：

① 写框架："……和你一样（……）"。

② 确定比较内容："他"。→"他和你一样（……）"。

③ 找形容词："努力"。→"他和你一样努力。"

知识链接：

"努力"是这个句子的谓语。"和你一样"是介词短语，作状语。

小提示：

可以通过标志词"和"、"跟"确定两个比较内容的位置。

2. 完全　　一切　　跟　　这里的　　一样　　以前（模拟题）

____

分析：

① 写框架："……跟……一样（……）"。

② 确定比较内容："一切"、"以前"。这个句子是在和过去进行比较。时间词"以前"，放在"跟"后。→"一切跟以前一样（……）"。

③ "完全"，副词，作状语，放在"一样"前。

④ "这里的"作定语。→"这里的一切跟以前完全一样。"

知识链接：

① "一样"是这个句子的谓语。"跟以前"是介词短语，作状语。

② 比较不同时间是否相同时，会在"和"、"跟"后用时间词。

③ "一切"是代词，可以单独使用。而"所有"是形容词，后要有名词。

小提示：

"一样"后可能没有别的成分。

同步训练

1. 完成句子

（1）春天　　美丽　　秋天和　　一样

____

（2）一样　　实践　　重要　　和思考

____

（3）时间和　　一样　　金钱　　宝贵

____

（4）动物　　有　　和人　　一样　　感情

____

（5）女人和　　有　　一样　　男人　　能力

____

（6）环境　　一样　　跟　　那里的　　十年前　　差不多

____

（7）他的　　跟　　完全　　以前　　一样　　态度

____

（8）样子　　跟　　她的　　年轻时　　一样　　差不多

____

（9）人们的　　几乎　　生活方式　　和　　一样　　古代

____

（10）和　　中国人的　　一样　　他的　　几乎　　汉语水平

____

答案：

（1）秋天和春天一样美丽。

分析："和（跟）……一样"句的基本结构为"X+和+Y+一样（+A/VP）"。可以得到"秋天和……一样（……）"。

（2）实践和思考一样重要。

分析：可以得到"……和思考一样（……）"。

（3）时间和金钱一样宝贵。

分析：可以得到"时间和……一样（……）"。

（4）动物和人一样有感情。

分析：可以得到"……和人一样（……）"。"有"和"感情"等名词可以组成意思比较抽象的短语，用法很像形容词。

（5）女人和男人一样有能力。

分析：可以得到“女人和……一样（……）”。

（6）那里的环境跟十年前差不多一样。

分析：可以得到“……跟……一样（……）”。这个句子是和十年前比，时间词“十年前”放在“跟”后。“差不多”，副词，作状语，放在“一样”前。

（7）他的态度跟以前完全一样。

分析：“完全”，副词，作状语，放在“一样”前。

（8）她的样子跟年轻时差不多一样。

分析：“差不多”，副词，作状语，放在“一样”前。

（9）人们的生活方式和古代几乎一样。

分析：“几乎”，副词，作状语，放在“一样”前。

（10）他的汉语水平和中国人的几乎一样。

分析：“几乎”，副词，作状语，放在“一样”前。

12. “是……的”句

“是……的”句强调已经完成的动作发生的时间、地点和方式等。其基本结构如下表：

S	+是	+强调内容	+VP	+的
我	是	去年	来北京	的。
我	是	在语言大学	学汉语	的。
我	是	走路	去学校	的。

注意事项：

（1）“是……的”句常用来强调时间（例①）、地点（例②）、方式（例③）。

例：① 我是上星期买手机的。

② 我是在香港买手机的。

③ 我是坐飞机去香港的。

（2）如果动词有宾语，宾语放在“的”的前面（例④），或者后面（例⑤）。

例：④ 我是上个星期到中国的。

⑤ 我是上个星期到的中国。

（3）肯定句中“是”可省略（例⑥），否定句中“是”不可省略（例⑦）。一定要有“的”（例⑧、⑨）。

例：⑥ 他走路来的。

⑦ *他不走路来的。

⑧ 他是在网上买机票的。

⑨ *他是早上到。

（4）“是……的”句中不用“了”（例⑩、⑪）。

例：⑩ *我是坐船来了的。

⑪ *他是昨天来的了。

（5）否定形式在“是”前加“不”（例⑫、⑬）。

例：⑫ 我不是在超市买面包的。

⑬ 我不是骑车来的。

解题方法：

（1）在已经公布的真题和样题中没考过“是……的”句，可以简单复习。

（2）要注意区别“是……的”句和“是”字句：“是……的”句的谓语不是“是”，应该有其他动词项，而且一定有标志词“的”。

（3）应该先确定谓语、主语，再确定强调的内容，会容易一些。

（4）可以从时间、地点和方式角度找强调的内容。

标志词：

“是”、“的”

解题步骤：

（1）找标志词“是”、“的”。

（2）写框架：“……是……的”。

（3）找动词。

（4）确定主语。

（5）确定强调内容。

（6）加定语等成分。

模拟演练

1. 那家公司　　成立　　是　　的　　最近刚（模拟题）

____

判断：

有“是”、“的”，有适合作谓语的词“成立”，应该是“是……的”句。

分析：

① 找标志词：“是”、“的”。
② 写框架：“……是……的”。
③ 找动词：“成立”。
④ 确定主语：“成立”的主语应该是组织、机构。→“那家公司是……成立的”。
⑤ 确定强调内容：“最近刚”。→“那家公司是最近刚成立的。”

知识链接：

“公司成立”是常用搭配，还常说“组织/国家/小组成立”等。

小提示：

看到“是”，可以从“是……的”句和“是”字句角度考虑。

2. 的　　在香港　　买　　手机　　那个　　是（模拟题）

____

分析：

① 找标志词：“的”、“是”。
② 写框架：“……是……的”。
③ 找动词：“买”。
④ 确定主语：“手机”。→“手机是……买的”。
⑤ 确定强调内容：“在香港”。
⑥“那个”作定语。→“那个手机是在香港买的。”

同步训练

1. 请写出合适的搭配

__________/__________成立

2. 完成句子

（1）这种　最近　现象　发现　是　的

____

（2）去年　提出　这个　的　理论　是

____

（3）提前　那份　是　的　准备　礼物

____

（4）是　那台　在网上　买　的　电脑

____

（5）这种　生产　产品　是　在中国　的

____

（6）这些　照　照片　是　的　在美国

____

（7）他　用现金　结账　的　是

____

（8）我们　是　订票　用电话　的

____

（9）报名　的　自愿　他们　是

____

（10）我　来　是　一起　的　和父母

____

答案：

（1）这种现象是最近发现的。

分析：有动词“发现”、“是”、“的”，应该是“是……的”句。基本结构为“S+是+强调内容+VP+的”。可以得到“……是……发现的”。这个句子强调时间。“发现……现象”是常用搭配。

（2）这个理论是去年提出的。

分析：可以得到“……是……提出的”。“提出……理论”是常用搭配。

（3）那份礼物是提前准备的。

分析：可以得到“……是……准备的”。“准备礼物”是常用搭配。

（4）那台电脑是在网上买的。

分析：可以得到“……是……买的”。这个句子强调地点。

（5）这种产品是在中国生产的。

分析：可以得到“……是……生产的”。“生产产品”是常用搭配。

（6）这些照片是在美国照的。

分析：可以得到“……是……照的”。

（7）他是用现金结账的。

分析：可以得到“……是……结账的”。这个句子强调方式。

（8）我们是用电话订票的。

分析：可以得到“……是……订票的”。“订票”的意思是“预订票”。如果不认识“订票”，可以用“订”、“票”组词，猜词义。

（9）他们是自愿报名的。

分析：可以得到“……是……报名的”。

（10）我是和父母一起来的。

分析：可以得到“……是……来的”。根据结构“A+和+B+一起+VP”，应该是“和父母一起来”。

（四）复句

除了单句外，还考过复句。下面我们就来复习一下复句的相关知识。

复句由两个或两个以上单句构成。复句中的单句叫分句。其基本结构如下表：

（关联词$_1$）	+分句$_1$	（+关联词$_2$）	+分句$_2$
	他今天不舒服		没有来考试。
虽然	我们没有钱	但是	我们很快乐。

注意事项：

（1）复句中各分句之间可以有各种不同的关系，会用不同的关联词表示。各类复句常用的关联词见下表。

复句类型	常用关联词
并列关系	……也……　又……又……　既……又（也）……　一边……一边……　一面……一面……　一方面……一方面……　有时……有时……　一会儿……，一会儿……　不是……，而是……　是……，不是……
承接关系	……，就/才……　……，然后……　一……就……　先……接着……　既然……（那）就……　……于是……
递进关系	不但/不仅/不管……而且……　不但……，反而……　不仅……还/也……　……，甚至……　……，并且……　连……也/都……何况……
选择关系	或者……或者……　要么……要么……　也许……也许……　是……还是……　不是……就是……　与其……不如……　宁可……也不……
因果关系	因为……，所以……　由于……，（因此/所以）……　之所以……，是因为……　既然……，就/那么……　……，可见……
假设关系	如果……（的话），就/那么……　要是……，就/那么……　假如……，就/那么……　即使……，也……　哪怕……，也……　就是……，也……　再……，也……
条件关系	只有……，才……　只要……，就……　不管……，都/总……　不论……，都/也……　除非……，否则/才……
转折关系	……，只是……　……，不过……　虽然……，但是……　……，可是……　……，却……　……，然而……　尽管……，但/也……　固然……，也/不过……

（2）关联词可能在分句前（例①），也可能在分句中（例②）。

例：①不是我不愿意去，而是他不让我去。

②你只要认真去做，就一定会做好的。

（3）连接复句的关联词，有的必须成对使用（例③）；有的可以成对使用，可以单用（例④）；有的只能单用（例⑤）。

例：③他既聪明又努力。

④你（既然）来了就别走了。

⑤他来过几次，不过很快就回去了。

（4）有的复句中间没有停顿，看起来像单句一样，但是句中包含两个相对独立的内容，有条件、让步等关系，这种复句是紧缩句（例⑥）。有的紧缩句会用成对的关联词（例⑦），有的只用一个关联词（例⑧），有的不用关联词（例⑨）。

例：⑥要是不下雨就好了。

⑦再难也要试试。

⑧你愿意你就去。

⑨不同意别勉强。

解题方法：

（1）曾经考过紧缩句，要重点复习。紧缩句中常用的关联词有：

关联词	例句
越……越……	他越说越高兴。
不……不……	咱们不见不散。
非……不……	我非学好汉语不可。
不……也……	你不说我也知道。
再……也……	再说也没用。
一……就……	我一进门就看见你了。
就	要学什么就要努力学习。
也	你说什么也得去。
又	他想要又不好意思说。
还	他们失败了还要干。
再	有意见以后再提。
才	坚持到底才能胜利。
都	谁看见她都喜欢。
却	他看见了却假装没看见。
因为	他因为下雨不能来。

（2）应该先通过关联词确定复句表示的关系，再从意思角度确定各分句。

标志词：

关联词

解题步骤：

（1）找关联词。

（2）写框架：“（关联词1）……（关联词2）……”。

（3）确定各分句。

（4）加状语等成分。

真题演练

1. 永远　　好了　　要是能　　保持年轻　　就（真题编号：H51004）

____

分析：

① 找关联词："要是"、"就"。

② 写框架："要是能……就……"。表示假设关系。

③ 确定分句："好了"、"保持年轻"。能保持年轻会是一件很好的事，"保持年轻"是假设的条件，"好了"是结果。→"要是能保持年轻就好了"。

④ "永远"，副词，作状语。→"要是能永远保持年轻就好了。"

知识链接：

"保持年轻"是常用搭配，还常说"保持原来的样子/联系/温度"等。

小提示：

有状语时，要从意思角度确定状语修饰哪个动词性成分，在哪个分句。

同步训练

1. 请写出合适的搭配

保持__________/__________

2. 完成句子

（1）如果能　就　便宜一些　再　好了

____

（2）不　就　愿意去　要是你　算了

____

（3）要是　就　下雨　别去了　还

____

（4）假若　就　误会　麻烦了　被

____

（5）练习　多　就会　只要　进步

____

（6）只有　才能　努力　取得成功　不断

____

（7）不能　无论　都　放弃　什么时候

____

（8）不管　要　都　坚持下去　多难

____

（9）来了　　已经　　就　　既然　　别走了

____

（10）他由于　　而　　去开会　　没　　身体不好

____

答案：

（1）如果能再便宜一些就好了。

分析：解题步骤为“关联词→各分句”。句子框架为“如果能……就……”。表示假设关系。“再”，副词，作状语。

（2）要是你不愿意去就算了。

分析：句子框架为“要是你……就……”。表示假设关系。“不”，副词，作状语。

（3）要是还下雨就别去了。

分析：句子框架为“要是……就……”。表示假设关系。“还”，副词，作状语。

（4）假若被误会就麻烦了。

分析：句子框架为“假若……就……”。表示假设关系。“被”，副词，作状语。

（5）只要多练习就会进步。

分析：句子框架为“只要……就会……”。表示条件关系。“多”，形容词，作状语。

（6）只有不断努力才能取得成功。

分析：句子框架为“只有……才能……”。表示条件关系。“不断”，副词，作状语。

（7）无论什么时候都不能放弃。

分析：句子框架为“无论……都……”。表示条件关系。“能”，助动词，作状语。

（8）不管多难都要坚持下去。

分析：句子框架为“不管……都……”。表示条件关系。“要”，助动词，作状语。

（9）既然已经来了就别走了。

分析：句子框架为“既然……就……”。表示承接关系。“已经”，副词，作状语。

（10）他由于身体不好而没去开会。

分析：句子框架为“他由于……而……”。表示因果关系。“没”，副词，作状语。

（五）祈使句

除了结构外，还可以从语气、功能角度对句子进行分类，将句子分为陈述句、疑问句、祈使句和感叹句。曾经考过祈使句，要注意复习。

祈使句表示请求、命令等意义。其基本结构如下表：

（S）	+VP
你	快休息吧。
（咱们）	走吧。

注意事项：

（1）主语多是“您”、“你”、“你们”、“我们”、“咱们”（例①），常省略主语（例②）。

例：① 你们快去吧。

② 快走，来不及了。

（2）句首常用“请”、“麻烦”、“劳驾”、“要”、“应该”等（例③、④）。

例：③ 请过来一下。

④ 麻烦您帮忙看看。

（3）句尾常用语气词“吧”、“啊”（例⑤、⑥）。

例：⑤ 你跟他一起走吧。

⑥ 你快来啊。

（4）否定式在谓语前加“别”、“不要”、“不能”等（例⑦、⑧）。

例：⑦ 不能在这里抽烟。

⑧ 别过来。

句首可加“请”（例⑨、⑩）。

例：⑨ 请不要乱扔垃圾。

⑩ 请别这么说。

句末可加“了”（例⑪、⑫）。

例：⑪ 别去了。

⑫ 不要猜了。

解题方法：

（1）常考有标志词“请”的祈使句，“请”要放在句首。

（2）祈使句的语序和陈述句一样，也应该按“动词→句子主干→修饰成分”的顺序做题。

（3）如果既是祈使句，又是特殊句式，按特殊句式的方法做题。

（4）祈使句常省略主语。

标志词：

“请”

解题步骤：

（1）找动词。

（2）确定主语、宾语。

（3）加状语等成分。

（4）加标志词“请”。

真题演练

1. 请　　重新　　您的密码　　输入（真题编号：H51002）

____

分析：

① 找动词：“输入”。

② 确定主语、宾语：“输入”的宾语应该是一些信息。省略了主语。→“输入您的密码”。

③“重新”，副词，作状语。

④ 加标志词“请”。→“请重新输入您的密码。”

知识链接：

①“输入密码”是常用搭配，还常说“输入数据”等。

② 不要说“重新输入您的密码请”，“请”应该放在句首。

2. 往返的机票　　帮我　　预订　　请（真题编号：H51116）

____

分析：

① 找动词性成分："帮我"、"预订"。根据结构"帮+$N_{人}$+VP"。→"……帮我预订……"。

② 确定主语、宾语："预订"的宾语应该是票、房间等。省略了主语。→"帮我预订往返的机票"。

③ 加标志词"请"。→"请帮我预定往返的机票。"

知识链接：

"帮+$N_{人}$+VP"是固定结构。

同步训练

1. 请写出合适的搭配

输入__________/__________

2. 完成句子

（1）请　阅读　仔细　使用说明

____

（2）主动　有关部门　请　联系

____

（3）递交　请　留学申请　按时

____

（4）认真　明天的考试　请　准备

____

（5）提前　请　座位　预约

____

（6）请　这个句子　翻译　帮我

____

（7）寄　请　一张明信片　帮我

____

（8）找　请　一条小号的裤子　帮我

____

（9）请　买　帮我　一份报纸

____

（10）练习　　帮我　　请　　发音

____

答案：

（1）请仔细阅读使用说明。

分析：解题步骤为“动词→主语、宾语→修饰成分→‘请’”。“仔细”，形容词，作状语。标志词“请”放在句首。

（2）请主动联系有关部门。

分析：“主动”，形容词，作状语。“联系……部门”是常用搭配。“有关部门”是和这件事有关系的部门。如果不认识“有关部门”，可以通过“部门”判断出它应该是名词性成分。

（3）请按时递交留学申请。

分析：“按时”，副词，作状语。“递交……申请”是常用搭配。“递交”是当面送交。如果不认识“递交”，可以通过“递”、“交”来猜词义：递给别人、交给别人。

（4）请认真准备明天的考试。

分析：“认真”，形容词，作状语。“准备考试”是常用搭配。

（5）请提前预约座位。

分析：“提前”，副词，作状语。“预约座位”是常用搭配。

（6）请帮我翻译这个句子。

分析：根据结构“帮+$N_{人}$+VP”，句子框架为“……帮我翻译……”。

（7）请帮我寄一张明信片。

分析：句子框架为“……帮我寄……”。

（8）请帮我找一条小号的裤子。

分析：句子框架为“……帮我找……”。

（9）请帮我买一份报纸。

分析：句子框架为“……帮我买……”。

（10）请帮我练习发音。

分析：句子框架为“……帮我练习……”。

三、模拟训练

（一）基本语序

1. 增长　参观博物馆　我们的　可以　知识

____

2. 他　学习　跟　老师　打算　中国功夫

____

3. 决定　住　下去了　她

____

4. 她　一定　可以　处理好　这件事

____

5. 他们　产品质量　对　要求　很高　的

____

6. 拉近　微笑　人与人之间的　距离　可以

____

7. 十分　表现　她　自然　得

____

8. 我们　印象　那所学校　的　对　很好

____

9. 政府　彻底　应该　相关制度　改革

____

10. 于　他　敢　承担　责任

____

11. 开始　八点　从　我们　上课

____

12. 非常　四川的　都　辣　菜

____

13. 非常　成绩　提高得　她的　快

____

14. 同学们　教室　按时　来到了

____

15. 中国经济的　促进了　发展　改革开放

____

16. 空气污染　人类的　威胁　健康　严重

____

17. 睡觉以前　喝　不要　咖啡　最好

____

18. 走向　那里的　刚刚　现代文明　人们

____

19. 她　看了　朝　一眼　那个方向

____

20. 他的　非常　想法　简单

____

21. 帮助别人　带来　可以　快乐　给自己

____

22. 于　那项工程　完成　接近

____

23. 人　勇敢的　应该　尊重　受到

____

24. 非常　她的　深入　分析　相关

____

25. 影响　气候变化　农业生产　可能

____

26. 有名的　成立　那家　1990年　进出口公司　于

____

27. 护士　那位　特别　新来的　认真

____

28. 粮食生产　压力　巨大的　面临

____

29. 捡到　海边　能　漂亮的　常常　石头

____

30. 非常　他的宿舍　得　整齐　收拾

____

31. 它们的　很　差别　明显

____

32. 准备了　我们　一份　小礼物　给你

____

33. 我们的　旅行　丰富　经历　可以

____

34. 这种　便宜　多了　照相机

____

35. 学生的　受到　她的课　热烈欢迎

____

36. 他　那件　忘记了　彻底　不愉快的事

____

37. 她　特别　看得　仔细

____

38. 从根本上　这种方法　解决　可以　问题

____

39. 重　箱子　极了　那个

____

40. 一些　每个人　特别的　都有　习惯

____

41. 进行了　代表　谈判　双方的

____

42. 做广告　产品的　促进　销售　可以

____

43. 非常　他的　地道　汉语

____

44. 寻找　我们　从　要学会　学习中　快乐

____

45. 采纳了　他　建议　我们的

____

46. 忘记　她　总是　按时吃药

____

47. 他　参加　会　明天的比赛　一定

____

48. 早上　很　空气　公园里的　新鲜

____

49. 已经　那个　问题　解决　得到了

____

50. 一个　他　订了　复习　计划

____

51. 工作　睡午觉　提高　下午的　效率　可以

____

52. 要　下班的时候　关上　一定　电脑

____

53. 他　得到了　优秀的表现　大奖　以

____

54. 得到了　他的看法　肯定　大家的

____

55. 特别　老北京的　总是　热闹　茶馆

____

56. 从事　她　教育　工作　一直

______

57. 效率　十分　工作　他的　高

______

58. 危害　喝酒　身体　可能　健康

______

59. 出席　经常　学术　他　讨论会

______

60. 大家的　我　批评　接受

______

61. 特别　那道菜　她推荐的　好吃

______

62. 受到了　领导的　批评　他

______

63. 特别　交通　方便　公共　这里的

______

64. 经济的　技术进步　将　发展　促进

______

65. 那些　一共　进口药　500块钱

______

66. 好　那种药　非常　止疼效果　的

______

67. 每个人　实现　自己的理想　都　希望能

______

68. 那所小学的　他　校长　担任

______

69. 要　上课以前　一定　认真预习

______

70. 重新　　实验计划　　他　　调整了

71. 业务　　她　　公司的　　很熟悉　　对

72. 世界　　上网　　可以　　大事　　了解

73. 医生　　研究了　　仔细　　相关记录

74. 那位演员　　很多　　有名的　　演过　　电影

75. 晴天　　我　　明天　　希望

76. 生产　　可以　　政策的　　享受　　优惠　　这种机器

77. 治疗方式　　独特　　中医的　　非常

78. 她的　　紧张的　　话　　缓解了　　气氛

79. 相信　　他　　简直　　自己的耳朵　　不能

80. 他　　表达了　　明确　　观点　　自己的

81. 他们　　有关的　　已经　　研究　　进行了

82. 解决　　我们　　马上　　这个问题　　得

83. 中国文化　　深远的　　影响　　产生了

84. 阅读　我们的　可以　知识　丰富

____

85. 演出的　他　检查了　设备　反复

____

86. 开车时　交通　遵守　要　规则　一定

____

87. 持续　原材料　价格　上涨　的

____

88. 不能　吵架　问题　解决

____

89. 那些　中国　产自　玩具

____

90. 你　一定要　注意　休息

____

91. 也　生活中的　小事　引起　可能　严重的问题

____

92. 来到了　参加　运动员　体育馆　比赛的

____

93. 感到　会　运动后　很放松

____

94. 介绍了　详细　产品的　她　特点

____

95. 相信　我　还会　见面　我们

____

96. 人生　她　自己的　目标　实现了

____

97. 应该　你　对　负责　这件事

____

98. 小　你的字　太　了　写得

____

99. 看　吃饭时　不要　电视　最好

____

100. 新买的　那台　特别　洗衣机　好用

____

101. 承认了　那个　主动　错误　孩子

____

102. 通往　这条　图书馆　小路

____

103. 马上　你　医院　应该　去

____

104. 打算　贷款　向　我们　银行

____

105. 国际　他　比赛　参加过

____

106. 他　妈妈的　忘记了　生日　竟然

____

107. 高于　国家的　一切　利益

____

108. 通知　你们　迅速　应该　技术人员

____

109. 太阳　他　关于　的　讲了一个　传说

____

110. 以前的　我的　姥姥　回忆　生活　常常

____

111. 当时的　这首诗　社会　反映了　问题

____

112. 激烈的　展开了　他们　辩论

____

113. 总是　他　为　找借口　自己的错误

____

114. 哭了　他　起来　突然

____

115. 没有　她　表明　自己的　始终　态度

____

116. 我们　得　必须　想出　解决方案

____

117. 值得　那里　你　投资　绝对

____

118. 相对　她的　环境　舒适　工作

____

119. 十分　打扫得　那个　干净　房间

____

120. 说明　应该　使用　按照　你　机器

____

121. 比较　菜　南方　清淡　的

____

122. 记得　她　那件小事　仍然

____

123. 他的　方式　直接　说话　非常

____

124. 那些资料　很大的　对她　帮助　有

____

125. 于　政府　服务　老百姓　应该

____

126. 可以　误会　交流　很多　避免

---

127. 我们　习惯了　生活　逐渐　中国的

---

128. 大家　表演　为　她的　鼓掌　都

---

129. 有利　情况　现在的　得很

---

130. 她　的　在中国学习　情况　介绍了

---

131. 他们　得　合作　愉快　非常

（二）动作的状态

1. 工作　我　参加　了　快要

---

2. 她　来　曾经　中国　过

---

3. 培养　北京大学　很多　优秀的学生　了

---

4. 正在　调查　警察　这件事

---

5. 她　了　回　韩国　快

---

6. 了　经济全球化　很多　提供　机会

---

7. 社会　仍然　存在　着　不公平的　现象

---

8. 丢　新买的　又　了　自行车

____

9. 正在　日程　安排　秘书　明天的

____

10. 那本书　语法　总结　常用的　了

____

11. 着　挑战　面临　巨大的　那家公司

____

12. 同学们　准备　在　考试　明天的　都

____

13. 汽油的　上涨　又　了　价格

____

14. 还　着　教室的　亮　灯

____

15. 复习　他　在　语法　认真地

____

16. 再　这件事　耽误了　别

____

17. 一副　他　戴　皮手套　着

____

18. 主持　还　节目　他　在

____

（三）特殊句式

1. 取回来了　衣服　已经　把　我

____

2. 前边　一只　过来　小狗　跑

____

3. 在　冰箱　新买的水果　里

---

4. 那些　被　都　拆了　老房子

---

5. 她的　很大的　有　提高　汉语水平

---

6. 参观　学习　是　也　一种

---

7. 计划　去上海　我　坐火车

---

8. 有　很多　这样的　那本书里　故事

---

9. 把　他　名字　那个本子上　写在了

---

10. 又　骗子　那位老人　骗　被　了

---

11. 我　参加我的　请你　想　婚礼

---

12. 两棵　门外　着　树　种

---

13. 以前的　在　都　书架　课本　上

---

14. 没有一件　家具　她的家里　豪华的

---

15. 我　作业　用铅笔　习惯　写

---

16. 那辆　的　是　生产　手工　汽车

---

17. 他　请大家　电影　打算　看

____

18. 新来的　校长办公室　老师　在　里

____

19. 比赛的　寄给了　照片　她把　父母

____

20. 去　留学　美国　她　打算

____

21. 工作　交给了　她把　领导　方案

____

22. 母亲　儿子的　让　话　难过极了

____

23. 那家　是　十年前　的　公司　成立

____

24. 把　晚上　预习　那些内容　必须　一下

____

25. 一个　被　安排到　小组　他　新成立的

____

26. 他　著名的　一位　是　文学家

____

27. 我　小说　把　那本　已经　看完了

____

28. 她独特的设计　老板　很满意　让

____

29. 电子邮件　我们　用　联系　经常

____

30. 交给了　他把　钱包　警察　捡到的

____

31. 自行车　在　那辆　楼下

____

32. 我的　不仅　是　他　老师

____

33. 比赛的　很让大家　结果　失望

____

34. 被　批评　老师　都　同学们　了

____

35. 回　她　希望　工作　家乡

____

36. 都　这家旅馆　称赞　游客们　服务周到

____

37. 他　那家　存在了　工资　银行　把

____

38. 借　刚刚　那本书　她　被　走

____

39. 来　他们　学习　中国　要　汉语

____

40. 是　之一　我的　听音乐　爱好

____

41. 今天的　桌子　在　上　报纸

____

42. 经常　老师　互相帮助　让我们

____

43. 他　去　查　常常　图书馆　资料

____

44. 很受欢迎的　茶　一种　饮料　是

____

45. 电视的　桌子　使用说明　上　在

____

46. 我们　感动　被　他的精神　都　了

____

47. 有　很深的　中医　理论基础

____

48. 请老师　同学们　唱了　一首老歌

____

49. 医生　他的病　好　治　了　被

____

50. 还　经理　办公室　在　里

____

51. 新建的　是　那里　学生宿舍

____

52. 明天的　我们　参加　欢迎你　活动

____

53. 美好的　有　一个　愿望　他

____

54. 保护环境　每个人的　是　义务

____

55. 让　公司的　人们　行为　很生气

____

56. 资料　保险柜　在　相关的　里

____

57. 最好的大学　北京大学　中国　之一　是

____

58. 车　他　医院门口　把　停在了

____

59. 禁止入内　门上　的　牌子　挂着

____

60. 长江　最长的　是　河　中国

____

61. 参加　他们　来　北京　要　讨论会

____

62. 儿子　考试的成绩　母亲　让　很骄傲

____

63. 把　已经　打扫干净了　你的　她　房间

____

64. 他们　的　是　经验丰富　都　医生

____

65. 有　她的　心里　疑问　很多

____

66. 都　上班　很多人　骑车

____

67. 他　搬到了　把　外面　那些花

____

68. 搬来了　留学生　学生公寓里　几个

____

69. 派到了　他　别的城市　被

____

70. 没有　他的　别人　眼里

____

71. 是　长城　一个奇迹　建筑史上的

____

72. 写成了　我　本子　把　木子

____

73. 参加　老师　鼓励大家　学校的活动　经常

____

74. 用钢笔　他　喜欢　写字　更

____

75. 奇怪的　总有一些　想法　他的脑子里

____

76. 队员　都　足球队的　南方人　是

____

77. 他的心里　一个　着　秘密　藏

____

78. 去　我　要　看朋友　医院

____

79. 他　被　邻居家的狗　咬了

____

80. 有　著名的　中国古代　诗人　很多

____

81. 一家公司　他的父亲　的　经理　是

____

82. 我　最好的　把　老师　书　当成

____

83. 很让人　表现　他的　佩服

____

84. 弟弟　懂事　比　得多　以前

____

85. 旧的牛仔裤　柜子　里　在

____

86. 一样　她　和　天真　小时候

____

87. 是　　书架上　　汉语书　　都

____

88. 走　　帽子　　吹　　一阵大风　　了　　被

____

89. 很多　　博物馆里　　有　　学生　　参观的

____

90. 认真的态度　　她　　很感动　　让　　人

____

91. 两只　　公园门口　　着　　石狮子　　蹲

____

92. 他　　饭馆　　去　　打工　　经常

____

93. 最好的　　狗　　朋友　　是　　人类

____

94. 水果　　有　　营养　　那种　　丰富的

____

95. 那个孩子　　自己的　　在　　房间里　　一直

____

96. 着　　客厅里　　几位　　坐　　客人

____

97. 人们的　　比　　现在　　会　　好　　生活

____

98. 一样　　他　　年轻时　　喜欢　　和　　开玩笑

____

99. 设计方案　　一些问题　　还　　新的　　有

____

100. 他　　咖啡馆　　常常　　学习　　去

____

101. 是　香港　著名的　一个　购物天堂

____

102. 马路　妈妈　那边　在

____

103. 很多　有　那家　空房间　还　旅馆

____

104. 那里的　多了　人口　比　五十万　去年

____

105. 很多　盘子里　着　小点心　放

____

106. 手机　大家　把　都　关上了

____

107. 那个孩子　被　撞了　车

____

108. 自己的杯子　我　用　喝咖啡　喜欢

____

109. 两个　门口　着　红灯笼　挂

____

110. 她　那封信　在　那里

____

111. 环境　郊区的　城市的　好　一些　比

____

112. 有过　他　曾经　经历　这种

____

113. 那本　她的名字　着　书上　写

____

114. 要　我们　调整　计划　把　一下

____

115. 他　　那么　　以前　　认真　　了　　没有

116. 有　　每个人　　自己的　　都　　优点

117. 那里的　　少　　比　　动物　　以前　　多了

118. 飘着　　几朵　　天上　　白云

119. 我们自己　　就　　在　　命运　　手中

120. 当　　推荐他　　大家　　都　　代表

121. 更　　人们　　比　　关心　　以前　　环境问题

122. 一个　　着　　门后　　人　　藏

123. 现实情况　　没有　　那么　　想象的　　简单

124. 手机的　　里　　在　　发票　　钱包

125. 是　　交通工具　　一种　　自行车　　重要的

126. 写　　牌子上　　禁止照相　　着

127. 醒　　孩子　　吵　　了　　被

128. 这种　　便宜了　　产品　　以前　　比　　一点儿

129. 在　　那本书　　上　　沙发

____

130. 没有解决的　　那个领域　　问题　　还有很多

____

131. 她的　　意外　　回答　　真让人

____

132. 一位　　他的旁边　　着　　警察　　站

____

133. 那么　　白天　　夜里　　没有　　安静

____

134. 吃　　生日蛋糕　　被　　了　　孩子们

____

135. 上网　　人们　　买　　常常　　东西

____

136. 锁上了　　办公室的　　她　　把　　门

____

137. 放　　桌子上　　一堆　　着　　东西

____

138. 老师　　学生　　比　　不一定　　强

____

139. 和　　他的　　一样　　以前　　好　　身体

____

140. 都　　那些东西　　床　　在　　底下

____

141. 人们　　这个　　被　　发现了　　秘密

____

142. 大概　　经理　　工厂　　签合同了　　去

____

143. 挂　衣柜里　着　新衣服　很多

144. 表现　今天的　平时　好　她　没有

145. 需要　工作　一样　热情　和生活

146. 吓　我们　被　困难　没有　倒

147. 在　宿舍　我的作业　里

148. 贵　冬天的　比　夏天的　水果　得多

149. 在北京　我们　认识　的　是

150. 称为　水　人们　生命之源　被

151. 那本字典　书架　在　上

152. 下来了　几位　飞机上　军人

153. 那里的　自己的　有　风俗　少数民族

154. 一样　工作和　重要　休息

155. 在　她　我的　永远　心中

（四）复句

1. 假如　就　能　支持我们　政府　好了

______

2. 这种　只有　才有　花　春天

______

3. 就是　也要　遵守　总统　法律

______

4. 即使　不能　非常　辛苦　放弃　也

______

5. 只有　这个　问题　解决　她　才能

______

6. 要是　回到　就　过去　好了　能

______

7. 不能　即使　也　粗心　经验多

______

8. 他　才　只有　有　钥匙

______

9. 就　如果　问我　不明白

______

10. 注意　无论　都要　安全　去哪儿

______

11. 也要　即使　做完　作业　不睡觉

______

12. 只有　完成　才能　这项　任务　你

______

13. 一定　哪怕　也　要去　天气不好

______

14. 也　即使　没关系　错了

____

15. 这种　只有　才有　茶　云南

____

16. 就　要是　问题　说出来　有

____

17. 他就　只要　非常　你去　高兴

____

18. 也　不怕　遇到　即使　困难

____

（五）祈使句

1. 你的　介绍一下　请　工作经历

____

2. 修改　您　请　工作方案　允许我

____

3. 请　写在　答案　答题卡上　把

____

4. 不要　在这里　请　钓鱼

____

5. 请　等候　去　您　大厅

____

6. 把　餐厅　食物　请不要　带出

____

7. 介绍一下　请　当时的　情况

____

8. 一封　请　写　推荐信　为我

____

9. 千万　忘记　别　护照　带

____

10. 你的　请　我　借给　自行车

____

11. 请　出席　你　明天的会议　提醒他

____

12. 请　关　大家　手机　上　把

____

13. 给我　辅导　请　写作

____

14. 负责　请　您　这个项目　让我

____

15. 毕业论文　请　交给　把　班主任

____

16. 他　不要　骗了　被

____

17. 为大家　唱　请　你　一首歌

____

18. 请　送到　这些本子　老师办公室　把

____

四、答　案

（一）基本语序

1. 参观博物馆可以增长我们的知识。

分析：这道题主要考主语。主语是动词性成分："参观博物馆"。"可以"，助动词，作状语。"增长知识"是常用搭配。

2. 他打算跟老师学习中国功夫。

分析：这道题主要考宾语、介词短语。"打算"可以带动词性宾语："学习中国功夫”。“跟”组成的介词短语在这里作状语：“跟……学习”。

3. 她决定住下去了。

分析：这道题主要考补语。“下去”是趋向补语，表示已经开始的动作、状态还要继续。

4. 她一定可以处理好这件事。

分析：这道题主要考助动词。“可以”，助动词，作状语。“一定”，副词，作状语。

5. 他们对产品质量的要求很高。

分析：这道题主要考谓语、介词短语。谓语是形容词：“高”。“对”组成的介词短语作定语：“对……的要求”。“他们”，代词，直接作定语。

6. 微笑可以拉近人与人之间的距离。

分析：这道题主要考主语。主语是动词：“微笑”。“可以”，助动词，作状语。“拉近距离”是常用搭配。

7. 她表现得十分自然。

分析：这道题主要考补语。这是一个情态补语：“V+得+程度副词+A”。→“……表现得十分自然”。

8. 我们对那所学校的印象很好。

分析：这道题主要考谓语、介词短语。谓语是形容词：“好”。“对”组成的介词短语作定语：“对……的印象”。“我们”，代词，直接作定语。

9. 政府应该彻底改革相关制度。

分析：这道题主要考助动词。“应该”，助动词，作状语。“彻底”，形容词，作状语。“改革制度”是常用搭配。

10. 他敢于承担责任。

分析：这道题主要考补语。“于”组成的介词短语作补语。“于”后加方面：“承担责任”。“承担责任”是常用搭配。

11. 我们从八点开始上课。

分析：这道题主要考宾语、介词短语。“开始”可以带动词性宾语：“上课”。“从”组成的介词短语在这里作状语：“从……开始”。

12. 四川的菜都非常辣。

分析：这道题主要考谓语。谓语是形容词："辣"。"都"，副词，作状语。

13. 她的成绩提高得非常快。

分析：这道题主要考补语。这是一个情态补语："V+得+程度副词+A"。→"……提高得非常快"。

14. 同学们按时来到了教室。

分析：这道题主要考状语。"按时"，副词，作状语。

15. 改革开放促进了中国经济的发展。

分析：这道题主要考宾语。"促进"可以带动词性宾语："发展"。"改革开放"是1978年中国实行的经济方面的改革政策。"促进发展"是常用搭配。

16. 空气污染严重威胁人类的健康。

分析：这道题主要考主语。主语是动词性成分："空气污染"。"严重"，形容词，作状语。"威胁健康"是常用搭配。

17. 睡觉以前最好不要喝咖啡。

分析：这道题主要考助动词。这个句子省略了主语。"要"，助动词，作状语。"最好"，副词，作状语。"睡觉以前"，表示时间，作状语。

18. 那里的人们刚刚走向现代文明。

分析：这道题主要考补语。动词后有介词"向"，是介词短语补语。"向"后加方向："现代文明"。"刚刚"，副词，作状语。

19. 她朝那个方向看了一眼。

分析：这道题主要考介词短语。"朝"组成的介词短语在这里作状语："朝……看"。"一眼"，数量短语，放在动词后作动量补语。

20. 他的想法非常简单。

分析：这道题主要考谓语。谓语是形容词："简单"。

21. 帮助别人可以给自己带来快乐。

分析：这道题主要考主语。主语是动词性成分："帮助别人"。"可以"，助动词，作状语。"给自己"，介词短语，作状语。"带来快乐"是常用搭配。

22. 那项工程接近于完成。

分析：这道题主要考补语。"于"组成的介词短语作补语。"于"后加目标：

“完成”。

23. 勇敢的人应该受到尊重。

分析：这道题主要考宾语。“受到”可以带动词性宾语：“尊重”。“应该”，助动词，作状语。“受到尊重”是常用搭配。

24. 她的相关分析非常深入。

分析：这道题主要考谓语、定语。谓语是形容词：“深入”。多项定语的顺序：“谁的+什么+名词”。→“她的相关分析”。

25. 气候变化可能影响农业生产。

分析：这道题主要考主语。主语是动词性成分：“气候变化”。“可能”，助动词，作状语。“影响生产”是常用搭配。

26. 那家有名的进出口公司成立于1990年。

分析：这道题主要考补语、定语。“于”组成的介词短语作补语。“于”后加时间：“1990年”。多项定语的顺序：“指量+什么样的+名词”。→“那家有名的进出口公司”。

27. 那位新来的护士特别认真。

分析：这道题主要考谓语、定语。谓语是形容词：“认真”。多项定语的顺序：“指量+什么样的+名词”。→“那位新来的护士”。

28. 粮食生产面临巨大的压力。

分析：这道题主要考主语。主语是动词性成分：“粮食生产”。“面临压力”和“巨大的压力”是常用搭配。

29. 海边常常能捡到漂亮的石头。

分析：这道题主要考助动词。这个句子省略了主语。“能”，助动词，作状语。“常常”，副词，作状语。“海边”，处所词，作状语。

30. 他的宿舍收拾得非常整齐。

分析：这道题主要考补语。这是一个情态补语：“V+得+程度副词+A”。→“……收拾得非常整齐”。

31. 它们的差别很明显。

分析：这道题主要考谓语。谓语是形容词：“明显”。

32. 我们给你准备了一份小礼物。

分析：这道题主要考介词短语。“给”组成的介词短语不能作补语，这里作状语：“给你准备”。“准备礼物”是常用搭配。

33. 旅行可以丰富我们的经历。

分析：这道题主要考主语。主语是动词：“旅行”。这里的“丰富”是动词，作谓语。“可以”，助动词，作状语。“丰富经历”是常用搭配。

34. 这种照相机便宜多了。

分析：这道题主要考谓语。谓语是形容词：“便宜”。“多了”在形容词后作程度补语。

35. 她的课受到学生的热烈欢迎。

分析：这道题主要考宾语。“受到”可以带动词性宾语：“热烈欢迎”。“受到欢迎”是常用搭配。

36. 他彻底忘记了那件不愉快的事。

分析：这道题主要考状语。“彻底”，形容词，作状语。

37. 她看得特别仔细。

分析：这道题主要考补语。这是一个情态补语：“V+得+程度副词+A”。→“……看得特别仔细”。

38. 这种方法可以从根本上解决问题。

分析：这道题主要考助动词。“可以”，助动词，作状语。“从根本上”，介词短语，作状语。“解决问题”是常用搭配。

39. 那个箱子重极了。

分析：这道题主要考谓语。谓语是形容词：“重”。“极了”在形容词、心理动词后作程度补语。

40. 每个人都有一些特别的习惯。

分析：这道题主要考定语。多项定语的顺序：“数量+什么样的+名词”。→“一些特别的习惯”。

41. 双方的代表进行了谈判。

分析：这道题主要考宾语。“进行”可以带动词性宾语：“谈判”。“进行谈判”是常用搭配。

42. 做广告可以促进产品的销售。

分析：这道题主要考主语。主语是动词性成分："做广告"。"可以"，助动词，作状语。"促进销售"是常用搭配。

43. 他的汉语非常地道。

分析：这道题主要考谓语。谓语是形容词："地道"。

44. 我们要学会从学习中寻找快乐。

分析：这道题主要考宾语、介词短语。"要学会"可以带动词性宾语："寻找快乐"。"从"组成的介词短语不能作补语，这里作状语："从……寻找"。"寻找快乐"是常用搭配。

45. 他采纳了我们的建议。

分析：这道题主要考定语。"采纳建议"是常用搭配。

46. 她总是忘记按时吃药。

分析：这道题主要考宾语。"忘记"可以带动词性宾语："按时吃药"。"总是"，副词，作状语。

47. 他一定会参加明天的比赛。

分析：这道题主要考助动词。"会"，助动词，作状语。"一定"，副词，作状语。"参加比赛"是常用搭配。

48. 早上公园里的空气很新鲜。

分析：这道题主要考谓语。谓语是形容词："新鲜"。"早上"，时间词，作状语。"空气新鲜"是常用搭配。

49. 那个问题已经得到了解决。

分析：这道题主要考宾语。"得到"可以带动词性宾语："解决"。"已经"，副词，作状语。"得到解决"是常用搭配。

50. 他订了一个复习计划。

分析：这道题主要考定语。"复习"，动词，直接作定语。"订计划"是常用搭配。

51. 睡午觉可以提高下午的工作效率。

分析：这道题主要考主语、定语。主语是动词性成分："睡午觉"。"可以"，助动词，作状语。多项定语的顺序："什么时候的+什么+名词"。→"下午的工作效率"。"提高效率"和"工作效率"是常用搭配。

52. 下班的时候一定要关上电脑。

分析：这道题主要考助动词。这个句子省略了主语。“要”，助动词，作状语。“一定”，副词，作状语。“下班的时候”，表示时间，作状语。

53. 他以优秀的表现得到了大奖。

分析：这道题主要考介词短语。“以”组成的介词短语不能作补语，这里作状语：“以……得到”。“以”在这里表示“凭”。“得到……奖”是常用搭配。

54. 他的看法得到了大家的肯定。

分析：这道题主要考宾语。“得到”可以带动词性宾语：“肯定”。“得到肯定”是常用搭配。

55. 老北京的茶馆总是特别热闹。

分析：这道题主要考谓语。谓语是形容词：“热闹”。“总是”，副词，作状语。

56. 她一直从事教育工作。

分析：这道题主要考状语。“一直”，副词，作状语。“教育”，名词，直接作定语。“从事……工作”是常用搭配。

57. 他的工作效率十分高。

分析：这道题主要考谓语、定语。谓语是形容词：“高”。多项定语的顺序：“谁的+什么+名词”。→“他的工作效率”。“工作效率”和“效率高”是常用搭配。

58. 喝酒可能危害身体健康。

分析：这道题主要考主语。主语是动词性成分：“喝酒”。“可能”，助动词，作状语。“危害健康”和“身体健康”是常用搭配。

59. 他经常出席学术讨论会。

分析：这道题主要考状语。“经常”，副词，作状语。“学术”，名词，直接作定语。“出席讨论会”和“学术讨论会”是常用搭配。

60. 我接受大家的批评。

分析：这道题主要考宾语。“接受”可以带动词性宾语：“批评”。“接受批评”是常用搭配。

61. 她推荐的那道菜特别好吃。

分析：这道题主要考谓语。谓语是形容词：“好吃”。

62. 他受到了领导的批评。

分析：这道题主要考宾语。“受到”可以带动词性宾语：“批评”。“受到批评”是常用搭配。

63. 这里的公共交通特别方便。

分析：这道题主要考谓语、定语。谓语是形容词：“方便”。多项定语的顺序：“哪儿的+什么+名词”。→“这里的公共交通”。“公共交通”是常用搭配。

64. 技术进步将促进经济的发展。

分析：这道题主要考谓语。主语是名词性成分：主语是动词性成分：“技术进步”。“将”，副词，作状语。“促进发展”是常用搭配。

65. 那些进口药一共500块钱。

分析：这道题主要考谓语。谓语是名词性成分：“500块钱”。“一共”，副词，作状语。

66. 那种药的止疼效果非常好。

分析：这道题主要考谓语。谓语是形容词：“好”。“止疼”的意思是“让人感觉不那么疼”。如果不认识“止疼”，可以通过“效果”确定这是一个名词性成分。

67. 每个人都希望能实现自己的理想。

分析：这道题主要考宾语。“希望”可以带动词性宾语：“实现自己的理想”。“都”，副词，作状语。“实现理想”是常用搭配。不要说“每个人都希望能自己的理想实现”，如果想表达这个意思要说“每个人都希望自己的理想能实现”。

68. 他担任那所小学的校长。

分析：这道题主要考定语。“担任校长”是常用搭配。

69. 上课以前一定要认真预习。

分析：这道题主要考助动词。这个句子没有宾语，省略了主语。“要”，助动词，作状语。“一定”，副词，作状语。“上课以前”，表示时间，作状语。

70. 他重新调整了实验计划。

分析：这道题主要考状语。“重新”，副词，作状语。“调整计划”是常用搭配。

71. 她对公司的业务很熟悉。

分析：这道题主要考谓语、介词短语。谓语是形容词：“熟悉”。“对”组成的介词短语不能作补语，这里作状语：“对……很熟悉”。

72. 上网可以了解世界大事。

分析：这道题主要考主语。主语是动词："上网"。"可以"，助动词，作状语。"世界"，名词，直接作定语。"世界大事"是常用搭配。

73. 医生仔细研究了相关记录。

分析：这道题主要考状语。"仔细"，形容词，作状语。"研究……记录"是常用搭配。

74. 那位演员演过很多有名的电影。

分析：这道题主要考定语。多项定语的顺序："数量+什么样的+名词"。→"很多有名的电影"。

75. 我希望明天晴天。

分析：这道题主要考宾语。"希望"可以带小句子作宾语："明天晴天"。

76. 生产这种机器可以享受政策的优惠。

分析：这道题主要考主语。主语是动词性成分："生产这种机器"。"可以"，助动词，作状语。"享受优惠"是常用搭配。

77. 中医的治疗方式非常独特。

分析：这道题主要考谓语。谓语是形容词："独特"。

78. 她的话缓解了紧张的气氛。

分析：这道题主要考定语。"缓解气氛"是常用搭配。

79. 他简直不能相信自己的耳朵。

分析：这道题主要考助动词。"能"，助动词，作状语。"简直"，副词，作状语。

80. 他明确表达了自己的观点。

分析：这道题主要考状语。"明确"，形容词，作状语。"表达观点"是常用搭配。

81. 他们已经进行了有关的研究。

分析：这道题主要考宾语。"进行"可以带动词性宾语："研究"。"已经"，副词，作状语。"进行研究"是常用搭配。

82. 我们得马上解决这个问题。

分析：这道题主要考助动词。"得"，助动词，作状语。"马上"，副词，作状语。"解决问题"是常用搭配。

83. 中国文化产生了深远的影响。

分析：这道题主要考定语。“中国”，名词作定语。“产生影响”和“深远的影响”是常用搭配。

84. 阅读可以丰富我们的知识。

分析：这道题主要考主语。主语是动词：“阅读”。这里的“丰富”是动词，作谓语。“可以”，助动词，作状语。“丰富知识”是常用搭配。

85. 他反复检查了演出的设备。

分析：这道题主要考状语。“反复”，副词，作状语。“检查设备”是常用搭配。

86. 开车时一定要遵守交通规则。

分析：这道题主要考助动词。这个句子省略了主语。“要”，助动词，作状语。“一定”，副词，作状语。“开车时”，表示时间，作状语。“遵守规则”和“交通规则”是常用搭配。

87. 原材料的价格持续上涨。

分析：这道题主要考定语。“持续”，副词，作状语。“价格上涨”是常用搭配。

88. 吵架不能解决问题。

分析：这道题主要考主语。主语是动词：“吵架”。“能”，助动词，作状语。“解决问题”是常用搭配。

89. 那些玩具产自中国。

分析：这道题主要考补语。动词后有介词“自”，是介词短语补语。“自”后加地点：“中国”。

90. 你一定要注意休息。

分析：这道题主要考宾语。“注意”可以带动词性宾语：“休息”。“一定”，副词；“要”，助动词。“一定要”，作状语。

91. 生活中的小事也可能引起严重的问题。

分析：这道题主要考状语。“也”，副词，作状语。可能，助动词，作状语。“引起问题”是常用搭配。

92. 参加比赛的运动员来到了体育馆。

分析：这道题主要考定语。“参加比赛”，动词短语，作定语。

93. 运动后会感到很放松。

分析：这道题主要考助动词。这个句子省略了主语。“会”，助动词，作状语。“运动后”，表示时间，作状语。“感到放松”是常用搭配。

94. 她详细介绍了产品的特点。

分析：这道题主要考状语。“详细”，形容词，作状语。

95. 我相信我们还会见面。

分析：这道题主要考宾语。“相信”可以带小句子作宾语：“我们见面”。“还”，副词；“会”，助动词。“还会”，作状语。

96. 她实现了自己的人生目标。

分析：这道题主要考定语。多项定语的顺序：“谁的+什么+名词”。→“自己的人生目标”。“实现目标”和“人生目标”是常用搭配。

97. 你应该对这件事负责。

分析：这道题主要考介词短语。“对”组成的介词短语不能作补语，这里作状语：“对……负责”。“应该”，助动词，作状语。

98. 你的字写得太小了。

分析：这道题主要考补语。这是一个情态补语：“V+得+程度副词+A”。→“……写得太小了”。

99. 吃饭时最好不要看电视。

分析：这道题主要考助动词。这个句子省略了主语。“要”，助动词，作状语。“最好”，副词，作状语。“吃饭时”，表示时间，作状语。

100. 那台新买的洗衣机特别好用。

分析：这道题主要考谓语、定语。谓语是形容词：“好用”。多项定语的顺序：“指量+什么样的+名词”。→“那台新买的洗衣机”。

101. 那个孩子主动承认了错误。

分析：这道题主要考状语。“主动”，形容词，作状语。“承认错误”是常用搭配。

102. 这条小路通往图书馆。

分析：这道题主要考补语。动词后有介词“往”，是介词短语补语。“往”后加方向：“图书馆”。

103. 你应该马上去医院。

分析：这道题主要考助动词。“应该”，助动词，作状语。“马上”，副词，作状语。

104. 我们打算向银行贷款。

分析：这道题主要考宾语、介词短语。“打算”可以带动词性宾语：“贷款”。“向”组成的介词短语只有表示方向时才能作补语，这里作状语：“向……贷款”。

105. 他参加过国际比赛。

分析：这道题主要考定语。“国际”，名词，直接作定语。“参加比赛”是常用搭配。

106. 他竟然忘记了妈妈的生日。

分析：这道题主要考状语。“竟然”，副词，作状语。

107. 国家的利益高于一切。

分析：这道题主要考补语。形容词后有介词“于”，是介词短语补语。“于”后加比较对象：“一切”。

108. 你们应该迅速通知技术人员。

分析：这道题主要考助动词。“应该”，助动词，作状语。“迅速”，形容词，作状语。

109. 他讲了一个关于太阳的传说。

分析：这道题主要考介词短语。“关于”组成的介词短语作定语：“关于……的传说”。

110. 我的姥姥常常回忆以前的生活。

分析：这道题主要考状语。“常常”，副词，作状语。“回忆……的生活”是常用搭配。

111. 这首诗反映了当时的社会问题。

分析：这道题主要考定语。多项定语的顺序：“什么时候的+什么+名词”。→“当时的社会问题”。“反映……问题”和“社会问题”是常用搭配。

112. 他们展开了激烈的辩论。

分析：这道题主要考宾语。“展开”可以带动词性宾语：“辩论”。“展开辩论”是常用搭配。

113. 他总是为自己的错误找借口。

分析：这道题主要考介词短语。“为”组成的介词短语不能作补语，这里作状语：“为……找借口”。“总是”，副词，作状语。

114. 他突然哭了起来。

分析：这道题主要考补语。“起来”是趋向补语，表示开始某件事或某种状态。“突然”，副词，作状语。

115. 她始终没有表明自己的态度。

分析：这道题主要考状语。“始终”、“没有”，副词，作状语。“表明态度”是常用搭配。

116. 我们必须得想出解决方案。

分析：这道题主要考助动词。“得”，助动词，作状语。“必须”，副词，作状语。

117. 那里绝对值得你投资。

分析：这道题主要考宾语。“值得”可以带动词性宾语：“你投资”。“绝对”，副词，作状语。

118. 她的工作环境相对舒适。

分析：这道题主要考谓语、定语。谓语是形容词：“舒适”。多项定语的顺序：“谁的+什么+名词”。→“她的工作环境”。“工作环境”是常用搭配。

119. 那个房间打扫得十分干净。

分析：这道题主要考补语。这是一个情态补语：“V+得+程度副词+A”。→“……打扫得十分干净”。

120. 你应该按照说明使用机器。

分析：这道题主要考介词短语。“按照”组成的介词短语不能作补语，这里作状语：“按照……使用”。“应该”，助动词，作状语。“使用机器”是常用搭配。

121. 南方的菜比较清淡。

分析：这道题主要考谓语。谓语是形容词：“清淡”。

122. 她仍然记得那件小事。

分析：这道题主要考状语。“仍然”，副词，作状语。

123. 他的说话方式非常直接。

分析：这道题主要考谓语、定语。谓语是形容词：“直接”。多项定语的顺序：

“谁的+什么+名词”。→“他的说话方式”。“说话方式”是常用搭配。

124. 那些资料对她有很大的帮助。

分析：这道题主要考介词短语。“对”组成的介词短语不能作补语，这里作状语：“对她有”。“有帮助”是常用搭配。

125. 政府应该服务于老百姓。

分析：这道题主要考补语。“于”组成的介词短语作补语。“于”后加对象：“老百姓”。“应该”，助动词，作状语。

126. 交流可以避免很多误会。

分析：这道题主要考主语。主语是动词：“交流”。“可以”，助动词，作状语。“避免误会”是常用搭配。

127. 我们逐渐习惯了中国的生活。

分析：这道题主要考状语。“逐渐”，副词，作状语。

128. 大家都为她的表演鼓掌。

分析：这道题主要考介词短语。“为”组成的介词短语不能作补语，这里作状语：“为……鼓掌”。“都”，副词，作状语。

129. 现在的情况有利得很。

分析：这道题主要考谓语。谓语是形容词：“有利”。“得很”在形容词、心理动词后作程度补语。

130. 她介绍了在中国学习的情况。

分析：这道题主要考定语。“介绍情况”是常用搭配。

131. 他们合作得非常愉快。

分析：这道题主要考补语。这是一个情态补语：“V+得+程度副词+A”。→“……合作得非常愉快”。

（二）动作的状态

1. 我快要参加工作了。

分析：这道题主要考将要进行态。基本结构：“要/就要/快（要）/将（要）+V/

A+了”。→“……快要……了”。“参加工作”是常用搭配。

2. 她曾经来过中国。

分析：这道题主要考经历态。“过”放在谓语后。“曾经”，副词，作状语。

3. 北京大学培养了很多优秀的学生。

分析：这道题主要考完成态。这里强调动作的实现、完成，“了”放在谓语后。“培养学生”是常用搭配。

4. 警察正在调查这件事。

分析：这道题主要考进行态。“正在”放在谓语前。

5. 她快回韩国了。

分析：这道题主要考将要进行态。基本结构：“要/就要/快（要）/将（要）+ V/A+了”。→“……快……了”。

6. 经济全球化提供了很多机会。

分析：这道题主要考完成态。这里强调动作的实现、完成，“了”放在谓语后。“提供机会”是常用搭配。“经济全球化”指的是世界经济逐渐成为紧密联系的一个整体的过程。如果不认识“经济全球化”，可以通过其他的项确定它应该是主语。

7. 社会仍然存在着不公平的现象。

分析：这道题主要考持续态。“着”放在谓语后。“仍然”，副词，作状语。“存在……现象”是常用搭配。

8. 新买的自行车又丢了。

分析：这道题主要考完成态。谓语后没有宾语，“了”只能放在谓语后表示完成、变化。“又”，副词，作状语。

9. 秘书正在安排明天的日程。

分析：这道题主要考进行态。“正在”放在谓语前。“安排日程”是常用搭配。

10. 那本书总结了常用的语法。

分析：这道题主要考完成态。这里强调动作的实现、完成，“了”放在谓语后。

11. 那家公司面临着巨大的挑战。

分析：这道题主要考持续态。“着”放在谓语后。“面临挑战”和“巨大的挑战”是常用搭配。

12. 同学们都在准备明天的考试。

分析：这道题主要考进行态。“在”放在谓语前。“都”，副词，作状语，放在“在”前。“准备考试”是常用搭配。

13. 汽油的价格又上涨了。

分析：这道题主要考完成态。谓语后没有宾语，“了”只能放在谓语后表示完成、变化。“又”，副词，作状语。“价格上涨”是常用搭配。

14. 教室的灯还亮着。

分析：这道题主要考持续态。这里的“亮”是动词，作谓语。“着”放在谓语后。“还”，副词，作状语。

15. 他在认真地复习语法。

分析：这道题主要考进行态。“在”放在谓语前。“认真地”，有标志词“地”，作状语。

16. 这件事别再耽误了。

分析：这道题主要考完成态。“别”、“再”，副词，作状语。否定句中，动词和宾语之间不能加“了”，句末可以加“了”表示变化。所以不能说“别再耽误了这件事”，只能说“这件事别再耽误了”。

17. 他戴着一副皮手套。

分析：这道题主要考持续态。“着”放在谓语后。

18. 他还在主持节目。

分析：这道题主要考进行态。“在”放在谓语前。“还”，副词，作状语，放在“在”前。“主持节目”是常用搭配。

（三）特殊句式

1. 我已经把衣服取回来了。

分析：这道题主要考“把”字句。基本结构：“S+把+O+V+其他”。→“……把……取回来了”。“已经”，副词，作状语，放在“把”前。

2. 前边跑过来一只小狗。

分析：这道题主要考存现句。这是一个表示出现的存现句。基本结构：“$NP_{处所/时间}$ +V +了/过/补语+$NP_{人/事物}$”。→“前边跑过来小狗”。

3. 新买的水果在冰箱里。

分析：这道题主要考“在”字句。基本结构：“$NP_{人/事物}$+在+ $NP_{处所}$”。“N+里”表示处所。

4. 那些老房子都被拆了。

分析：这道题主要考“被”字句。基本结构：“S+被+O+V+其他”。→“……被……拆了”。“都”，副词，作状语，放在“被”前。

5. 她的汉语水平有很大的提高。

分析：这道题主要考“有”字句。“有提高”和“很大的提高”是常用搭配。

6. 参观也是一种学习。

分析：这道题主要考“是”字句。“也”，副词，作状语。

7. 我计划坐火车去上海。

分析：这道题主要考宾语、连动句。“计划”可以带连动句作宾语。这是一个表示方式的连动句。基本结构：“S+ VP_1+ VP_2”。→“……坐火车去上海”。

8. 那本书里有很多这样的故事。

分析：这道题主要考“有”字句、定语。多项定语的顺序：“数量+什么样的+名词”。→“很多这样的故事”。

9. 他把名字写在了那个本子上。

分析：这道题主要考“把”字句。基本结构：“S+把+O+V+在/到/给/成+其他”。→“……把……写在了……”。

10. 那位老人又被骗子骗了。

分析：这道题主要考“被”字句。基本结构：“S+被+O+V+其他”。→“……被……骗……”。“又”，副词，作状语，放在“被”前。

11. 我想请你参加我的婚礼。

分析：这道题主要考宾语、兼语句。基本结构：“S+V_1+O_1+V_2（+O_2）”。→“……请你参加我的……”。“想”，可以带兼语句作宾语，兼语句的“参加婚礼”是常用搭配。

12. 门外种着两棵树。

分析：这道题主要考存现句。这是一个表示存在的存现句。基本结构："$NP_{处所}$+V+着+$NP_{人/事物}$"。→"门外种着树"。

13. 以前的课本都在书架上。

分析：这道题主要考"在"字句。基本结构："$NP_{人/事物}$+在+ $NP_{处所}$"。"N+上"表示处所。"都"，副词，作状语。

14. 她的家里没有一件豪华的家具。

分析：这道题主要考"有"字句。"奢华"的意思是"很漂亮，很贵"。如果不认识"奢华"，可以通过"的"确定这是一个定语。

15. 我习惯用铅笔写作业。

分析：这道题主要考宾语、连动句。"习惯"可以带连动句作宾语。这是一个表示方式的连动句。基本结构："S+ VP_1+ VP_2"。→"……用铅笔写……"。

16. 那辆汽车是手工生产的。

分析：这道题主要考"是……的"句。基本结构："S+是+强调内容+VP+的"。→"……是……生产的"。这个句子强调方式。"生产汽车"是常用搭配。

17. 他打算请大家看电影。

分析：这道题主要考宾语、兼语句。"打算"可以带兼语句作宾语。兼语句的基本结构："S+V_1+O_1+V_2（+O_2）"。→"……请大家看……"。

18. 新来的老师在校长办公室里。

分析：这道题主要考"在"字句。基本结构："$NP_{人/事物}$+在+ $NP_{处所}$"。"N+里"表示处所。

19. 她把比赛的照片寄给了父母。

分析：这道题主要考"把"字句。基本结构："S+把+O+V+在/到/给/成+其他"。→"她把……寄给了……"。

20. 她打算去美国留学。

分析：这道题主要考宾语、连动句。"打算"可以带连动句作宾语。这是一个表示目的的连动句。基本结构："S+来/去（+$NP_{处所}$）+VP"。→"……去……留学"。

21. 她把工作方案交给了领导。

分析：这道题主要考"把"字句。基本结构："S+把+O+V+在/到/给/成+其他”。→“她把……交给了……”。“工作”，名词，作定语。“工作方案”是常用搭配。

22. 儿子的话让母亲难过极了。

分析：这道题主要考兼语句。基本结构：“S+V+O+A”。→“……让……难过极了”。

23. 那家公司是十年前成立的。

分析：这道题主要考“是……的”句。基本结构：“S+是+强调内容+VP+的”。→“……是……成立的”。这个句子强调时间。“成立公司”是常用搭配。

24. 晚上必须把那些内容预习一下。

分析：这道题主要考“把”字句。基本结构：“S+把+O+V+其他”。→“……把……预习……”。这个句子省略了主语。“一下”，数量短语，放在动词后作动量补语。“必须”，副词，作状语。“晚上”，时间词，作状语。

25. 他被安排到一个新成立的小组。

分析：这道题主要考“被”字句、定语。“被”字句的基本结构：“S+被+O+V+其他”。→“……被……安排到……”。多项定语的顺序：“数量+什么样的+名词”。→“一个新成立的小组”。

26. 他是一位著名的文学家。

分析：这道题主要考“是”字句、定语。多项定语的顺序：“数量+什么样的+名词”。→“一位著名的文学家”。

27. 我已经把那本小说看完了。

分析：这道题主要考“把”字句。基本结构：“S+把+O+V+其他”。→“……把……看完了”。“已经”，副词，作状语，放在“把”前。

28. 她独特的设计让老板很满意。

分析：这道题主要考兼语句。基本结构：“$S+V_1+O_1+V_2$（$+O_2$）”。→“……让……很满意”。“满意”是心理动词，前面可以加“很”等程度副词。

29. 我们经常用电子邮件联系。

分析：这道题主要考连动句。这是一个表示方式的连动句。基本结构：“$S+VP_1+VP_2$”。→“……用……联系”。“经常”，副词，作状语，放在第一个动词前。

30. 他把捡到的钱包交给了警察。

分析：这道题主要考“把”字句。基本结构：“S+把+O+V+在/到/给/成+其他”。→“他把……交给了……”。

31. 那辆自行车在楼下。

分析：这道题主要考“在”字句。基本结构：“$NP_{人/事物}$+在+ $NP_{处所}$”。

32. 他不仅是我的老师。

分析：这道题主要考“是”字句。“不仅”，副词，作状语。

33. 比赛的结果很让大家失望。

分析：这道题主要考兼语句。常用结构：“$S+V_1+O_1+V_2+(O_2)$”。→“……很让大家失望”。

34. 同学们都被老师批评了。

分析：这道题主要考“被”字句。基本结构：“S+被+O+V+其他”。→“……被……批评……”。“都”，副词，作状语，放在“被”前。

35. 她希望回家乡工作。

分析：这道题主要考宾语、连动句。“希望”可以带连动句作宾语。这是一个表示目的的连动句。基本结构：“S+来/去（+$NP_{处所}$）+VP”。→“……回……工作”。

36. 游客们都称赞这家旅馆服务周到。

分析：这道题主要考兼语句。基本结构：“$S+V_1+O_1+V_2$（$+O_2$）”。→“……称赞……服务周到”。“都”，副词，作状语，放在第一个动词前。

37. 他把工资存在了那家银行。

分析：这道题主要考“把”字句。基本结构：“S+把+O+V+在/到/给/成+其他”。→“……把……存在了……”。

38. 那本书刚刚被她借走。

分析：这道题主要考“被”字句。基本结构：“S+被+O+V+其他”。→“……被……借……”。“走”常在动词后作结果补语。“刚刚”，副词，作状语，放在“被”前。

39. 他们要来中国学习汉语。

分析：这道题主要考连动句。这是一个表示目的的连动句。基本结构：“S+来/去（+$NP_{处所}$）+VP”。→“……来……学习……”。“要”，助动词，作状语，放在

“来”前。

40. 听音乐是我的爱好之一。

分析：这道题主要考“是”字句。“听音乐”，动宾短语，这道题是动宾短语作主语。“是……之一”是固定结构。

41. 今天的报纸在桌子上。

分析：这道题主要考“在”字句。基本结构：“$NP_{人/事物}$+在+ $NP_{处所}$”。“N+上”表示处所。

42. 老师经常让我们互相帮助。

分析：这道题主要考兼语句。基本结构：“$S+V_1+O_1+V_2(+O_2)$”。→“……让我们互相帮助”。“经常”，副词，作状语，放在第一个动词前。

43. 他常常去图书馆查资料。

分析：这道题主要考连动句。这是一个表示目的的连动句。基本结构：“S+来/去（$+NP_{处所}$）+VP”。→“……去……查……”。“常常”，副词，作状语，放在“去”前。“查资料”是常用搭配。

44. 茶是一种很受欢迎的饮料。

分析：这道题主要考“是”字句、定语。多项定语的顺序：“数量+什么样的+名词”。→“一种很受欢迎的饮料”。

45. 电视的使用说明在桌子上。

分析：这道题主要考“在”字句。基本结构：“$NP_{人/事物}$+在+ $NP_{处所}$”。“N+上”表示处所。

46. 我们都被他的精神感动了。

分析：这道题主要考“被”字句。基本结构：“S+被+O+V+其他”。→“……被……感动……”。“都”，副词，作状语，放在“被”前。

47. 中医有很深的理论基础。

分析：这道题主要考“有”字句。“很深的基础”是常用搭配。

48. 同学们请老师唱了一首老歌。

分析：这道题主要考兼语句。基本结构：“$S+V_1+O_1+V_2(+O_2)$”。→“……请老师唱了……”。

49. 他的病被医生治好了。

分析：这道题主要考"被"字句。基本结构："S+被+O+V+其他"。→"……被……治……"。"好"常在动词后作结果补语。

50. 经理还在办公室里。

分析：这道题主要考"在"字句。基本结构："$NP_{人/事物}$+在+ $NP_{处所}$"。"N+里"表示处所。"还"，副词，作状语。

51. 那里是新建的学生宿舍。

分析：这道题主要考"是"字句。

52. 我们欢迎你参加明天的活动。

分析：这道题主要考兼语句。基本结构："$S+V_1+O_1+V_2$（$+O_2$）"。→"……欢迎你参加……"。"参加活动"是常用搭配。

53. 他有一个美好的愿望。

分析：这道题主要考"有"字句。"美好的愿望"是常用搭配。

54. 保护环境是每个人的义务。

分析：这道题主要考"是"字句。"保护环境"，动宾短语，这道题是动宾短语作主语。

55. 公司的行为让人们很生气。

分析：这道题主要考兼语句。基本结构："$S+V_1+O_1+V_2$（$+O_2$）"。→"……让……很生气"。"生气"是心理动词，前面可以加"很"等程度副词。

56. 相关的资料在保险柜里。

分析：这道题主要考"在"字句。基本结构："$NP_{人/事物}$+在+ $NP_{处所}$"。"N+里"表示处所。

57. 北京大学是中国最好的大学之一。

分析：这道题主要考"是"字句。"中国"，名词，直接作定语。"是……之一"是固定结构。

58. 他把车停在了医院门口。

分析：这道题主要考"把"字句。基本结构："S+把+O+V+在/到/给/成+其他"。→"……把……停在了……"。

59. 门上挂着禁止入内的牌子。

分析：这道题主要考存现句。这是一个表示存在的存现句。基本结构："$NP_{处所}$+V+着+$NP_{人/事物}$"。→"门上挂着牌子"。"禁止入内"的意思是"不可以进去"。如果不认识"禁止入内"，可以通过"的"确定这是一个定语。

60. 长江是中国最长的河。

分析：这道题主要考"是"字句、定语。多项定语的顺序："哪儿的+什么样的+名词"。→"中国最长的河"。

61. 他们要来北京参加讨论会。

分析：这道题主要考连动句。这是一个表示目的的连动句。基本结构："S+来/去（+$NP_{处所}$）+VP"。→"……来……参加……"。"要"，助动词，作状语，放在"来"前。"参加讨论会"是常用搭配。

62. 儿子考试的成绩让母亲很骄傲。

分析：这道题主要考兼语句。基本结构："S+V+O+A"。→"……让……很骄傲"。"儿子"，名词，直接作定语。

63. 她已经把你的房间打扫干净了。

分析：这道题主要考"把"字句。基本结构："S+把+O+V+其他"。→"……把……打扫干净了"。"已经"，副词，作状语，放在"把"前。

64. 他们都是经验丰富的医生。

分析：这道题主要考"是"字句。"都"，副词，作状语。"经验丰富"，形容词短语，作定语。

65. 她的心里有很多疑问。

分析：这道题主要考"有"字句。

66. 很多人都骑车上班。

分析：这道题主要考连动句。这是一个表示方式的连动句。基本结构："S+VP_1+ VP_2"。→"……骑车上班"。"都"，副词，作状语，放在第一个动词前。

67. 他把那些花搬到了外面。

分析：这道题主要考"把"字句。基本结构："S+把+O+V+在/到/给/成+其他"。→"……把……搬到了……"。

68. 学生公寓里搬来了几个留学生。

分析：这道题主要考存现句。这是一个表示出现的存现句。基本结构：“$NP_{处所/时间}$ +V +了/过/补语+$NP_{人/事物}$”。→“学生公寓里搬来了留学生”。

69. 他被派到了别的城市。

分析：这道题主要考“被”字句。基本结构：“S+被+O+V+其他”。→“……被……派到了……”。

70. 他的眼里没有别人。

分析：这道题主要考“有”字句。

71. 长城是建筑史上的一个奇迹。

分析：这道题主要考“是”字句。“建筑史”的意思是“建筑历史”。如果不认识“建筑史”，可以通过“的”确定这是一个定语。

72. 我把本子写成了木子。

分析：这道题主要考“把”字句。基本结构：“S+把+O+V+在/到/给/成+其他”。→“……把……写成了……”。

73. 老师经常鼓励大家参加学校的活动。

分析：这道题主要考兼语句。基本结构：“S+V_1+O_1+V_2（+O_2）”。→“……鼓励大家参加……”。“经常”，副词，作状语，放在第一个动词前。“参加活动”是常用搭配。

74. 他更喜欢用钢笔写字。

分析：这道题主要考宾语、连动句。“喜欢”可以带连动句作宾语。这是一个表示方式的连动句。基本结构：“S+ VP_1+ VP_2”。→“……用钢笔写字”。“更”，副词，作状语，放在谓语“喜欢”前。

75. 他的脑子里总有一些奇怪的想法。

分析：这道题主要考“有”字句、定语。多项定语的顺序：“数量+什么样的+名词”。→“一些奇怪的想法”。

76. 足球队的队员都是南方人。

分析：这道题主要考“是”字句。“都”，副词，作状语。

77. 他的心里藏着一个秘密。

分析：这道题主要考存现句。这是一个表示存在的存现句。基本结构：“$NP_{处所}$

+V+着+$NP_{人/事物}$”。→“他的心里藏着秘密”。

78. 我要去医院看朋友。

分析：这道题主要考连动句。这是一个表示目的的连动句。基本结构：“S+来/去（+$NP_{处所}$）+VP”。→“……去……看朋友”。“要”，助动词，作状语，放在“去”前。

79. 他被邻居家的狗咬了。

分析：这道题主要考“被”字句。基本结构：“S+被+O+V+其他”。→“……被……咬了”。

80. 中国古代有很多著名的诗人。

分析：这道题主要考“有”字句、定语。多项定语的顺序：“数量+什么样的+名词”。→“很多著名的诗人”。

81. 他的父亲是一家公司的经理。

分析：这道题主要考“是”字句。

82. 我把书当成最好的老师。

分析：这道题主要考“把”字句。基本结构：“S+把+O+V+在/到/给/成+其他”。→“……把……当成……”。

83. 他的表现很让人佩服。

分析：这道题主要考兼语句。常用结构：“$S+V_1+O_1+V_2+(O_2)$”。→“……很让人佩服”。

84. 弟弟比以前懂事得多。

分析：这道题主要考“比”字句。基本结构：“X+比+Y+A/VP”。→“……比……懂事”。“得多”，放在形容词后。“懂事”的意思是“懂道理”。如果不认识“懂事”，可以通过其他项确定这是一个形容词。

85. 旧的牛仔裤在柜子里。

分析：这道题主要考“在”字句。基本结构：“$NP_{人/事物}$+在+ $NP_{处所}$”。“N+里”表示处所。

86. 她和小时候一样天真。

分析：这道题主要考“和（跟）……一样”结构。基本结构：“X+和+Y+一样（+A/VP）”。→“她和小时候一样（……）”。“和小时候一样”，介词短语，作状语。

87. 书架上都是汉语书。

分析：这道题主要考“是”字句。“都”，副词，作状语。

88. 帽子被一阵大风吹走了。

分析：这道题主要考“被”字句。基本结构：“S+被+O+V+其他”。→“……被……吹……”。“走”常在动词后作结果补语。

89. 博物馆里有很多参观的学生。

分析：这道题主要考“有”字句、定语。多项定语的顺序：“数量+什么样的+名词”。→“很多参观的学生”。

90. 她认真的态度让人很感动。

分析：这道题主要考兼语句。基本结构：“S+V+O+A”。→“……让……很感动”。“她”，代词，直接作定语。

91. 公园门口蹲着两只石狮子。

分析：这道题主要考存现句。这是一个表示存在的存现句。基本结构：“NP$_{处所}$+V+着+NP$_{人/事物}$”。→“公园门口蹲着石狮子”。

92. 他经常去饭馆打工。

分析：这道题主要考连动句。这是一个表示目的的连动句。基本结构：“S+来/去（+NP$_{处所}$）+VP”。→“……去……打工”。“经常”，副词，作状语，放在“去”前。

93. 狗是人类最好的朋友。

分析：这道题主要考“是”字句、定语。多项定语的顺序：“谁的+什么样的+名词”。→“人类最好的朋友”。

94. 那种水果有丰富的营养。

分析：这道题主要考“有”字句。“有营养”和“丰富的营养”是常用搭配。

95. 那个孩子一直在自己的房间里。

分析：这道题主要考“在”字句。基本结构：“NP$_{人/事物}$+在+ NP$_{处所}$”。“一直”，副词，作状语。

96. 客厅里坐着几位客人。

分析：这道题主要考存现句。这是一个表示存在的存现句。基本结构：“$NP_{处所}$+V+着+$NP_{人/事物}$”。→“客厅里坐着客人”。

97. 人们的生活会比现在好。

分析：这道题主要考“比”字句。基本结构：“X+比+Y+A/VP”。→“……比……好”。“会”，助动词，作状语，放在“比”前。

98. 他和年轻时一样喜欢开玩笑。

分析：这道题主要考“和（跟）……一样”结构。基本结构：“X+和+Y+一样（+A/VP）”。→“他和年轻时一样（……）”。“和年轻时一样”，介词短语，作状语。“一样”后多是形容词，也可以是动词短语。

99. 新的设计方案还有一些问题。

分析：这道题主要考“有”字句。“还”，副词，作状语。

100. 他常常去咖啡馆学习。

分析：这道题主要考连动句。这是一个表示目的的连动句。基本结构：“S+来/去（+$NP_{处所}$）+VP”。→“……去……学习”。“常常”，副词，作状语，放在“去”前。

101. 香港是一个著名的购物天堂。

分析：这道题主要考“是”字句、定语。多项定语的顺序：“数量+什么样的+名词”。→“一个著名的购物天堂”。“购物天堂”的意思是“非常适合买东西的地方”。

102. 妈妈在马路那边。

分析：这道题主要考“在”字句。基本结构：“$NP_{人/事物}$+在+ $NP_{处所}$”。“N+这边/那边”表示处所。

103. 那家旅馆还有很多空房间。

分析：这道题主要考“有”字句。“还”，副词，作状语。

104. 那里的人口比去年多了五十万。

分析：这道题主要考“比”字句。基本结构：“X+比+Y+A/VP”。→“……比……多了”。“五十万”，数字，放在形容词后。

105. 盘子里放着很多小点心。

分析：这道题主要考存现句。这是一个表示存在的存现句。基本结构：“$NP_{处所}$

+V+着+$NP_{人/事物}$”。→“盘子里放着小点心”。

106. 大家都把手机关上了。

分析：这道题主要考“把”字句。基本结构：“S+把+O+V+其他”。→“……把……关上了”。“都”，副词，作状语，放在“把”前。

107. 那个孩子被车撞了。

分析：这道题主要考“被”字句。基本结构：“S+被+O+V+其他”。→“……被……撞了”。

108. 我喜欢用自己的杯子喝咖啡。

分析：这道题主要考宾语、连动句。“喜欢”可以带连动句作宾语。这是一个表示方式的连动句。基本结构：“S+ VP_1+ VP_2”。→“……用……喝咖啡”。

109. 门口挂着两个红灯笼。

分析：这道题主要考存现句。这是一个表示存在的存现句。基本结构：“$NP_{处所}$+V+着+$NP_{人/事物}$”。→“门口挂着红灯笼”。

110. 那封信在她那里。

分析：这道题主要考“在”字句。基本结构：“$NP_{人/事物}$+在+ $NP_{处所}$”。“N+这里/那里”表示处所。

111. 郊区的环境比城市的好一些。

分析：这道题主要考“比”字句。基本结构：“X+比+Y+A/VP”。→“……比……好”。“一些”，放在形容词、动词后。

112. 他曾经有过这种经历。

分析：这道题主要考“有”字句。“曾经”，副词，作状语。

113. 那本书上写着她的名字。

分析：这道题主要考存现句。这是一个表示存在的存现句。基本结构：“$NP_{处所}$+V+着+$NP_{人/事物}$”。→“书上写着她的名字”。

114. 我们要把计划调整一下。

分析：这道题主要考“把”字句。基本结构：“S+把+O+V+其他”。→“……把……调整……”。“一下”数量短语，放在动词后作动量补语。“要”，助动词，作状语，放在“把”前。

115. 他没有以前那么认真了。

分析：这道题主要考“（没）有……那么（这么）”结构。基本结构：“X+（没）有+Y（+这么/那么）+A/VP”。→“……没有……那么认真”。这个句子表示变化，语气助词“了”放在句末。

116. 每个人都有自己的优点。

分析：这道题主要考“有”字句。“都”，副词，作状语。

117. 那里的动物比以前少多了。

分析：这道题主要考“比”字句。基本结构：“X+比+Y+A/VP”。→“……比……少”。“多了”，放在形容词后。

118. 天上飘着几朵白云。

分析：这道题主要考存现句。这是一个表示存在的存现句。基本结构：“$NP_{处所}$+V+着+$NP_{人/事物}$”。→“天上飘着白云”。“白云”的意思是“白色的云”。

119. 命运就在我们自己手中。

分析：这道题主要考“在”字句。基本结构：“$NP_{人/事物}$+在+ $NP_{处所}$”。“就”，副词，作状语。“我们自己”，同位短语，作定语。

120. 大家都推荐他当代表。

分析：这道题主要考兼语句。基本结构：“$S+V_1+O_1+V_2(+O_2)$”。→“……推荐他当……”。“都”，副词，作状语，放在第一个动词前。“当代表”是常用搭配。

121. 人们比以前更关心环境问题。

分析：这道题主要考“比”字句。基本结构：“X+比+Y+A/VP”。→“……比……关心……”。比较项后多是形容词，也可以是“关心”等心理动词组成的短语。“更”，放在形容词、心理动词前。

122. 门后藏着一个人。

分析：这道题主要考存现句。这是一个表示存在的存现句。基本结构：“$NP_{处所}$+V+着+$NP_{人/事物}$”。→“门后藏着人”。

123. 现实情况没有想象的那么简单。

分析：这道题主要考“（没）有……那么（这么）”结构。基本结构：“X+（没）有+Y（+这么/那么）+A/VP”。→“……没有……那么简单”。“想象的”是“的”字短语，省略了后面的中心语“情况”。

124. 手机的发票在钱包里。

分析：这道题主要考“在”字句。基本结构：“$NP_{人/事物}$+在+ $NP_{处所}$”。“N+里”表示处所。

125. 自行车是一种重要的交通工具。

分析：这道题主要考“是”字句、定语。多项定语的顺序：“数量+什么样的+名词”。→“一种重要的交通工具”。

126. 牌子上写着禁止照相。

分析：这道题主要考存现句。这是一个表示存在的存现句。基本结构：“$NP_{处所}$+V+着+$NP_{人/事物}$”。→“牌子上写着禁止照相”。

127. 孩子被吵醒了。

分析：这道题主要考“被”字句。基本结构：“S+被+O+V+其他”。→“……被……吵……”。“醒”常在动词后作结果补语。

128. 这种产品比以前便宜了一点儿。

分析：这道题主要考“比”字句。基本结构：“X+比+Y+A/VP”。→“……比……便宜了”。“一点儿”，放在形容词、动词后。

129. 那本书在沙发上。

分析：这道题主要考“在”字句。基本结构：“$NP_{人/事物}$+在+ $NP_{处所}$”。“N+上”表示处所。

130. 那个领域还有很多没有解决的问题。

分析：这道题主要考“有”字句。“有问题”是常用搭配。

131. 她的回答真让人意外。

分析：这道题主要考兼语句。常用结构：“……真让+$N_{人}$+V”。→“……真让人意外”。

132. 他的旁边站着一位警察。

分析：这道题主要考存现句。这是一个表示存在的存现句。基本结构：“$NP_{处所}$+V+着+$NP_{人/事物}$”。→“他的旁边站着警察”。

133. 白天没有夜里那么安静。

分析：这道题主要考“（没）有……那么（这么）”结构。基本结构：“X+（没）有+Y（+这么/那么）+A/VP”。→“……没有……那么安静”。

134. 生日蛋糕被孩子们吃了。

分析：这道题主要考“被”字句。基本结构：“S+被+O+V+其他”。→“……被……吃……”。

135. 人们常常上网买东西。

分析：这道题主要考连动句。这是一个表示方式的连动句。基本结构：“S+ VP_1+ VP_2”。→“……上网买……”。“常常”，副词，作状语，放在第一个动词前。

136. 她把办公室的门锁上了。

分析：这道题主要考“把”字句。基本结构：“S+把+O+V+其他”。→“……把……锁上了”。

137. 桌子上放着一堆东西。

分析：这道题主要考存现句。这是一个表示存在的存现句。基本结构：“$NP_{处所}$ +V+着+$NP_{人/事物}$”。→“桌子上放着东西”。

138. 老师不一定比学生强。

分析：这道题主要考“比”字句。基本结构：“X+比+Y+A/VP”。→“……比……强”。“不”、“一定”，副词，作状语，放在“比”前。

139. 他的身体和以前一样好。

分析：这道题主要考“和（跟）……一样”结构。基本结构：“X+和+Y+一样（+A/VP）”。→“他的身体和以前一样（……）”。“和以前一样”，介词短语，作状语。

140. 那些东西都在床底下。

分析：这道题主要考“在”字句。基本结构：“$NP_{人/事物}$+在+ $NP_{处所}$”。“N+底下”表示处所。“都”，副词，作状语。

141. 这个秘密被人们发现了。

分析：这道题主要考“被”字句。基本结构：“S+被+O+V+其他”。→“……被……发现了”。

142. 经理大概去工厂签合同了。

分析：这道题主要考连动句。这是一个表示目的的连动句。基本结构：“S+来/去（+$NP_{处所}$）+VP”。→“……去……签合同了”。“大概”，副词，作状语，放在“去”前。

143. 衣柜里挂着很多新衣服。

分析：这道题主要考存现句。这是一个表示存在的存现句。基本结构："NP$_{处所}$+V+着+NP$_{人/事物}$"。→"衣柜里挂着新衣服"。

144. 她今天的表现没有平时好。

分析：这道题主要考"（没）有……那么（这么）"结构。基本结构："X+（没）有+Y（+这么/那么）+A/VP"。→"……没有……好"。

145. 工作和生活一样需要热情。

分析：这道题主要考"和（跟）……一样"结构。基本结构："X+和+Y+一样（+A/VP）"。→"工作和生活一样（……）"。"和生活一样"，介词短语，作状语。"一样"后多是形容词，也可以是动词短语。

146. 我们没有被困难吓倒。

分析：这道题主要考"被"字句。基本结构："S+被+O+V+其他"。→"……被……吓……"。"倒"常在动词后作结果补语。否定词"没有"放在"被"前。

147. 我的作业在宿舍里。

分析：这道题主要考"在"字句。基本结构："NP$_{人/事物}$+在+NP$_{处所}$"。"N+里"表示处所。

148. 冬天的水果比夏天的贵得多。

分析：这道题主要考"比"字句。基本结构："X+比+Y+A/VP"。→"……比……贵"。"得多"，放在形容词后。

149. 我们是在北京认识的。

分析：这道题主要考"是……的"句。基本结构："S+是+强调内容+VP+的"。→"……是……认识的"。这个句子强调地点。

150. 水被人们称为生命之源。

分析：这道题主要考"被"字句。基本结构："S+被+O+V+其他"。→"……被……称为……"。"生命之源"的意思是"生命的源泉"。

151. 那本字典在书架上。

分析：这道题主要考"在"字句。基本结构："NP$_{人/事物}$+在+NP$_{处所}$"。"N+上"表示处所。

152. 飞机上下来了几位军人。

分析：这道题主要考存现句。这是一个表示出现的存现句。基本结构："$NP_{处所/时间}$ +V +了/过/补语+$NP_{人/事物}$"。→"飞机上下来了军人"。

153. 那里的少数民族有自己的风俗。

分析：这道题主要考"有"字句。"少数民族"的意思是"人口比较少的民族"。

154. 工作和休息一样重要。

分析：这道题主要考"和（跟）……一样"结构。基本结构："X+和+Y+一样（+A/VP）"。→"工作和休息一样（……）"。"和休息一样"，介词短语，作状语。

155. 她永远在我的心中。

分析：这道题主要考"在"字句。基本结构："$NP_{人/事物}$+在+ $NP_{处所}$"。"永远"，副词，作状语。

（四）复句

1. 假如政府能支持我们就好了。

分析：这道题主要考复句。这是一个假设关系的复句："假如……就……"。"能"，助动词，作状语。

2. 只有春天才有这种花。

分析：这道题主要考复句。这是一个条件关系的复句："只有……才……"。

3. 就是总统也要遵守法律。

分析：这道题主要考复句。这是一个假设关系的复句："就是……也……"。"遵守法律"是常用搭配。

4. 即使非常辛苦也不能放弃。

分析：这道题主要考复句。这是一个假设关系的复句："即使……也……"。"能"，助动词，作状语。"非常"，副词，作状语。

5. 只有她才能解决这个问题。

分析：这道题主要考复句。这是一个条件关系的复句："只有……才……"。"解决问题"是常用搭配。

6. 要是能回到过去就好了。

分析：这道题主要考复句。这是一个假设关系的复句："要是……就……"。这里的"过去"是名词，意思是"以前的时间"。

7. 即使经验多也不能粗心。

分析：这道题主要考复句。这是一个假设关系的复句："即使……也……"。"能"，助动词，作状语。

8. 只有他才有钥匙。

分析：这道题主要考复句。这是一个条件关系的复句："只有……才……"。

9. 如果不明白就问我。

分析：这道题主要考复句。这是一个假设关系的复句："如果……就……"。

10. 无论去哪儿都要注意安全。

分析：这道题主要考复句。这是一个条件关系的复句："无论……都……"。这里的"哪儿"不表示疑问，表示"任何地方、所有地方"。"注意安全"是常用搭配。

11. 即使不睡觉也要做完作业。

分析：这道题主要考复句。这是一个假设关系的复句："即使……也……"。

12. 只有你才能完成这项任务。

分析：这道题主要考复句。这是一个条件关系的复句："只有……才……"。"完成任务"是常用搭配。

13. 哪怕天气不好也一定要去。

分析：这道题主要考复句。这是一个假设关系的复句："哪怕……也……"。"一定"，副词，作状语。

14. 即使错了也没关系。

分析：这道题主要考复句。这是一个假设关系的复句："即使……也……"。

15. 只有云南才有这种茶。

分析：这道题主要考复句。这是一个条件关系的复句："只有……才……"。

16. 要是有问题就说出来。

分析：这道题主要考复句。这是一个假设关系的复句："要是……就……"。

17. 只要你去他就非常高兴。

分析：这道题主要考复句。这是一个条件关系的复句："只要……就……"。"非常"，副词，作状语。

18. 即使遇到困难也不怕。

分析：这道题主要考复句。这是一个假设关系的复句："即使……也……"。"遇到困难"是常用搭配。

（五）祈使句

1. 请介绍一下你的工作经历。

分析：这道题主要考祈使句。标志词"请"放在句首。"介绍……经历"是常用搭配。

2. 请您允许我修改工作方案。

分析：这道题主要考兼语句、祈使句。兼语句的基本结构："$S+V_1+O_1+V_2$（$+O_2$）"。→"……允许我修改……"。标志词"请"放在句首。"修改方案"是常用搭配。

3. 请把答案写在答题卡上。

分析：这道题主要考"把"字句、祈使句。"把"字句的基本结构："S+把+O+V+在/到/给/成+其他"。→"……把……写在……"。标志词"请"放在句首。

4. 请不要在这里钓鱼。

分析：这道题主要考祈使句。"在这里"，介词短语，作状语。标志词"请"放在"不要"前。

5. 请您去大厅等候。

分析：这道题主要考连动句、祈使句。连动句的基本结构："S+来/去（$+NP_{处所}$）+VP"。→"……去……等候"。标志词"请"放在句首。

6. 请不要把食物带出餐厅。

分析：这道题主要考"把"字句、祈使句。"把"字句的基本结构："S+把+O+V+其他"。→"……把……带出……"。"请不要"，放在"把"前。

7. 请介绍一下当时的情况。

分析：这道题主要考祈使句。标志词“请”要放在句首。“介绍情况”是常用搭配。

8. 请为我写一封推荐信。

分析：这道题主要考介词短语、祈使句。“为”组成的介词短语不能作补语，这里作状语：“为我写”。标志词“请”放在句首。

9. 千万别忘记带护照。

分析：这道题主要考宾语、祈使句。“忘记”可以带动词性宾语：“带护照”。“千万”、“别”副词，作状语。

10. 请借给我你的自行车。

分析：这道题主要考祈使句。常用结构：“借给+$N_{人}$+$N_{东西}$”。→“……借给我自行车”。标志词“请”放在句首。

11. 请你提醒他出席明天的会议。

分析：这道题主要考兼语句、祈使句。兼语句的基本结构：“$S+V_1+O_1+V_2$（$+O_2$）”。→“……提醒他出席……”。标志词“请”放在句首。“出席会议”是常用搭配。

12. 请大家把手机关上。

分析：这道题主要考“把”字句、祈使句。“把”字句的基本结构：“S+把+O+V+其他”。→“……把……关……”。“上”常在动词后做结果补语。标志词“请”放在句首。

13. 请给我辅导写作。

分析：这道题主要考介词短语、祈使句。“给”组成的介词短语不能作补语，这里作状语：“给我辅导”。标志词“请”放在句首。

14. 请您让我负责这个项目。

分析：这道题主要考兼语句、祈使句。兼语句的基本结构：“$S+V_1+O_1+V_2$（$+O_2$）”。→“……让我负责……”。标志词“请”放在句首。“负责……项目”是常用搭配。

15. 请把毕业论文交给班主任。

分析：这道题主要考“把”字句、祈使句。“把”字句的基本结构：“S+把+O+V+在/到/给/成+其他”。→“……把……交给……”。标志词“请”放在句首。

16. 不要被他骗了。

分析：这道题主要考“被”字句、祈使句。“被”字句的基本结构：“S+被+O+V+其他”。→“……被……骗了”。“不要”，放在“被”前。

17. 请你为大家唱一首歌。

分析：这道题主要考介词短语、祈使句。“为”组成的介词短语不能作补语，这里作状语：“为大家唱”。标志词“请”放在句首。

18. 请把这些本子送到老师办公室。

分析：这道题主要考“把”字句、祈使句。“把”字句的基本结构：“S+把+O+V+在/到/给/成+其他”。→“……把……送到……”。标志词“请”放在句首。

短文写作
（第99-100题）解题技巧

在新HSK五级书写考试中，第二部分占了大部分的分数，对考生的综合表达能力进行考察。“结合词语写作”（第99题）和“结合图片写作”（第100题）都要求考生写一篇80字左右的文章。

短文写作包括“结合词语写短文”（第99题）和“结合图片写短文”（第100题）。首先，要想写好短文是有技巧的，这一点谁都不能否认。其次，只掌握所谓的“技巧”是不够的，比技巧更重要的是你的“心”。明白这一点，你就掌握了更高的技巧。所以，要想写出真正的好文章，请用心体会以下几点：

（1）写作不难，写80个字更不难。所以，不要害怕这个题目，要有信心。

（2）想要写好不简单。虽然只有80个字，但你必须认真对待。

（3）要试着体验写作的快乐。写作不仅是一项任务，而且是一种分享。分享你的人生，你的经历，你的情感，你的想法，你的观点。

（4）写作是交流。写作的过程是一个与人交流的过程，因此要考虑读者的感受。

（5）写作要说自己的话。适当地记一些固定搭配、好句好段是重要的，但这是为了培养语感，让你的表达更自然。所以，当看到题目时，不要先想已经记住了什么，而是要联系自己的生活、经历、想法等考虑文章的内容。

上面提到的这些你记住了吗？它们真的很重要。

HSK五级书写考试的短文写作包括两个部分，其共同的特点是，字数要求都是80个左右。但其具体要求是不同的。下面分别讨论。

一、结合词语写作（第99题）题型解析

（一）题型特点与注意事项

这是考试中的第99题。下面是一个真题：

请结合下列词语（要全部使用），写一篇80字左右的短文。（真题编号：H51002）
宿舍、理解、开心、坦率、帮助

完成这个题目需要注意下面几个问题：

（1）五个词语的使用顺序不分先后，但要全都使用。

（2）明白词语的意思很重要。有的词语是多义词，你可以使用它的任何一个意义或用法。如：上面真题中的词语“坦率”，可以根据表达的需要，用于句子“他是个坦率的人”、“他很坦率”，也可以用于短语“坦率地说”。这些词语一般不会超出HSK五级考试词汇大纲的范围。

（3）只需要写80个字左右，而且不能超过94个字（包括标点符号）。如果你计算一下80个字大概能写几句话，会发现答案令人愉快：6句话左右。你可以集中时间和精力写最重要、最有把握、质量最高的句子，不需要写不必要的话。想要得高分，不是依靠长度，而是依靠质量。

（4）结构必须完整。虽然只有80个字，也应该是一篇结构比较完整、内容比较充实的文章。要注意适时地切入主题，免得字数写得差不多了，精彩的部分还没有出现。

（5）写一段就可以了。当我们写一篇几百字的文章时，一般会分成几段来写。但作为一篇80字左右的短文，你可以只写一段。

（6）要检查以下内容：

① 五个词是不是都用了？不要小看这个问题。有时候，会发生这样的情况：写的时候所有的词都用了，但修改时，这些必须用到的词反而被删掉或改成其他同义词了。

② 语言方面：检查文字、词汇、语法方面是否有错误。

③ 检查标点运用是否有问题（标点使用规则见后文）。

（二）什么是考试中的好文章？

如果你是写作课老师或考试的阅卷老师，就会发现一个有趣的现象：所给的五个词完全相同，但却找不到两篇完全一样的文章。即使他们有同样的观点，即使他们讲的是类似的故事。其中，有的文章写得特别好，令人惊喜。那么，什么样的文章才是好文章？

前面提到，这个题目要写80个字左右，大概需要6句话。写6句话不难，但要把这几句话写好是需要思考、需要下功夫的。我们应试着做到下面几点：

（1）基本要求：词汇理解准确，不错用，不漏用，语法错误少，也就是要“写得对”。“写得对”是“写得好”的基础。所以要注意写自己最有把握的句子。

（2）主题方面：观点明确，内容完整。虽然只需要写一段，但短文还是应该有明确的主题。

（3）结构方面：思路清晰，符合逻辑。思路清晰、结构合理、符合逻辑的文章才能得高分。如果时间比较充足，可以先列提纲再动笔，这样一方面可以帮我们更好地把握文章的结构，另一方面，有利于保持卷面的整洁。

（4）内容方面：写最精彩的部分。精彩主要指内容丰富，令人难忘。可以是结合自身经历的、独特的故事，也可以是深刻的论述。

（5）表达方面：尽量不要重复使用相同的句式，表达方式要有变化。例如，要有意识地使用“是字句”、“把字句”、“被字句”、关联词语等。

（三）评分参考标准

1. 具体评分标准

评分等级	评分标准
0　分	空白。
低档分	未全部使用5个词语，内容不连贯，有语法错误，有较多错别字。
中档分	内容连贯且合逻辑，有语法错误； 内容连贯且合逻辑，有少量错别字； 内容连贯且合逻辑，篇幅不够。
高档分	5个词语全部使用，无错别字，无语法错误，内容丰富、连贯且合逻辑。

2. 例题

请结合下列词语（要全部使用），写一篇80字左右的短文。（模拟题）

礼物、幸福、生日、提高、忘记

低档分

经过一年的辛苦工作，我的汉语水平终于提高了！我可以说更多的话了，更多的中国人可以听懂我的说了！太难了！太幸福了！我希望我是幸运，有好成绩这次HSK考试。这是最好生日礼物！（83字）

点评：词汇和语法错误较多，文章不够连贯。

（1）词语错误：

① 经过一年的辛苦工作→经过一年的辛苦学习

② 更多的中国人可以听懂我的说了→更多的中国人可以听懂我的话了

（2）语法错误：

① 我希望我是幸运→我希望我很幸运

② 有好成绩这次HSK考试 → 这次HSK考试能有好成绩

③ 这是最好生日礼物 →这是最好的生日礼物

（3）不够连贯：

更多的中国人可以听懂我的说了！太难了！太幸福了！→ 汉语太难了，能学好汉语太幸福了。

中档分

过生日的时收到朋友的礼物，相信是每个人都愿望的事。礼物的价格并不重要，重要的是其中所包含的一份心意。从这份礼物中可以看出自己对对方的重要性。收到朋友的礼物，把我的幸福感提高了。（88字）

点评：内容连贯，符合逻辑，但有一些词汇错误

（1）词汇错误：

① 过生日的时 → 过生日时/过生日的时候

② 相信是每个人都愿望的事→ 相信是每个人都希望的事

（2）语法错误：

① 从这份礼物中可以看出自己对对方的重要性→ 从这份礼物中可以看出自己在对方心中的重要性

② 收到朋友的礼物，把我的幸福感提高了→ 收到朋友的礼物，提高了我的幸福感

高档分

我以为这会是一个孤独的生日。自从和最好的朋友发生了那场误会之后，我们一年多没联系了。突然，门铃响起，是她寄来的礼物！她竟然没有忘记我的生日！我心中感到阵阵温暖，幸福感也提高了。（88字）

点评：内容丰富、感人，思路连贯，令人印象深刻。没有语法错误。

（四）小窍门

1. 没有思路怎么办？

有时会出现这种情况：五个词语都认识，但就是没有写作思路。这时可对每个词语的意义及其常出现的语境进行分析。例如：

请结合下列词语（要全部使用），写一篇80字左右的短文。（真题编号：H51003）
成立、扩大、信心、服务、谦虚

通过分析我们可以发现："成立"、"扩大"都是描述公司发展的词；"信心"、"谦虚"都说明态度。由此出发，我们可以记叙一个成立公司、努力奋斗的故事；也可以写一篇介绍公司成立、发展的说明文。

2. 有的词语很难用上怎么办？

题目中给出的五个词语，可能我们都认识，但有的词语却很难用在短文里。例如：

请结合下列词语（要全部使用），写一篇80字左右的短文。（样题）
元旦、放松、礼物、表演、善良

通过对各词的联想造句我们发现，可以用"元旦"做线索，围绕人们会进行的活动，将大部分词串起来：过元旦时人们会比较"放松"，会送朋友"礼物"，会去看"表演"。

但是由于"善良"只能形容人，不太容易加进我们关于"元旦"的联想中。面对这种情况，我们可以这样处理：

策略1

从"元旦"入手，结合其他词语，安排故事框架，最后想办法用上"善良"。

例文1：

元旦那天我和朋友约好去看表演，放松一下。在剧院门口，我们看到了一个小女孩儿。她把票弄丢了，很难过。于是朋友把自己的票送给了她作为新年礼物。虽然我们没看成表演，但我被朋友的善良深深地打动了。（94字）

分析：

为了使用"善良"这个难用的词，作者为故事情节增加了一些曲折，设计了遇到小女孩儿和送票的情节。

文章开头简单介绍了元旦和朋友看表演的背景，之后描写了看到小女孩儿并送票的情节，最后赞美朋友，很自然地用上了"善良"这个词。

这提示我们，在叙事时可以通过增加情节上的曲折，使用难用的词语。

例文2：

元旦是一个十分重要的节日。元旦时，人们不用工作，可以在家放松放松。元旦还有很多庆祝新年的表演，非常有意思。除此之外，人们还常参加派对。在派对上，大家会把新年礼物和祝福送给自己善良的朋友们。（94字）

分析：

文章开头点明元旦十分重要，之后结合所给词，对元旦常进行的活动进行了介绍。为了用上“善良”这个难用的词，作者进行了联想造句，得出“善良的朋友”，这和大框架中的“送朋友礼物”可以建立联系：把礼物送给善良的朋友。这提示我们，在得到文章大框架后，可以通过词语联想，把难用的词加进去。

策略2

从难用的词“善良”入手，联想造句，把它作为出发点，与之前的框架建立联系，完成故事。

大卫是我的好朋友。他很善良，常常帮助我。他很喜欢看表演，还很喜欢旅行，每次旅行都会给我买礼物。最近大卫的工作很忙，压力很大，我很担心他。元旦快到了，我打算请他去看表演，让他放松一下。（91字）

分析：

这篇例文从“善良”入手，联想造句：他很善良。以此为出发点，设计了“大卫”的故事。文章的开头结合所给词，对大卫的性格做了简单介绍，之后引出了元旦请大卫看表演的情节。

由此可以看出，当五个词中有难以用上的词时，我们可以从两个角度进行思考：① 从互相之间联系较紧密的词语入手，安排整体框架。之后将难用的词语和框架中其他内容建立联系，设计情节上的曲折。也可以将难用的词语插入已有的故事等。② 从难用的词入手，把它作为出发点，联想造句。

3. 有不认识的词怎么办？

应该说，在理解的基础上写短文才是顺理成章的，即使难，也总有办法。但万一遇到了不认识的词语，怎么办？

策略1：猜词义

可借助语素猜词的办法。例如：

“决赛”——决（起决定作用的）+赛（比赛）——决定性的比赛；

“前途”——前（前面的）+途（路途/旅途）——前面的路途，将来的光景；

“感激”——感（感动）+激（激动）——因为别人的好意或帮助而对他有好感。

但这种方法是有风险的，不适合所有的词，因为不一定每次都能猜对。

策略2：巧妙运用

有些词语的意思我们不确定，这时可以试着用巧妙的办法试一试。例如：

请结合下列词语（要全部使用），写一篇80字左右的短文。（样题）

元旦、放松、礼物、表演、善良

在这个题目中，“善良”一词有难度。如果不能确定意思，可以这样表达：

对我来说，汉语中有些词语非常难，比如：“善良”。

我不认识“善良”这个词，所以需要查字典。

有些词我总是记不住，比如“善良”。老师建议我多复习。

中国朋友送给了我一份生日礼物，我对他说：“你太善良了。”他笑了：“‘善良’可不是这个意思啊！”

策略3：语境推断

根据所给的词语推断可能发生的情景，将不认识的词置于其中。我们看一个真题：

请结合下列词语（要全部使用），写一篇80字左右的短文。（真题编号：H51114）

决赛、格外、可惜、总结、争取

如果“争取”一词不认识，可根据其他词语构建一个比赛失利的情景。“争取”根据语素猜词法，有“争着取得”的意思，进而引申为“力求得到或做到”。在整个语境中可以试着找到它的位置。如“争取比赛的胜利”、“争取更好的成绩”、“争取改变落后的局面”等。

策略4：转移注意法

集中力量，把认识的词语、词义和用法以及有把握的词语写对、写好、写精彩。这样也能给自己的短文争取更高的分数。

4. 字数太多或太少怎么办？

字数超过94个时，在答题卡上就写不下了；而字数太少，又不符合要求。遇到这种情况怎么解决呢？我们看一个真题：

请结合下列词语（要全部使用），写一篇80字左右的短文。（真题编号：H51002）

宿舍、理解、开心、坦率、帮助

我的同屋是个很热情的法国人，他来中国比我早，汉语也比我好，对我帮助很大。我们经常在宿舍里聊天，还一起吃饭，一起出去玩，非常开心。有什么要求或者想法，我们也会坦率地告诉对方。你可能会问，同屋之间怎样才能相处得这么好？我想，这个“秘密”就是互相关心，互相理解。（128字）

这个例文写得不错，但字数达到128个，太多了，需要删减一下。字数太多或太少时可以尝试下面的方法：

策略1

字数太多时，长话短说，将长句子缩短。字数太少时，则短话长说，适当增加新的情节或细节。这样基本不会改变句子的信息含量。修改时，要舍得删一些不关键的信息，而保留最精彩的部分。但要注意：千万不要删掉题目要求必须使用的词语。例如：

我的同屋是个很热情的法国人，他来中国比我早……——我的同屋来中国比我早……（减少了11个字）

我们经常在宿舍里聊天，还一起吃饭，一起出去玩……——我们经常在宿舍里聊天，或者一起出去玩……（减少了4个字）

你可能会问，同屋之间怎样才能相处得这么好？我想，这个“秘密”就是互相关心，互相理解。——我想，只有互相理解、互相关心，同屋之间才能相处得好。（减少了16个字）

策略2

替换词语。例如，将双音节改成单音节，或将单音节改为双音节。

非常开心——很开心（减少了1个字）

此外，有些常用的单音节、双音节互换的词语有“时——时候”、“常——经常”、“或——或者”、“没——没有”等。

5. 资料库：可供替换词语参考

安装——安	刚刚——刚	能够——能	雨伞——伞
按照——按	根据——按	旁边——旁	责备——骂
办理——办	更加——更	疲劳——累	曾经——曾
帮助——帮	或者——或	生病——病	笔记本——本子
比较——较	计划——想	时候——时	差不多——几乎
称赞——夸	节省——省	使用——用	弹钢琴——弹琴
乘坐——乘	经常——常	喜欢——爱	电子邮件——邮件
促使——使	竟然——竟	想念——想	对不起——抱歉
打算——想	可以——能	休息——歇	干活儿——工作
但是——但	理解——懂	寻找——找	矿泉水——水
等待——等	两个——俩	邀请——请	礼拜天——周日
躲藏——躲	没有——没	一般——常	买东西——购物
非常——很	明白——懂	以后——后	踢足球——踢球
改正——改	脑袋——头	以前——前	照相机——相机

6. 同步训练

1. 下面题目中的例文有一个词语没用上，请试着加上。

（1）请结合下列词语（要全部使用），写一篇80字左右的短文。（真题编号：H51001）

结账、干脆、感谢、临时、海鲜

原文：

上周我请大卫帮忙，他很干脆地答应了。为了感谢他，昨天我请他吃海鲜。那家饭馆很不错，我们边吃边聊，开心极了。结账的时候大卫提议要AA制，但我坚持要请客。就这样，我们像中国人一样，抢了一回账单！（94字）

参考答案：

上周我临时有事，要请大卫帮忙，他很干脆地答应了。为了感谢他，昨天我请他吃海鲜。那家饭馆很不错，我们边吃边聊，开心极了。结账的时候大卫提议要AA制，但在我的坚持下，还是我请的客。（87字）

（2）请结合下列词语（要全部使用），写一篇80字左右的短文。（真题编号：H51003）

成立、扩大、信心、服务、谦虚

原文：

去年我和朋友一起成立了一家贸易公司。由于我们认真、努力的工作和热情、谦虚的态度，公司的生意很好，规模不断扩大。我们都对公司的未来充满信心，相信公司一定会越办越好！（81字）

参考答案：

去年我和朋友一起成立了一家贸易公司。由于我们认真、努力的工作和热情、谦虚的态度，公司的生意很好，规模不断扩大。我们都对公司的未来充满信心，相信公司一定会越办越好，能为越来越多的人提供服务！（94字）

2. 压缩练习：下面的例文字数过多，请缩写到94字以内。

（1）请结合下列词语（要全部使用），写一篇80字左右的短文。（真题编号：H51005）

虚心、效率、学期、鼓励、羡慕

原文：

虽然很努力，但我的学习效率不太高，成绩也不太好，上个学期期末考试只得了80分。我很难过，也很羡慕那些成绩好的同学。老师注意到了我的问题，找我单独谈话。他鼓励我不要放弃，还建议我虚心向其他同学请教，养成好的学习习惯，改进学习方法，提高学习成绩。（120字）

参考答案：

虽然很努力，但我的学习效率不高，成绩也不太好，上个学期期末考试只得了80分。我很难过，也很羡慕那些成绩好的同学。老师注意到了我的问题，他鼓励我不要放弃，还建议我虚心向其他同学学习，提高成绩。（94字）

（2）请结合下列词语（要全部使用），写一篇80字左右的短文。（真题编号：H51004）

压力、适合、缓解、乐观、偶然

原文：

在现代社会，压力大并不是一件很偶然的事。很多人都有很大的工作、学习压力。有压力时，适合听一些轻松的音乐。还应该多做运动，缓解紧张的情绪。最重要的是，应努力保持一种积极、乐观的生活态度。就像电影里说的一样“明天又是新的一天”，没有什么问题是不能解决的。（125字）

参考答案：

在现代社会，压力大并不是一件很偶然的事。有压力时，适合听一些轻松的音乐。还应该多做运动，缓解紧张的情绪。最重要的是，应努力保持一种积极、乐观的生活态度，要相信没有什么问题是不能解决的。（92字）

3. 扩充练习：下面的短文字数不足，请扩充至80字左右。

（1）请结合下列词语（要全部使用），写一篇80字左右的短文。（真题编号：H51001）

结账、干脆、感谢、临时、海鲜

原文：

我请朋友帮我找一份临时的工作。朋友很干脆地答应了。不久，他就推荐我去一家海鲜饭馆当服务员，帮客人点菜、结账。我很感谢我的朋友。（63字）

参考答案：

暑假的时候我请朋友帮我找一份临时的工作。朋友很干脆地答应了。不久，他就推荐我去一家海鲜饭馆当服务员。在那儿，我负责帮客人点菜、结账。不太累，收入也不错。我对这份工作很满意，很感谢我的朋友。（94字）

（2）请结合下列词语（要全部使用），写一篇80字左右的短文。（真题编号：H51002）

宿舍、理解、开心、坦率、帮助

原文：

大卫和我住在一个宿舍。我在学习中遇到不理解的内容，他都会帮助我。我有一些不好的习惯，大卫也会坦率地告诉我。能有这样一位同屋我很开心！（66字）

参考答案：

大卫和我住在一个宿舍，我们不但是同屋，也是朋友。我的汉语不太好，学习中遇到不理解的内容，大卫都会热情地帮助我。我有一些不好的学习习惯，大卫也会坦率地告诉我。能有他这样一位同屋我真的很开心！（94字）

（五）真题分析与解题方法

下面我们将按照“确定主题——组词成句——连句成文——资料库”的顺序，进行真题分析和解题方法的介绍。

请结合下列词语（要全部使用），写一篇80字左右的短文。（真题编号：H51002）

宿舍、理解、开心、坦率、帮助

1. 确定主题

“宿舍”这个词让人想到宿舍生活。“理解”、“坦率”是对人的态度。所以可以写同屋之间发生的事情。用这五个词可以讲愉快的事或愉快的心情（例文1），也可以讲烦恼的事或烦恼的心情（例文2）。

结合自己的经历或感受写会比较自然。但如果你没有和同屋一起生活的经历，可以谈谈你对同屋之间相处的一些看法或建议。这也是我们组织文章的一个很好的角度（例文3）。

相对而言，这个题目中的词语“理解”较难进入主题，需要设置情节上的起伏或波折，也可以提出和同屋相处中容易出现或需要注意的一些问题，并提供解决办法。

2. 组成词语

宿舍——在宿舍里/住在宿舍/宿舍生活——我们在宿舍里聊天/我们两个人住在一个宿舍里/这是我第一次过宿舍生活；

理解——互相理解/我理解他——我和同屋互相理解/我的同屋很理解我；

开心——很开心/非常开心/不太开心/感到开心——我们非常开心/我感到很开心；

坦率——坦率地告诉我/坦率地说——他坦率地告诉我他的想法/坦率地说，我不太喜欢和同屋一起生活；

帮助——他帮助我/互相帮助/对……帮助很大/对……很有帮助——他对我帮助很大/她经常帮助我。

3. 连句成文

例文1：

我的同屋来中国比我早，汉语也更好，对我帮助很大。我们常在宿舍里聊天，或者一起出去玩，很开心。有什么要求或者想法，我们都会坦率地告诉对方。我想，只有互相理解、互相关心，同屋之间才能相处得好。（94字）

例文2：

为了来中国学习汉语，我第一次离开父母，独立生活。我也第一次有了宿舍，有了同屋。坦率地说，开始的时候，我不太习惯和别人一起生活。但同屋很理解我的感受，她关心我、帮助我。和她住在一起非常开心。（94字）

例文3：

以前我没有住过宿舍，所以没有和同屋相处的经历，但我想同屋之间应该既像朋友，又像亲人。比如，要互相尊重，互相帮助。如果有了矛盾，就坦率地提出来。一定能互相理解。只有这样，才能生活得开心。（92字）

4. 资料库

例文1：

好句子：

我想，只有互相理解、互相关心，同屋之间才能相处得好。

小练习：

1.我想，________________________________。

2.我想，________________________________。

例文2：

还可这样说：

但同屋很理解我的感受，她关心我、帮助我。

＝同屋不仅很能理解我的感受，还经常在生活中关心和帮助我。

好句子：

坦率地说，开始的时候，我不太习惯和别人一起生活。

小练习：

1.坦率地说，____。

2.坦率地说，____。

例文3：

还可这样说：

我没有和同屋相处的经历。＝我不知道和同屋一起生活是什么感觉。

好句子：

我想同屋之间应该既像朋友，又像亲人。比如，要互相尊重，互相帮助。

小练习：

1. 我想______________之间应该既像______________，又像______________。比如，______________。

2. 我想______________之间应该既像______________，又像______________。比如，______________。

（六）真题演练

1. 请结合下列词语（要全部使用），写一篇80字左右的短文。（真题编号：H51001）

结账、干脆、感谢、临时、海鲜

步骤1：确定主题

____

步骤2：组词成句

____

____

步骤3：连句成文

例文1：

昨天在电影院里，我遇到了中学时的好朋友。她对我帮助很大，我很感谢她。我们本来想去看电影，后来又临时想去吃饭。吃什么呢？她说："干脆吃海鲜吧！"我们聊到很晚，一直到服务员催我们结账。（88字）

例文2：

回国前，我请中国朋友王刚吃海鲜，感谢他对我的帮助。海鲜很好吃，我们都很高兴。可结账时，我发现居然忘了带钱。临时去银行取钱已经来不及了。王刚笑着说："干脆我请你吧！"这太让人不好意思了。（90字）

2. 请结合下列词语（要全部使用），写一篇80字左右的短文。（真题编号：H51003）

成立、扩大、信心、服务、谦虚

步骤1：确定主题

____

步骤2：组词成句

____

____

步骤3：连句成文

例文1：

以前，小王只是一个普通的服务员，但他工作认真负责，并谦虚地向同事学习。后来，他成立了自己的公司。经过不断努力，公司规模逐步扩大，生意越来越好。对于未来，他说自己有信心把公司办得更好。（91字）

例文2：

那家公司成立于1995年。十几年来，公司规模不断扩大，已成为全国著名企业了。该公司要求员工态度谦虚、服务热情。这让其拥有了更多的客户，也使员工的业务水平得到了提高。大家都对公司的未来充满信心。（93字）

3. 请结合下列词语（要全部使用），写一篇80字左右的短文。（真题编号：H51004）
压力、适合、缓解、乐观、偶然

步骤1：确定主题

____

步骤2：组词成句

____

____

步骤3：连句成文

例文1：

大学快毕业了，我还没找到工作。朋友劝我别着急，要缓解压力、乐观面对。是的，现代社会竞争越来越激烈，成功不是偶然的。只有不断提高自己，并且好好把握机会，才能找到适合自己的工作。对此我有信心。（94字）

例文2：

我昨天偶然遇到了大学同学。她说不太喜欢现在的工作，所以很不开心，压力也很大。我劝她努力保持乐观，可以多听听音乐、跑跑步来缓解压力。我还建议她去找一份适合自己的工作。希望她能开心起来！（91字）

4. 请结合下列词语（要全部使用），写一篇80字左右的短文。（真题编号：H51005）

虚心、效率、学期、鼓励、羡慕

步骤1：确定主题

____

步骤2：组词成句

____

____

步骤3：连句成文

例文1：

大卫是我们班最优秀的学生。他的学习方法很好，学习效率也很高，汉语说得特别好。大卫虽然很优秀，但非常虚心。他还常常鼓励、帮助成绩不太好的同学。我对他既佩服又羡慕，这学期我要努力向他学习。（92字）

例文2：

我们都希望有好成绩，也常常羡慕学习好的同学。那么怎样才能有好的成绩呢？在每学期开学时，要定一个学习目标。学习时，要提高效率。遇到问题时，要虚心向别人请教。遇到困难时，不要放弃，要鼓励自己。（94字）

5. 请结合下列词语（要全部使用），写一篇80字左右的短文。（真题编号：H51114）

决赛、格外、可惜、总结、争取

步骤1：确定主题

____

步骤2：组词成句

步骤3：连句成文

例文1：

这场比赛我失败了，这让我失去了参加决赛的资格。很遗憾，我知道很多亲人、朋友都感到格外地可惜。我能做的只能是好好总结经验和教训，把失败的原因找出来，争取下一次表现得好一些。（85字）

例文2：

这是我格外期待的一场比赛：全国大学生足球赛的决赛。大家都以为我们学校一定会胜利，可是在比赛的最后时刻，对方居然连续进了两个球！虽然我们队尽力争取，但还是输了。太可惜了！只能回去好好总结了。（94字）

6. 请结合下列词语（要全部使用），写一篇80字左右的短文。（真题编号：H51116）

毕业、舍不得、顺利、前途、感激

步骤1：确定主题

步骤2：组词成句

步骤3：连句成文

例文1：

大学四年里，我一直盼望着早点儿毕业。可终于到了顺利毕业的这一天时，我却发现自己根本舍不得离开这里。我很感激老师的教育和培养，也希望自己能有一个美好的前途，那样，他们一定会为我感到骄傲的。（93字）

例文2：

我毕业了，新的生活开始了。此时此刻，我最感激的是老师和同学，最舍不得的也是他们。但我知道，必须为自己将来的前途而努力了。我希望能顺利达到目标，让大家为我感到骄傲。相信我，我一定会成功的！（93字）

7. 请结合下列词语（要全部使用），写一篇80字左右的短文。（真题编号：H51117）

辅导、进步、方法、完全、明显

步骤1：确定主题

____

步骤2：组词成句

____

____

步骤3：连句成文

例文1：

最近，很多同学说我的汉语进步很明显。这完全是因为小明，他是我的中国朋友，一直帮我辅导汉语。小明给我介绍了一些很好的学习方法，使我在听、说、读、写方面的水平都得到了很大提高。我很感谢他。（92字）

例文2：

想让你的汉语取得更大的进步吗？那么你一定要注意学习的方法。上课时不仅要认真听，还要多问问题，保证自己真的完全明白了。也可以请一位辅导老师，慢慢地，你会发现，你的汉语水平有了明显的提高。（92字）

二、结合图片写作（第100题）题型解析

（一）题型特点与注意事项

这是考试中的第100题。我们看一下真题：

请结合这张图片写一篇80字左右的短文。（真题编号：H51005）

从这个例子可以看出，这个题目和第99题“结合词语写作”有共同点，也有区别。

1. 共同点

（1）字数也是80个左右，也就是6句话左右。因为没有更多的字数要求，我们可以集中时间和精力，围绕主题，写最重要、最有把握的内容。

（2）同样是写一段就可以了，不必分成几段。

2. 区别

（1）根据图片写短文：主题必须根据图片来确定，不能脱离图片所表达的内容，但所用的词语不受限制，表达上有更多的自由。

（2）根据词语写短文：主题不受限制，但必须使用所给的全部词语。

3. 注意事项

（1）要仔细观察图片，包括对细节的观察。画面是一个整体，不能孤立地看待。例如：图片有一个礼盒，礼盒上面系着包装带，说明这是一个精心准备的礼物。

（2）先确定主题，然后再开始写。只有思考清楚了，才能用有限的字数，写出主题明确的文章。例如，图片中是一份礼物，由此可以联想到生日礼物或其他礼物。我们可以选择自己更熟悉的话题，这样能谈的经历、感受就会更多一些，也可能有更为独特的观点。

（3）引出图片的方法。对待图片，有三种引出方式：

① 直接介绍图片内容，如："在这张图片上，有……"、"这是一张关于……的图片"等。

② 由图片联系自身感受，如："看到这张图片，我想到了……"、"看到这张图片，我一下子……了"、"这张图片让我想到……"等。

③ 不明确提图片内容，直接谈由图片所想到的事情或观点，但要注意与图片内容的相关性。

（二）什么是考试中的好文章？

面对同一张图片，人们会有不同的理解、不同的表达，写出的文章也各不相同。那么，什么样的文章是好文章？

在前面的"结合词语写作"部分，我们也提到了好文章应该是这样的：

（1）用词准确、得体，语法错误少，表达方式多样。比如，注意适当变换各句中的主语，不要所有句子的主语都是"我"。

（2）观点明确，思路清晰。

（3）写最精彩的部分。

这些也适用于"结合图片写作"这道题。但考虑到结合图片写作的特殊性，我们还要做到：正确理解图片的内容。图片作文的主题不是唯一的，但无论是哪个主题，都不能忽视内容和图片的相关性。

（三）评分参考标准

1. 具体评分标准

评分等级	评分标准
0　分	空白。
低档分	内容与图片相关性不大； 内容不连贯，有语法错误； 有较多错别字。
中档分	内容与图片相关且合逻辑，有语法错误； 内容与图片相关且合逻辑，有少量错别字； 内容与图片相关且合逻辑，篇幅不够。

续表

评分等级	评分标准
高档分	内容与图片相关； 无错别字，无语法错误； 内容丰富、连贯且合逻辑。

2. 例题

请结合这张图片写一篇80字左右的短文。（真题编号：H51115）

低档分

今天我去一个面试。有四个人，两个男的，两个女的。太多了！我紧张得不得了！他们问了我很多问题。我都回答了。但是他们好像不太高兴。我很着急结果。希望它不失望我。（78字）

点评：语法错误较多，部分语言表达不准确、不得体，文章不够连贯。

（1）语法错误：

① 今天我去一个面试 → 今天我参加了一个面试

② 我很着急结果 → 我很担心结果

③ 希望它不失望我 → 希望它不会让我失望

（2）表达不准确：

他们好像不太高兴 → 他们好像对我的回答不太满意

（3）表达不得体：

① 有四个人 → 有四位面试官

② 两个男的，两个女的 → 两位男面试官，两位女面试官

中档分

上大学还是找工作，人们一定要面试。有些人为了打动人心会夸下海口。有些人过于紧张，因此不能发挥自己的意见。当面试官的眼光都转到自己的身上

时，也许不少人会失掉信心，不能发挥自己的意见。（90字）

点评：内容与图片相关，比较通顺，基本符合逻辑。但语法错误较多，表达不够准确。

（1）语法错误：

① 上大学还是找工作 →上大学或者找工作时

② 发挥自己的意见→表达自己的观点

（2）表述不够准确：

① 打动人心 → 打动面试官

② 失掉信心 → 失去信心

（3）不符合逻辑：

人们一定要面试 → 人们往往要参加面试

高档分

无论是上大学还是找工作，我们可能都会面对这个话题：面试。当几位面试官的眼睛同时看着自己时，你会不会一下子失去信心？我想，紧张是免不了的，但一定要冷静。只有这样，才能正常发挥，打动面试官。（93字）

点评：无语法错误，用词准确，思路清晰，表达连贯，符合逻辑。

（四）小窍门

1. 充分展开想象。

只要与图片相关，讲事情、谈看法都是可以的。例如，我们试着针对下面的图片展开想象：

请结合这张图片写一篇80字左右的短文。（真题编号：H51003）

想象1：介绍一位同事。

例文1：

小王是我的同事，我们在一个小组工作。她既聪明又热情。每当有什么新的想法，我都会找她商量，她总能给我很多好建议。她有问题的时候也会和我讨论。能和小王一起工作真的很开心，我们是最好的工作伙伴。（94字）

想象2：介绍自己的工作经历。

例文2：

以前，我在一家世界著名企业工作。每天我都会穿得很职业，面带笑容地和同事讨论各种工作问题。很多人羡慕我的工作，但其实我非常累，压力也很大。后来我辞去了工作，来中国学汉语，我更喜欢现在的生活！（94字）

想象3：介绍公司的人际关系。

例文3：

和很多刚刚参加工作的人相比，我是幸运的。我的同事们既热情又耐心。我和他们相处得很好，合作得也很愉快。有一次，我遇到了困难，马上有人主动帮助我。这让我很感动。我真的很喜欢这家公司的企业文化。（94字）

想象4：讨论男女平等问题。

例文4：

经过长时间的努力，妇女终于获得了工作的权利。现在有越来越多的女人参加工作，在单位发挥着重要的作用，而且她们也很享受这种独立的生活状态。在公司，我们常常可以看到面带微笑、努力工作的女同事。（93字）

想象5：自己向老板汇报工作。

例文5：

老板让我写一个工作方案。为此，我做了很多调查，也加了很多班。今天我向老板介绍了我的方案。从她的眼睛里，我可以看出她对方案的欣赏和赞成。能得到老板的欣赏，让我觉得之前的辛苦、努力都是值得的。（94字）

想象6：同事向老板汇报工作。

例文6：

昨天我看见同事小王在去找老板讨论新的工作策划。小王可能想出了什么好主意吧，老板边看她的策划边点头，很满意的样子。我觉得有点儿羡慕，希望我也能像她一样总能想出那些能让老板欣赏的创意。（90字）

再如：请结合这张图片写一篇80字左右的短文。（真题编号：H51117）

想象1：这对夫妻要搬家了。

想象2：这位男士帮这位女士搬家。

想象3：这对情侣准备结婚了，在布置新家。

想象4：他们二人合开了一家搬家公司。

想象5：公司通知大家要换办公室。

想象6：____。

我们必须打开思路，为自己插上想象的翅膀。既可以从自己的角度讲述或议论，也可以从旁观者的角度对图片进行描述，并表达自己的看法。写出的文章既可以是记叙文，也可以是议论文，还可以是说明文。但是，请注意：

（1）可以自由发挥想象，但是不能跑题，应确保自己的想象与图片相关。我们可以适当加入对图片内容的描述。

（2）不要过度想象，文章不应过长，把基本的故事讲清楚就可以了。

2. 没有思路怎么办？

如果实在没有思路，可以试着写一篇记叙文，从问问题入手，创作我们的小故事。

首先，可以从四个W出发，即谁（who）？是什么（what）？什么时候（when）？在哪儿（where）？其中，“谁”和“什么”是最重要的问题，构成故事的主体。很多时候，我们要做的不仅是描述一张照片，而且要讲一个故事，因此很自然地我们还要问“为什么”、“后来呢”，并据此为短文设计起因、结尾。

在回答这些问题时，我们可以尝试下面这些角度：

回答是“谁”时，可以通过人物的年龄、穿着确定他们的身份，是学生或者已经工作的人。如果有两个人，应该确定他们的关系：同学、同事，或者上下级。

回答“是什么”时，应该结合他们的身份、表情、他们拿着的东西发挥想象。

最后，从图片内容向外发散，为短文设计开头和结尾。开头可以是事件的起因或背景介绍。结尾可以是事件的结果，也可以是自己的看法。为了使短文的内容更完整，增强故事性，可以再安排一些小波折。

如果我们沿着某个思路不能形成一篇令人满意的文章，可以换个角度回答图片中的人是“谁”，创设新故事。如果实在没有思路，也可以对图片进行较为详细的描述，把它作为短文的主体，之后进行适当的评论或感叹。

3. 字数太多或太少怎么办？

看图片写短文，没有了词语的提示，虽然有了更多的自由，但也可能会遇到一个问题，就是字数过多或过少。字数超过94个时，在答题卡上就写不下了；字数太少不符合题目要求。怎么解决呢？我们在“结合词语写短文”部分提到的窍门很好用：

策略1

字数太多时，该删就删。修改时，要舍得删一些不关键的信息，而保留最精彩的部分。因为没有用词的限制，所以一切修改要建立在切合图片所表达内涵的基础上。例如：

当面试官看着自己时——当几位面试官的眼睛同时看着自己时

策略2

字数太少时，则需要补充、设置一些情节，增加信息量和细节描写。我们可以从语言和内容两个方面进行扩充。

（1）从语言上说，可以短话长说，将短句子扩展。可以尝试用复句表达单句的意思，这样基本不改变句子的信息含量。例如：

上大学和找工作都离不开面试——无论是上大学还是找工作，我们可能都会面对这个话题：面试。

还可以替换词语。将单音节改成双音节。此处可参见《可供替换词语参考》（212页）

（2）从内容上说，如果发现不能达到规定的字数，可以从时间、地点、人物、事件、原因和结果六要素角度扩充短文内容。

① 从“什么时候”入手，介绍事情发生的时间。例如：

爸爸带我去钓鱼。—— 上个周末，爸爸带我去钓鱼。

② 从“在哪儿”入手，介绍事情发生的地点。例如：

我去给他买了一个礼物。——我去附近的商场给他买了一个礼物。

③ 从“谁”入手，增加对人物形象、心理、性格、语言的描写。例如：

张红性格开朗。——张红是我的大学同学，她性格开朗，喜欢帮助别人，有很多朋友。

④ 从“什么事”入手，更具体地讲述内容。例如：

我们聊了一会儿。——我们聊了昨天的足球比赛，都觉得最后的射门精彩极了。

⑤ 从“为什么”入手，详细介绍背景信息。例如：

大学毕业后，我们一直没见面。——大学毕业以后，她去英国工作，我来北京学汉语，虽然我们常常打电话、发邮件，但是一直没有机会见面。

⑥ 从“后来呢”入手，“后来呢”即结果。也可以在结尾处多发表感想，呼应图片内容。例如：

我希望她快点儿来。——我希望她快点儿来，我有好多话想对她说，有好多地方想带她去看看，相信我们一定会过得很开心！

（3）从描写方法上说，可对人物的外貌、语言、心理进行描写。例如：

她是个漂亮的女孩儿。—— 她是个漂亮的女孩儿，个子高高的，眼睛大大的。

4. 同步训练

1. 请展开想象确定文章主题

（1）请结合这张图片写一篇80字左右的短文。（真题编号：H51114）

想象1：______________________________。

想象2：______________________________。

想象3：______________________________。

（2）请结合这张图片写一篇80字左右的短文。（真题编号：H51115）

想象1：____。

想象2：____。

想象3：____。

2. 压缩练习：下面的例文字数过多，请缩写到94字以内。

（1）请结合这张图片写一篇80字左右的短文。（真题编号：H51005）

原文：

安娜的男朋友对她说："下个星期是你的生日，但是我要工作，所以今天想送给你一件礼物。"安娜听了以后很高兴，但是她猜不到男朋友会送她什么。那天，她的男朋友请她吃早饭、午饭和冰淇淋。安娜以为这就是她的"礼物"。吃完冰淇淋以后，男朋友把生日蛋糕拿出来了，还给她唱生日歌。她想，这大概是我的礼物吧。她吃蛋糕时，突然吃到了一个奇怪的东西。她把嘴里的东西拿出来，发现是一把钥匙，原来男朋友送了她一辆车！（191字）

参考答案：

安娜的男朋友答应送她一个生日礼物。安娜很高兴，但是她猜不到他会送什么。生日那天男朋友准备了蛋糕。安娜想：这大概是我的礼物吧！吃蛋糕时她突然吃到一个奇怪的东西——一把钥匙。原来他送了一辆车！（94字）

（2）请结合这张图片写一篇80字左右的短文。（真题编号：H51001）

原文：

刚到中国的时候我的汉语很不好。有一次去商场，我很想去洗手间，但是找不到，也不知道“洗手间”用汉语怎么说。我试着问了几个人，终于，有一个人好像听懂了。她告诉我一直往前走，往左拐。按照她说的，我找到了那里，原来那不是洗手间，是一个可以喝水的地方。（121字）

参考答案：

以前我的汉语不好。有一次去商场，我很想去洗手间，但是找不到，也不知道怎么说“洗手间”。我试着问了一个售货员，她告诉我一直往前走。按照她说的，我找到了那里，但那不是洗手间，是一个喝水的地方。（94字）

3. 扩充练习：下面的短文字数不足，请扩充至80字左右。

（1）请结合这张图片写一篇80字左右的短文。（真题编号：H51005）

原文：

下周是玛丽的生日。我看到了一条围巾。我觉得它很适合玛丽，所以马上就买了下来。希望玛丽会喜欢这个礼物。（50字）

参考答案：

下周是玛丽的生日。所以周末我和朋友一起去给她买礼物。我看到了一条很有中国特色的围巾。我觉得它很适合玛丽，所以马上就买了下来。之后我又买了一个很漂亮的盒子包装了一下。希望玛丽会喜欢这个礼物。（94字）

（2）请结合这张图片写一篇80字左右的短文。（真题编号：H51002）

原文：

玛丽是我的好朋友，大学毕业以后我们没再见过面。今天她给我打电话，说她要来北京旅行。我听了非常高兴！（49字）

参考答案：

玛丽是我最好的朋友，大学毕业以后我们没再见过面。今天她给我打电话，说她要来北京旅行。我听了非常高兴，向她推荐了很多好玩的地方和好吃的东西。我还打算带她来我的学校看看。相信我们一定会很开心！（94字）

（五）真题分析与解题方法

下面我们将按照“观察图片，确定主题——构思情节，理清思路——写句子——连句成文——资料库”的顺序，进行例题分析和解题方法的介绍。例如：

请结合这张图片写一篇80字左右的短文。（真题编号：H51005）

1. 观察图片，确定主题

根据图片，可以知道这是一份礼物。可以理解为生日礼物，也可以理解为其他节日或场合的礼物。我们可以选择和自己生活经历有关的主题来写，例如每个人都有的过生日的体验，所以可以讲一个过生日的故事。

2. 构思情节，理清思路

看到这份礼物，你可能想到曾经收到礼物的情景，也可能想到从来没有收到过礼物的情景，还可能想到虽然收到过礼物，但没有这么精美。无论是哪一种情况，都要注意情节的合理、完整。

此外，进行叙述时，人物角色的安排也是要考虑的。比如，这个短文的主人公可以是自己，也可以是周围的人：亲人、朋友、陌生人，甚至是虚构出来的人物。

3. 写句子

围绕主题或情节写句子。可以先把自己最想叙述的事情、最想表达的意思写下来。因为字数有限，要在重要句子的基础上进行扩展、删减、润色，才能有更好的表达效果。例如：

我收到一份特别的生日礼物。

这份礼物是同学们送给我的。

我有很多（来自）不同国家的朋友。

这是一件T恤，上面用四十多种语言写着“生日快乐”。

我感到很幸福。

也可以是这样的思路：

看到这张图片，很多人都会想到自己收到过的生日礼物。

但我却想到了爷爷。

因为家里很穷，爷爷小时候从来没收到过生日礼物。

每个孩子过生日的时候，爸爸妈妈都给他们做面条吃。

4. 连句成文

可适当使用关联词语。要注意语句连贯，过渡自然。例文1是谈由这个图片中的礼物想到自己收到过的生日礼物；例文2则是回忆爷爷童年的生日礼物。

例文1：

我的中国生活非常愉快，不仅汉语水平提高了不少，而且交了很多外国朋友。昨天，我收到了一个漂亮的盒子，打开一看，里面有一件T恤衫，上面用四十多种语言写着“生日快乐”。太感动了！我觉得特别幸福。（93字）

例文2：

看到这张图片，很多人会想到各种各样的生日礼物，而我想到的是爷爷的故事。爷爷小时候家里很穷，孩子们过生日时能得到的最好的礼物就是一碗面条或一个鸡蛋。现在生活水平提高了，我们这些孩子真幸福。（93字）

5. 资料库

例文1：

还可这样说：

昨天，我收到了一个漂亮的盒子，打开一看，里面有一件T恤衫，上面用四十多种语言写着“生日快乐”。

=昨天，我收到了一份特别的礼物——一件T恤衫，上面用四十多种语言写着“生日快乐”。

=昨天，我收到了一件特别的T恤衫，T恤衫上写着不同的文字，原来这是四十多种语言的“生日快乐”！

好句子：

我的中国生活非常愉快，不仅汉语水平提高了不少，而且交了很多外国朋友。

小练习：

我的________生活非常________，不仅____________，而且_________________。

我的________生活非常________，不仅____________，而且_________________。

例文2：

好句子：

看到这张图片，很多人会想到各种各样的生日礼物，而我想到的是爷爷的故事。

小练习：

看到这张图片，很多人会想到______________，而我想到的是______________。

看到这张图片，很多人会想到______________，而我想到的是______________。

（六）真题演练

1. 请结合这张图片写一篇80字左右的短文。（样题）

步骤1：观察图片，确定主题

____

步骤2：构思情节，理清思路

____

步骤3：写句子

____

____

步骤4：连句成文

例文1：

我认为要对钓鱼活动有所限制。鱼类是大自然的重要组成部分。如果人们随便钓鱼，鱼的数量会大量减少，最终破坏自然环境。因此，我们要保护鱼类。除此之外，还要保护其他动物。保护环境就是保护人类自己！（94字）

例文2：

为了减肥，最近我只吃水果。有一天，我来到河边，河里有很多鱼，河边立着一块儿“不可以钓鱼”的牌子。可当时我太饿了，就偷偷地钓了一条鱼，准备把它吃掉。这时候，闹钟响了，原来这是一个梦！（90字）

2. 请结合这张图片写一篇80字左右的短文。（真题编号：H51001）

步骤1：观察图片，确定主题

____

步骤2：构思情节，理清思路

____

步骤3：写句子

____

____

步骤4：连句成文

例文1：

大卫是我的同事，最近我常常在茶水间遇到他。开始我们只是打个招呼，后来会随便聊几句。大卫很幽默，每次和他聊天都很开心。有的同事觉得大卫喜欢我，但他们都误会了，我们真的只是一起聊天儿的朋友。（93字）

例文2：

今天去茶水间接水的时候遇到了我的老板。他问了问我最近的工作情况。后来，我们聊起了周末的足球比赛，我才发现他和我一样是球迷。以前我一直觉得老板很严肃，今天发现原来他挺幽默的，和他聊天很开心。（94字）

3. 请结合这张图片写一篇80字左右的短文。（真题编号：H51002）

步骤1：观察图片，确定主题

步骤2：构思情节，理清思路

步骤3：写句子

步骤4：连句成文

例文1：

我在地铁站看到了一个广告，广告上有一个女孩儿笑着打电话。我想：这是什么广告？她在给谁打电话？上地铁以后我还在想这些问题。这时候，我在地铁的电视上看见了这个广告，原来这是一个手机广告！（91字）

例文2：

我在唱中文歌比赛中得了第一名，非常高兴。回家后马上给父母打电话，告诉他们这个好消息。妈妈听了以后激动地叫了出来，说她为我感到骄傲，还让我把比赛的照片寄给她。看到妈妈这么高兴，我觉得很开心！（94字）

4. 请结合这张图片写一篇80字左右的短文。（真题编号：H51003）

步骤1：观察图片，确定主题

____

步骤2：构思情节，理清思路

____

步骤3：写句子

____

____

步骤3：连句成文

例文1：

和很多刚刚参加工作的人相比，我是幸运的。我的同事们既热情又耐心。我和他们相处得很好，合作得也很愉快。有一次，我遇到了困难，马上有人主动帮助我。这让我很感动。我真的很喜欢这家公司的企业文化。（94字）

例文2：

老板让我写一个工作方案。为此，我做了很多调查，也加了很多班。今天我向老板介绍了我的方案。从她的眼睛里，我可以看出她对方案的欣赏和赞成。能得到老板的欣赏，让我觉得之前的辛苦、努力都是值得的。（94字）

5. 请结合这张图片写一篇80字左右的短文。（真题编号：H51004）

步骤1：观察图片，确定主题

____

步骤2：构思情节，理清思路

____

步骤3：写句子

____

____

步骤4：连句成文

例文1：

图片中有一个女孩，她前面有一个牌子，指示着不同的方向。这个女孩看起来很犹豫，似乎不知道该往哪里走。这个情景让我想到了人生的旅程。我们在一生中也将面对很多选择，有时也会像这个女孩那样烦恼。（93字）

例文2：

每天早上我都面临很多的选择：该穿哪条裙子？该穿哪双鞋？该背那个包？这些问题对我来说非常重要，会影响我一整天的心情。我觉得我就像图片中那个面对各种可能而不知该选择什么，心里充满了犹豫的女孩。（94字）

6. 请结合这张图片写一篇80字左右的短文。（真题编号：H51113）

步骤1：观察图片，确定主题

步骤2：构思情节，理清思路

步骤3：写句子

步骤4：连句成文

例文1：

每次播放球赛时，我们四个好朋友都要一起看。这次是在大卫家，他家的电视最大。一看到精彩的地方，我们就兴奋得欢呼起来。最有意思的是马克，每次看球赛的时候，他手里都要抱着一个足球。（87字）

例文2：

很多夫妻都会为看什么电视节目发生矛盾，出现这种问题主要因为男人、女人的兴趣点不同：男人更喜欢体育比赛，女人可能更喜欢电视剧。要想解决这个问题，可以考虑让丈夫们一起看球，妻子们一起看电视剧。（94字）

7. 请结合这张图片写一篇80字左右的短文。（真题编号：H51116）

步骤1：观察图片，确定主题

步骤2：构思情节，理清思路

步骤3：写句子

步骤3：连句成文

例文1：

这张图片看起来很像我们今天的考试。教室里非常安静，只有大家翻试卷的声音。每个人都在认真地思考，紧张地回答问题。对我们来说，这场考试很重要。希望大家的辛苦不会白费，每个人都能收获一份好成绩。（94字）

例文2：

每个周五我们都要开会，总结一周工作的情况。在会上，经理说："从市场部门的报告来看，受世界经济发展状况的影响，公司产品的销售量出现了下降趋势。"所以大家都在努力地思考有什么好的解决办法。（92字）

三、分类详解及真题讲练

在考试中，无论是第99题还是第100题，对文体都没有什么特别的要求。也就是说，记叙文、议论文或说明文都可以，这取决于题目的内容和你对题目的理解。

"巧妇难为无米之炊"，只是学会了"做饭"——各类题目的解题技巧还不够，要想做出一桌好菜，我们还要拥有很好的食材。因而，在这一小节中，我们会分记叙文、议论文、说明文三种文体，讲解主要文体的写作顺序、写作方法、注意事项等。除此之外，我们还提供了资料库，便于大家学习、记忆。在学习这一小节时，可以边读边记，对一些常用词句进行记忆；边记边练，通过练习达到真正掌握的目的。

（一）记叙文的写法

记叙文以写人物或写事情为主要内容，是HSK考试书写部分最常见的一种文体。在一篇记叙文中，写人物和写事情通常是分不开的。写记叙文要注意下面几点：

1. 叙述顺序

顺叙

顺叙是按照事情发生、发展的先后顺序进行叙述，先发生的事情先说，后发生的事情后说。例如：

请结合下列词语（要全部使用），写一篇80字左右的短文。（真题编号：H51003）
成立、扩大、信心、服务、谦虚

以前，小王只是一个普通的服务员，但他工作认真负责，并谦虚地向同事学习。后来，他成立了自己的公司。经过不断努力，公司进一步扩大，生意越来越

好。对于未来，他说自己有信心把公司办得更好。（90字）

这个短文有比较明确的时间标志：以前——后来——（现在）——未来。分别介绍了他以前的职业和性格特点、后来的变化、现在的情况、对未来的期待。再如：

请结合下列词语（要全部使用），写一篇80字左右的短文。（真题编号：H51004）
压力、适合、缓解、乐观、偶然

大学快毕业了，我还没找到工作。（事情的起因）朋友劝我别着急，要缓解压力，乐观面对。（事情的发展）是的，现代社会竞争越来越激烈，成功不是偶然的。只有不断提高自己，并且好好把握机会，才能找到适合自己的工作。（客观分析）对此我有信心。（个人态度）（94字）

这个短文没有较明确的时间标志，但有情节发展的清晰线索：事情的起因（压力大）——事情的发展（朋友安慰）——客观分析（就业形势）——个人态度（有信心）。最后两句话谈了自己的看法和感受。

倒叙

倒叙是根据表达的需要，把事情的结局或某个最重要、最突出的部分提到文章的前边，然后再按事情原来的发展顺序进行叙述。例如：

请结合下列词语（要全部使用），写一篇80字左右的短文。（真题编号：H51001）
结账、干脆、感谢、临时、海鲜

我越想越高兴。（现在的感受）昨天在电影院里，我遇到了中学时的好朋友。她对我帮助很大，我很感谢她。我们临时决定不看电影了，一起去吃饭。吃什么呢？她说："干脆吃海鲜吧！"我们聊到很晚，直到服务员催我们结账。（回顾事件经过）（92字）

2. 开头、结尾和过渡

开头

（1）开门见山：交代事情发生的时间、地点。

例：① 大卫和我住在一个宿舍，我们不但是同屋，也是朋友。

② 去年他和朋友一起成立了一家公司。

（2）提出问题：提出某个问题，引起读者注意。

例：① 我曾经做过一件很可笑的事，你知道是什么吗？

② 为什么他最近总是不开心，发生了什么？

结尾

（1）自然结尾：随着事情的结束而结尾。

例：① 结账的时候大卫提议和我AA制，但我坚持要请客。就这样，我们像中国人一样，抢了一回账单，很有意思。

② 从此，我们变成了好朋友。

（2）作出总结：对文章进行总结，与开头相呼应。

例：① 在他的帮助下我的汉语越来越好了，能有他这样一位同屋我真的很开心！

② 我对这份工作很满意，很感谢我的朋友。

（3）表达期望：表达自己的愿望。

例：① 希望她能找到一份适合自己的工作！

② 听了朋友的话，我决定保持乐观。相信我一定会找到满意的工作。

（4）抒发感情：对人或事物表达赞美、感叹。

例：① 虽然我们没看成表演，但我被朋友的善良深深地打动了。

② 这是我收到的最珍贵的礼物，我一定会好好保存的！

连接和过渡

在短文中，要用合适的连接、过渡词语，让文章的表达更自然、更通顺。

（1）表示观点

我认为/我想/在我看来/对我来说

（2）表现真实情况

说实话/老实说/事实上/实际上/其实

（3）表示推断

看来/不用说/因此/由此可见/毫无疑问

（4）表示同时发生

同时/与此同时

（5）表示结果

终于/结果/果然/于是/所以

（6）表示总结

总之/总而言之

（7）表示补充说明

另外/此外/除此之外

（8）表示时间顺序

有一天/……时/……的时候/原来……现在……/本来……后来……/一……就……

3. 描写方法

对人物外貌、心理、性格、语言、动作的成功描写，能让你的短文更加具有吸引力。它往往能在短短的一段文字中与读者产生共鸣。当然，这需要你细致地观察生活、体验生活、感受生活。例如：

请结合下列词语（要全部使用），写一篇80字左右的短文。（真题编号：H51001）

结账、干脆、感谢、临时、海鲜

回国前，我请中国朋友王刚吃海鲜，感谢他对我的帮助。海鲜很好吃，我们都很高兴。可是结账时，我发现居然忘了带钱。临时去银行取钱已经来不及了。王刚笑着说："干脆我请你吧！"这太让人不好意思了。（91字）

这篇例文综合运用了多种描写方法：

心理描写："我们都很高兴"、"这太让人不好意思了"；

动作描写："王刚笑着说"；

语言描写："干脆我请你吧！"

心理描写

心理描写可通过"喜欢"、"惭愧"等心理动词或形容词实现；也可由"想"、"觉得"直接引出心理感受。常用的心理描写词语如下：

爱、爱惜、抱歉、不安、不好意思、惭愧、吃惊、担心、得意、发愁、放松、放心、感动、感激、愤怒、感谢、高兴、孤单、关怀、关心、害怕、好奇、恨、后悔、怀念、怀疑、慌张、灰心、激动、寂寞、紧张、开心、看不起、可怜、快乐、冷静、满意、满足、难过、盼望、佩服、期待、热爱、伤心、舍不得、生气、失望、疼爱、同情、痛苦、委屈、无聊、无奈、喜欢、羡慕、想念、小心、欣赏、兴奋、幸福、遗憾、犹豫、愉快、愿意、着急、自豪

外貌描写

对人的身材、长相、表情、服饰、打扮等进行描写，可以使人物形象更加直观、生动。常用的外貌描写词语如下：

衬衫、丑、打扮、得意、胆小鬼、恶劣、发抖、服装、胳膊、光滑、过敏、健康、减肥、精神、肌肉、讲究、结实、戒指、精力、可爱、良好、帽子、毛巾、美丽、眉毛、魅力、苗条、明星、陌生、年轻、能力、年龄、农村、难看、脑袋、能干、年纪、牛仔裤、农民、女士、胖、皮肤、脾气、漂亮、破、皮鞋、疲劳、朴素、奇怪、青春、穷、缺点、裙子、嗓子、身份、时髦、时尚、瘦、头发、腿、特征、完美、微笑、休闲、颜色、眼睛、样子、印象、严肃、英俊、优美、整齐、自然

性格描写

除了外貌以外，我们还可以描写一下人物的性格。常用的性格描写词语如下：

安静、悲观、沉默、聪明、粗心、大方、单纯、干脆、害羞、糊涂、活泼、积极、坚强、骄傲、狡猾、谨慎、懒、浪漫、老实、乐观、厉害、马虎、努力、谦虚、勤奋、勤劳、热情、热心、认真、善良、坦率、天真、调皮、温柔、小气、孝顺、虚心、严肃、勇敢、幽默、友好、自觉、自私、自信

语言描写

语言描写可以分为两种：直接引用或间接引用别人的话。引用时要注意标点符号的使用规范，比如说，间接引用时就不用引号。

（1）直接引用

例：①他说：“我现在特别忙。”

②“我现在特别忙。”他说。

③“明天再说吧！”他说，“我现在特别忙。”

（2）间接引用

例：他说他现在特别忙。

（3）还可在“说”前加上形容词或一些动作，反映出说话时的神态、心理等。

例：①他笑着说：“我们走吧！”

②他低着头说，他现在特别忙。

4. 修辞手法

适当运用修辞手法，可以为自己的文章增色不少。在答题中，可以考虑下面几种比较常用的修辞方法。

比喻

比喻是用具体、形象的东西来说明复杂、抽象的东西。常用句式是：A像/好像/跟B（一样/似的/一般）。

例：①她像天使一般善良。

②他高兴得好像过节一样。

对比

为了说明几个事物的不同，将其放在一起进行比较。

例：①美国和中国一样都是大国，但是美国的人口没有中国那么多。

②他和我一样都是去年开始学习汉语，但他说得比我流利多了。

排比

排比是用三个或三个以上结构相同或相似、语气一致、意义相关的词句或句子，以加强表达效果。

例：①这四个月里，我们从陌生到熟悉，一起学习，一起准备考试，一起经历了各种各样的事，有快乐，有烦恼。

②上课时，我不能查字典。中午，我不能打电话约朋友一起吃饭。坐地铁时，我不能上网。

设问

设问是为了强调某部分内容或引出某个话题，故意先提出问题，自问自答，表达自己的看法。

例：①那么怎样才能提高汉语水平呢？

②和同屋相处的时候应该注意什么呢？

反问

反问是用疑问的形式表达确定的意思，反问句只问不答，可以加重语气。

例：①难道你忘了我的生日吗？

②我怎么能不生气呢？

5. 详略得当

要选最重要、最有特色的片段，而不必完整地交待时间、地点、人物、事情的起因、经过和结果。这也是新HSK五级作文和一篇几百字记叙文的差别。例如：

请结合这张图片写一篇80字的短文。（样题）

为了减肥，最近我只吃水果。有一天，我来到河边，河里有很多鱼，河边立着一块儿“不可以钓鱼”的牌子。可当时我太饿了，居然偷偷地钓了一条鱼，准备把它吃掉。这时候，闹钟响了，原来这是一个梦！（90字）

因为字数有限，所以要抓住最重要、最有特色的部分，而不必面面俱到，否则重点反而容易被读者忽视。

6. 人称使用

可以使用第一人称，即“我/我（们）”；也可以使用第三人称，即“他/她/它（们）”。至于出现在文章中的角色，则完全根据表达的内容和需要。也就是说，短文中的人物可以是自己，也可以是别人。例如：

请结合下列词语（要全部使用），写一篇80字左右的短文。（真题编号：H51005）

虚心、效率、学期、鼓励、羡慕

大卫是我们班最优秀的学生。他的学习方法很好，学习效率也很高，汉语说得特别好。大卫虽然很优秀，但非常虚心。他还常常鼓励、帮助成绩不太好的同学。我对他既佩服又羡慕，这学期我要努力向他学习。（88字）

这里出现的人物有大卫、我、我的同学等。

总之，在记叙文的写作中，最多写94个字，我们不能写得拖拖拉拉。可以在文章的开头就交代事情发生的时间、地点，事件的起因、经过、结果等。例如：

由于一场误会，大卫和女朋友分手了。（起因）他伤心极了。大卫很爱女朋友，他相信女朋友也一直爱着自己。可是，他不知道该怎么对她解释。终于有一天，他拿起了电话。（经过）看大卫的表情，我猜他们都得到了对方的原谅。（结果）（94字）

也可以通过提出一个问题引起读者的注意和兴趣，然后接着往下写。例如：

想让你的汉语取得更大的进步吗？那么你一定要注意学习的方法。上课时不仅要认真听，还要多问问题，保证自己真的完全明白了。也可以请一位辅导老师，慢慢地，你会发现，你的汉语水平有了明显的提高。（92字）

要注意过渡、衔接要自然。例如：

大学快毕业了，我还没找到工作。朋友劝我别着急，要缓解压力，乐观面对。是的，现代社会竞争越来越激烈，成功不是偶然的。只有不断提高自己，并且好好把握机会，才能找到适合自己的工作。对此我有信心。（94字）

在有限的字数内，结尾是重要的。可以随着事情的结束而结尾，简单、自然，使短文结构完整。例如：

我在地铁站看到了一个广告，广告上有一个女孩儿笑着打电话。我想：这是什么广告？她在给谁打电话？上地铁以后我还在想这些问题。这时候，我在地铁的电视上看见了这个广告，原来这是一个手机广告！（91字）

也可以对所叙述的事情进行总结。例如：

圣诞节，妈妈送了我一个包装得十分漂亮的礼物。我打开一看，原来是一本介绍中国的书。书里详细地介绍了中国的名胜古迹，有很多漂亮的照片。我非常喜欢这份礼物，希望能有机会去书上介绍的地方看看。（92字）

记叙、议论、说明并不是截然分开的。根据表达的需要，记叙文中也可以有议论和说明的成分。可以谈自己的感想，表明自己的态度或观点，例如：

小王是我的同事，我们在一个小组工作。她既聪明又热情。每当有什么新的想法，我都会找她商量，她总能给我很多好建议。她有问题的时候也会和我讨论。能和小王一起工作真的很开心，我们是最好的工作伙伴。（94字）

也可以表达愿望，抒发感情等。例如：

我毕业了，新的生活开始了。此时此刻，我最感激的是老师和同学，最舍不得的也是他们。但我知道，必须为自己的将来的前途而努力了。我希望能顺利达到目标，让大家为我感到骄傲。相信我，我一定会成功的！（94字）

（二）议论文的写法

议论文主要用于对某件事或某个问题进行分析、评论，表明自己的意见、观点、看法等。在写法上，写议论文要注意下面几点：

1. 议论角度

议论文主要有两种类型：分析问题型和提出观点型，这两种类型的写作思路有所不同。

分析问题型

分析问题型一般针对个人问题或社会问题进行分析，并提出解决问题的建议。其基本结构是：提出问题（个人/社会问题等）——分析问题（原因）——解决问题（建议）。例如：

请结合这张图片写一篇80字左右的短文。（真题编号：H51113）

这幅图片能给人多方面的联想，可以充分发挥想象力，确定主题。如果从分析问题的角度来写，可以这样引出：

很多夫妻都会为看什么电视节目发生矛盾。

然后分析“发生矛盾”的原因。分析要深刻，不能只是看表面现象。如：

出现这种问题主要因为男人、女人的兴趣点不同：男人更喜欢体育比赛，女人可能更喜欢电视剧。

最后提出解决这一问题的建议：

要想解决这个问题，可以考虑让丈夫们一起看球，妻子们一起看电视剧。

这样，我们就完成了一个从“提出问题”到“分析问题”，再到“解决问题”的分析过程。

提出观点型

对于某件事或某个现象，你发现了什么问题？有什么建议或解决的办法？对于某个问题或观点，你支持还是反对？赞扬还是批评？要给读者一个清晰的认识。其基本结构是：提出观点（支持/反对）——证明观点（理由）——得出结论（建议/总结）。例如：

请结合这张图片写一篇80字左右的短文。（样题）

根据图片中禁止钓鱼的标志，短文第一句话可以直接提出观点：

我认为要对钓鱼活动有所限制。

然后证明观点。要用充分的理由说服读者，指出为什么要反对钓鱼：

鱼类是大自然的重要组成部分。（理由1）如果人们随便钓鱼，鱼的数量会大量减少，最终破坏自然环境。（理由2）

这里提出了限制钓鱼活动的两个理由。是从正反两方面进行论述的，正面：鱼类的重要性；反面：鱼类大量减少的后果。这样比较有说服力。

最后，得出结论，可以是总结，也可以是建议。

因此，我们要保护鱼类。除此之外，还要保护其他动物。保护环境就是保护人类自己！

这里在说明理由之后，得出了结论：保护鱼类，保护其他动物，并上升到保护环境的层面。

2. 论证方法

在议论文中，可以使用举例子、引用、对比等方法证明观点。

“举例子”比较容易，主要是针对观点举一个例子，让文章更有说服力。例如：

今天的社会，竞争越来越激烈，找工作也越来越难。除了制作简历、参加笔试外，还有各种各样的面试。我参加过的一次面试，竟然有四位面试官，我紧张极了。我想，要顺利通过面试，一定要提前做好充分准备。（94字）

“引用”要注意“准确性”。引用名言、名句时要准确；引用数据时要慎重，如果没有把握，宁可不引用。例如：

我一直负责这个项目，应该说已经很有经验了。可是由于我的粗心，居然犯了一个不该犯的错。这给公司造成了巨大的损失，我感到非常惭愧。有一句话说：细节决定成败。看来我还要加强自己对细节的重视。（92字）

“对比”可在做正反对比、利弊分析时用到。例如：

我认为要对钓鱼活动有所限制。鱼类是大自然的重要组成部分。如果人们随便钓鱼，鱼的数量会大量减少，最终破坏自然环境。因此，我们要保护鱼类。除此之外，还要保护其他动物。保护环境就是保护人类自己！（94字）

在议论文中，表达观点常常可以使用“我认为”、“我想”、“我觉得”等。可以开门见山地提出自己的观点，也可以用提问的方式引发读者思考。例如：

今天的社会，竞争越来越激烈，找工作也越来越难。除了制作简历、参加笔试外，还有各种各样的面试。我参加过的一次面试，竟然有四位面试官，我紧张极了。我想，要顺利通过面试，一定要提前做好充分准备。（94字）

还可以就自己的观点和看法进行解释。结尾可以做总结归纳，可以提出建议，发出号召等。例如：

想要取得成功，必须具备几个条件。首先，也是最关键的一点，要有明确的人生目标。其次，能够坚持理想。再次，敢于接受挑战。即使困难再大，也不放弃。最后，要自信。只有做到这些，才能收获成功的快乐。（94字）

3. 态度客观

看待、评价某件事情或某个事件，态度要客观。也就是说，观点不要绝对化，不要太片面。否则，可能会引起读者反感，也减弱了说服力。下面的句子就有这样的问题：

我讨厌购物。

我认为人类必须永远停止钓鱼。

如果所有的人都不开车，堵车问题就解决了。

（三）说明文的写法

说明文是一种客观地介绍事物、阐明道理的文章。写作说明文时应注意：

1. 说明顺序

说明文的写作也要注意结构清晰，顺序合理。说明时通常按照“总——分——总”的顺序进行。在短文开头简单介绍总体情况，最后对所介绍的情况进行总结。例如：

请结合下列词语（要全部使用），写一篇80字左右的短文。（真题编号：H51002）
宿舍、理解、开心、坦率、帮助

同屋不仅是住在同一个宿舍的人，也应该像朋友。和同屋相处应互相理解。遇到困难时要互相帮助。当然，同屋之间可能会发生矛盾，这时应坦率地提出来，大家一起想办法解决。只有这样，宿舍生活才会更开心。（94字）

例文对如何与同屋相处进行了说明。开头提出观点：同屋也应是朋友；接下来对不同情况下如何与同屋相处分别进行了介绍；最后进行了总结。

2. 开头、结尾和过渡

开头

（1）定义法：用下定义的方法说明事物的概念、特征。

例：①中秋节在农历八月十五，是中国的传统节日之一。

②同屋是住在同一个宿舍的人。

（2）总述法：简单介绍总体情况。

例：①在现代社会，压力大并不是一件很偶然的事。很多人都有很大的工作、学习压力。

②那家公司成立于1995年，十几年来，公司规模不断扩大，已经成为全国著名企业。

（3）设问法：用提出问题的方式引出下文对该问题的介绍或说明。

例：①想让你的汉语取得更大的进步吗？可以试试下面的方法。

②怎样才能提高我们的记忆力呢？

结尾

（1）总结法：对所介绍的情况进行总结。

例：①只有这样，同屋才会变成朋友，你的生活才会更开心。

②除了上面的方法，我们还应总结出其他适合自己的方法。

（2）感想法：由某个具体事物引出感想。

例：①饺子虽然只是一种普通的食物，但里面蕴含了丰富的中国文化。

②自行车虽小，但它为保护环境做出了巨大的贡献！

连接和过渡

在说明事物时，使用合适的连接、过渡词语，会让文章的表述显得更自然、更通顺。

（1）表示操作顺序

先把……然后把……再把……/按照……方法，先……然后……/一边……一边……

（2）表示列举

一是……二是……/第一……第二……/首先……其次……再次……最后……/其一……其二……其三……/一方面……另一方面……

（3）表示附加

另外/此外/除此之外

（4）表示结果

因此/所以

（5）表示真实情况

准确地说/严格地说

（6）表示总结

总之/总而言之/总的来说/概括起来说

3. 说明方法

运用合适的说明方法，可以使自己的文章更清晰。在答题中，可以考虑下面几种比较常用的说明方法。

（1）定义法

定义法是使用简洁、准确的语言揭示事物事理的本质属性和基本特征。说明文中比较常见。

例：①筷子是中国人用来吃饭的一种工具。

②环保，即环境保护。

（2）比较法

比较法是指为了说明一种事物，拿另一种事物与之进行比较。

例：①可可、咖啡和茶并称当今世界的三大无酒精饮料，但在欧美国家，茶远没有咖啡那么受欢迎。

②和这座城市不同，我的家乡气候湿润，十分舒服。

（3）比喻法

比喻法是用人们熟知的事物来比喻、说明人们不很熟知的事物。

例：①骆驼是“沙漠之舟”。

②这里真不像酒吧，而像一个可以喝酒的博物馆。

（4）分类法

分类法是对事物进行分类说明。

例：①压力的来源有两种，外在的环境和内在的对自己的要求。

②在工作中，我们首先要清楚地认识自己的优点和不足。一方面，要努力发挥自己的优势；另一反面，在遇到不明白的地方时，要虚心向别人学习，听取别人的建议。

（5）引用法

引用法是引用一些格言警句、谚语俗语、民谣诗词等，使文章更有说服力。

例：①最重要的是，应努力保持一种乐观的生活态度，就像电影里说的一样：“明天又是新的一天”。我们要相信，没有什么问题是不能解决的。

②你经常运动吗？有一句名言说：生命在于运动。

4. 表述客观

与记叙文和议论文不同，说明文不需要加入个人情感和个人观点。说明文的表述是客观的，用简洁、科学、客观的语言介绍某种现象，说明事物的本质特征。例如：

请结合下列词语（要全部使用），写一篇80字左右的短文。（真题编号：H51003）
成立、扩大、信心、服务、谦虚

那家公司成立于1995年。十几年来，公司规模不断扩大，已经成为全国著名企业。公司对员工的要求是：态度谦虚、服务热情。这让公司拥有了更多的客户，也提高了员工的工作水平。大家都对公司的未来充满信心。（94字）

这个短文介绍了公司的历史和发展情况，并从对员工要求的角度谈到了员工和公司的情况。

（四）真题演练

1. 请结合下列词语（要全部使用），写一篇80字左右的短文（样题）

元旦、放松、礼物、表演、善良

步骤1：考虑文体

____

步骤2：确定主题

____

步骤3：组词成句

____

____

步骤4：连句成文

例文1：

元旦那天我和朋友约好去看表演，放松一下。在剧院门口，我们看到了一个小女孩儿。她把票弄丢了，很难过。于是朋友把自己的票送给了她作为新年礼物。虽然我们没看成表演，但我被朋友的善良深深地打动了。（94字）

例文2：

大卫是我的好朋友。他很善良，常常帮助我。他很喜欢看表演，还很喜欢旅行，每次旅行都会给我买礼物。最近大卫的工作很忙，压力很大，我很担心他。元旦快到了，我打算请他去看表演，让他放松一下。（91字）

2. 请结合下列词语（要全部使用），写一篇80字左右的短文。（真题编号：H51002）

宿舍、理解、开心、坦率、帮助

步骤1：考虑文体

____

步骤2：确定主题

____

步骤3：组词成句

____

____

步骤4：连句成文

例文1：

我的同屋来中国比我早，汉语也更好，他给了我很大的帮助。我们常在宿舍里聊天，也一起出去玩，很开心。有什么要求或者想法，我们会坦率地说出来。我想，只有互相理解、互相关心，同屋之间才能相处得好。（94字）

例文2：

同屋不仅是住在同一个宿舍的人，也应该像朋友。和同屋相处应互相理解。遇到困难时要互相帮助。当然，同屋之间可能会发生矛盾，这时应坦率地提出来，大家一起想办法解决。只有这样，宿舍生活才会更开心。（94字）

3. 请结合下列词语（要全部使用），写一篇80字左右的短文。（真题编号：H51113）

挑战、自信、困难、关键、收获

步骤1：考虑文体

____

步骤2：确定主题

____

步骤3：组词成句

____

____

步骤4：连句成文

例文1：

大卫是个很自信的人。他最喜欢做的事情，似乎就是不断地挑战自己。他说，克服困难的过程是一种享受。我想，对于一个成功者来说，具备这个特点是很关键的。否则，人生怎么能取得更多的收获呢？（89字）

例文2：

想要取得成功，必须具备几个条件。首先，也是最关键的一点，要有明确的人生目标。其次，能够坚持理想。再次，敢于接受挑战。即使困难再大，也不放弃。最后，要自信。只有做到这些，才能收获成功的快乐。（94字）

4. 请结合下列词语（要全部使用），写一篇80字左右的短文。（真题编号：H51115）
负责、惭愧、损失、细节、重视

步骤1：考虑文体

步骤2：确定主题

步骤3：组词成句

步骤4：连句成文

例文1：

我一直负责这个项目，应该说已经很有经验了。可是由于我的粗心，居然犯了一个不该犯的错。这给公司造成了巨大的损失，我感到非常惭愧。有一句话

说：细节决定成败。看来我还要加强自己对细节的重视。（92字）

例文2：

做事情要有负责的态度，这一点非常重要。它既体现在于要重视整体的计划和安排，又体现于注意细节问题的处理。如果忽视了这些，就有可能给工作带来损失。到那时候，无论是惭愧还是后悔，都来不及了。（92字）

5. 请结合这张图片写一篇80字左右的短文。（真题编号：H51005）

步骤1：观察图片，考虑文体

步骤2：确定主题

步骤3：构思情节，理清思路

步骤4：写句子

步骤5：连句成文

例文1：

我的中国生活非常愉快，不仅汉语水平提高了不少，而且交了很多外国朋友。昨天是我的生日，我收到了一个漂亮的盒子，打开一看，里面是一件T恤衫，上面用四十多种语言写着“生日快乐”。太感动了！（90字）

例文2：

看到这张图片，很多人会想到各种各样的生日礼物，而我想到的是爷爷的故事。爷爷小时候家里很穷，孩子们过生日时能得到的最好的礼物就是一碗面条或一个鸡蛋。现在生活水平提高了，我们这些孩子真幸福。（93字）

6. 请结合这张图片写一篇80字左右的短文。（真题编号：H51114）

步骤1：观察图片，考虑文体

步骤2：确定主题

步骤3：构思情节，理清思路

步骤4：写句子

步骤5：连句成文

例文1：

大卫是个非常有爱心的人。从五年前开始，他每个月都会把一些钱捐给贫困的孩子。有一天，大卫接到了一个电话，居然是他帮助过的一个孩子！那个孩子说，正是大卫的帮助，让他坚强地走到了今天。（89字）

例文2：

由于一场误会，大卫和女朋友分手了。他伤心极了。大卫很爱女朋友，他相信女朋友也一直爱着自己。可是，他不知道该怎么对她解释。终于有一天，他拿起了电话。看大卫的表情，我猜他们都得到了对方的原谅。（94字）

7. 请结合这张图片写一篇80字左右的短文。（真题编号：H51115）

步骤1：观察图片，考虑文体

步骤2：确定主题

步骤3：构思情节，理清思路

步骤4：写句子

步骤5：连句成文

例文1：

今天的社会，竞争越来越激烈，找工作也越来越难。除了制作简历、参加笔试外，还有各种各样的面试。我参加过的一次面试，竟然有四位面试官，我紧张极了。我想，要顺利通过面试，一定要提前做好充分准备。（94字）

例文2：

无论是上大学还是找工作，我们可能都会面对这个话题：面试。当几位面试官的眼睛同时看着自己时，你会不会一下子失去信心？我想，紧张是免不了的，但一定要冷静。只有这样，才能正常发挥，打动面试官。（93字）

8. 请结合这张图片写一篇80字左右的短文。（真题编号：H51117）

步骤1：观察图片，考虑文体

____

步骤2：确定主题

____

步骤3：构思情节，理清思路

____

____

步骤4：写句子

____

____

步骤5：连句成文

例文1：

马丁和妻子刚刚买了房子，正在布置自己的新家。他们打扫了卫生，摆好了一些家具，又把沙发搬到客厅里。接下来还需要买空调、冰箱、电视机什么的。虽然很累，但是夫妻两个人都感到很幸福。（87字）

例文2：

公司通知我们要换新办公室了，大家都很高兴。我们把需要搬的东西整理好。下午搬家公司就会来帮我们搬沙发、桌子等家具。换办公室是一件好事情，但想到马上要离开现在的办公室了，也有点儿舍不得。（92字）

四、常考话题

根据考试大纲和现有真题来看，书写部分的考察主要涉及下面的话题：

分类	常考话题
个人信息	家庭、爱好、能力、外貌、性格、专业、职业、家乡
简单描述	天气、心情、季节、职业、爱好、打算、愿望
情感态度	喜欢、同意、满意、鼓励、反对、遗憾、同情、抱怨、惊奇、担心
社会交往	解释、建议、帮助、鼓励、交际（聚会、约会）、礼节（打电话、发电子邮件、网络聊天）、交朋友
日常生活	起居、作息、购物/逛街、就餐、看病/住院、看电视、上网、娱乐、饮食
学习生活	上课、下课、活动、运动会/比赛、开学典礼、毕业典礼、师生关系、同学关系、图书馆
家庭生活	家庭生活、代沟、教育、婚姻/离婚、单亲家庭

续表

分类	常考话题
工作生活	找工作、竞争、合作、商务、面试、招聘
文化娱乐（娱乐活动）	体育项目、娱乐活动、各种爱好（电影、音乐、健身、摄影）
节日活动	节日介绍、传统食物、风俗习惯、个人纪念日（生日）
身心健康	饮食习惯、生活态度
旅游	旅馆、交通工具、景观景点、所见所闻
语言与文化	语言学习方法、中国文化、文化差异
社会热点	道德问题、交通状况、环境保护（污染/节能/全球变暖）、网络、全球化

上面这些话题并不是封闭的，它还可以扩展出很多相关的小话题。这些话题也不是孤立的，我们在写作过程中可以把他们交叉融合在一段短文中。本书后面的模拟试题也几乎涵盖了这些话题。建议大家认真练习一下，对考试一定非常有帮助！

除了做模拟练习外，还要多读、多写。这说起来容易，但做起来其实没有那么容易，一定要坚持！可以试着多读文章，读后写写自己的故事和想法。

五、其他需要注意的问题

（一）标点符号的使用

汉语的标点常用的有十二种：逗号、句号、问号、感叹号、顿号、分号、冒号、书名号、括号、引号、省略号、破折号。使用标点符号时，常会出现以下错误：

1. 写法上的错误

（1）把汉语的句号（空心的小圆圈“。”）误写成实心的点“.”。

（2）把汉语的逗号（实心的点带个小尾巴“，”）误写成空心的圆圈带个小尾巴。单引号‘’和双引号“”也是如此。

（3）把问号“？”和感叹号“！”下面的小点误写成空心的。

（4）把冒号“：”和分号“；”的小点误写成空心的。

（5）把省略号误写成六个或三个空心的小圆圈。汉语的省略号是六个实心的点“……”。

（6）把破折号“——”误写成两个短线。汉语的破折号手写时，是占两个格的一条直线。

（7）把书名号误写成“「」”或“『』”，汉语的书名号是“《》”。

2. 用法上的错误

（1）该用逗号却没有用，这样会给读者一种无法呼吸的感觉。

例：①马丁和妻子刚刚买了房子正在布置自己的新家。（应在“正在”前面加逗号“，”）

②虽然很累但是夫妻两个人都感到很幸福。（应在“但是”前面加逗号“，”）

（2）“再者”、“此外”、“最后”、“众所周知”等引导性较强的词语后面，也要用逗号。

例：①此外要注意防止病毒传染，否则可能造成严重的影响。（应在“此外”后面加逗号“，”）

②最后我们还是打车去了旅馆。（应在“最后”后面加逗号“，”）

（3）不该用逗号却滥用。主要体现为“一逗到底”。也就是说，在一个段落中，没有考虑具体的语气和表达的层次，而是一直使用逗号，直到段落结束使用句号了事。

例：我的中国生活非常愉快，不仅汉语水平提高了不少，而且交了很多外国朋友，（改为句号“。”）昨天是我的生日，我收到了一个漂亮的盒子，打开一看，里面是一件T恤衫，上面用四十多种语言写着生日快乐，（改为“‘生日快乐’。”）太感动了。（也可用感叹号“！”）

（4）逗号和顿号混用。顿号主要用来隔开句子里的并列词语、短语，表示并列词语、并列短语之间的停顿。顿号也可以表示逗号内部的更小停顿。

例：①由于我们认真，（改为顿号“、”）努力的工作和热情，（改为顿号“、”）谦虚的态度，公司的生意很好，规模不断扩大。

②接下来还需要买空调，（改为顿号“、”）冰箱，（改为顿号“、”）电视上什么的。

3. 同步训练

（1）我不能参加你的生日聚会因为头疼。

______

（2）拥有金钱不代表拥有一切，金钱买不来亲情，爱情，友情。

______

（3）电影狮子王很受欢迎。

______

（4）在这两个月的时间里，我很荣幸能与几位当地人交流，并从中了解北京和中国，他们的年龄，教育水平以及生活背景都不同，所以每个人所重视的话题也不一致。

______

答案：

（1）应在“因为”前面使用逗号“，”。

（2）“亲情”和“爱情”后面的逗号“，”都应改为顿号“、”。

（3）“狮子王”需加书名号《》。

（4）“并从中了解北京和中国”后面的逗号“，”应改为句号“。”“他们的年龄”后面的逗号“，”应改为顿号“、”。

（二）书面语和口语

有的同学分不清哪些词语属于口语，哪些词语属于书面语。尤其表现在应该使用书面语的时候，使用了口语。例如：

中国有灿烂的文明和很长的历史。（悠久）

他在一个偶然的情况下碰上了一位美丽的姑娘。（遇到）

第一个例句中的“很长”是口语的表达，形容中国历史的时候，“悠久”这个词是非常恰当的，而且和前面的“灿烂”一词呼应。第二个例句里的“碰上”属于口语词，该句中的“偶然”、“情况”、“美丽”都属于书面语表达，因此，将“碰上”改为“遇到”更合适。

（三）主语人称的变换

在短短的一段话中，不要通篇重复出现同样的主语，比如每个句子都使用第一人称“我”、“我们”。主语相同的句子，可以适当省略某个主语，也可以在某句中换一个角度来写，借助于其他人称来表达同样的意思。例如：

那家公司成立于1995年。十几年来，它的规模不断扩大，它已成为全国著名企业了。它要求员工态度谦虚、服务热情。它拥有了更多的客户，也使员工的工作水平得到了提高。它的未来让大家充满信心。（88字）

那家公司成立于1995年。十几年来，公司规模不断扩大，已成为全国著名企业了。该公司要求员工态度谦虚、服务热情。这让其拥有了更多的客户，也使员工的工作水平得到了提高。大家都对公司的未来充满信心。（93字）

（四）语言的简练性

有的时候我们的语言啰嗦、重复，像在闲聊。请看例句：

我不知道我应该买什么礼物。我买礼物的时候觉得很困难，因为我不知道她喜欢什么，对她我真不了解。

从幼儿园到高中我上的15年的学，有很多难忘的经历。

第一个例句中的主语“我”出现过多，语义上也前后重复，不够简洁、紧凑。可这样改：

我不知道应该买什么礼物，因为不了解她，不知道她喜欢什么。这让我感到很为难。

为了避免原句的“我上的15年的学”的口语表达，第二个例句的第一个分句可以这样改：

从幼儿园到高中的15年……

（五）积极乐观的人生态度

在文章中可以看出你对待问题的态度、你的眼光和胸怀。你的积极乐观会感染人，你的公正客观会更有说服力。例如，同样是对待某种饮食习惯，有的同学会极力贬低，有的同学会客观对待和分析。对于读者和阅卷老师来说，更容易接受的、更欣赏的态度无疑是后者。

（六）优秀的文章应该是独特的

独特的文章往往能让人眼前一亮。比如，题目要求我们讲一件事。那么这件事要尽量和自己的生活经历相关。这个道理和用母语写文章是一样的，因为真实，所以自然，也就会更容易打动别人。例如：

为了减肥，最近我只吃水果。有一天，我来到河边，河里有很多鱼，河边立着一块儿“不可以钓鱼”的牌子。可当时我太饿了，就偷偷地钓了一条鱼，准备把它吃掉。这时候，闹钟响了，原来这是一个梦！（90字）

（七）词汇量和写作水平并不成正比

也许你能熟练运用的汉语词没有那么多，但没关系，你仍然可以写出好文章。这就是我们前面提到的“用心”来写。当然，把文章写出来或许不太难，但写好很难，写得非常好更不容易。所以，如果你感觉写作有点难，这是正常的。

要想提高写作能力，还离不开一个老套的做法：多读、多记、多写、多练。没有一定的阅读量做基础，在语言的感觉，表述的规范、得体等方面，就很难上一个台阶。此外，还要做读书笔记，积累写作材料，也可有意识地记忆一些好词、好句、好段。写和练当然更不能忽视，要多进行词语推敲，注意同义词、近义词的使用，并克服语言表达的随意性。

此外，汉字的书写也非常重要。既要写得对，也要写得好。这样，阅读你文章的过程，就另外增添了一种美好的享受。

最后，想把一句中国的俗话送给大家，就是“世上无难事，只怕有心人”。意思是说，只要肯下决心去做，世界上没有做不好的事情。困难总是可以克服的。你可以用这句话来鼓励自己，并在合适的时候，用在你的作文里。

六、模拟训练及答案

（一）结合词语写作（第99题）

试题一

99. 请结合下列词语（要全部使用），写一篇80字左右的短文。

热闹、家乡、原谅、伙伴、盼望

例文1：

我离开家乡已经十年了，最难忘的是小时候的伙伴。那时，只要我们在一起，院子里就热闹极了。当然，孩子们之间有时也会发生小矛盾，但没关系，很快就互相原谅了。真盼望再回到小时候。（85字）

记一记：

我离开家乡已经十年了，最难忘的是小时候的伙伴。

写一写：

我＿＿＿＿＿＿＿＿已经＿＿＿＿年了，最难忘的是＿＿＿＿＿＿＿＿。

我＿＿＿＿＿＿＿＿已经＿＿＿＿年了，最难忘的是＿＿＿＿＿＿＿＿。

例文2：

小时候，我总盼望过万圣节。全家人聚在一起，很热闹。过万圣节时，即使犯了错误，父母也会原谅我。现在，万圣节仍是我最喜欢的节日。每年万圣节，我都会回到家乡，和家人团聚，和以前的伙伴聚会。（91字）

记一记：

现在，万圣节仍是我最喜欢的节日。

写一写：

现在，＿＿＿＿＿仍是我最喜欢的＿＿＿＿＿。

现在，＿＿＿＿＿仍是我最喜欢的＿＿＿＿＿。

试题二

99. 请结合下列词语（要全部使用），写一篇80字左右的短文。

季节、干燥、街道、欣赏、风俗

例文1：

你去过北京吗？我两年前去过，对这座城市印象很深刻。那里即使是一条普通的街道，也能让人感受到独特的历史和风俗。值得欣赏的名胜古迹就更多了。不过现在这个季节北京的空气比较干燥，希望你能适应。（93字）

记一记：

那里即使是一条普通的街道，也能让人感受到独特的历史和风俗。

写一写：

____________即使是____________，也能让人感受到____________。

____________即使是____________，也能让人感受到____________。

例文2：

我很想念我的家乡。和干燥的北京不同，我的家乡气候湿润，十分舒服。春季是我最喜欢的季节。那时，街道两旁的樱花开放，空气中充满了淡淡的、香香的味道。我们每年都会去山上欣赏樱花。这是我们的风俗。（94字）

记一记：

和干燥的北京不同，我的家乡气候湿润，十分舒服。

写一写：

和____________不同，我的家乡____________，十分____________。

和____________不同，我的家乡____________，十分____________。

试题三

99. 请结合下列词语（要全部使用），写一篇80字左右的短文。

性格、减肥、爱心、诚恳、打听

例文1：

我不太快乐，因为我是个胖女孩儿。我每天打听各种减肥方法，想让自己瘦下来。直到有一天，班里来了一位新老师。她性格开朗，而且非常有爱心。她诚恳地告诉我，总是否定自己的人永远都不会幸福。（90字）

记一记：

我不太快乐，因为我是个胖女孩儿。

写一写：

我不太______________，因为________________________________。

我不太______________，因为________________________________。

例文2：

玛丽是我的好朋友，她的性格非常好，也很有爱心。人人都很喜欢玛丽，但她对自己不太满意。她觉得自己有点儿胖，常常向别人打听 减肥的方法。我曾经很诚恳地向她保证过，她一点儿也不胖，但她就是不相信。（94字）

记一记：

人人都很喜欢玛丽，但她对自己不太满意。

写一写：

人人都________________，但________________。

人人都________________，但________________。

试题四

99. 请结合下列词语（要全部使用），写一篇80字左右的短文。

理解、失望、字幕、英俊、最初

例文1：

听说这部汉语电影很好看，特别是男主角，长得非常英俊。可是电影开始以后，我的心情一下子从最初的兴奋变成了失望。因为虽然我学了一些汉语，而且电影有字幕，但完全看不懂，根本没办法理解电影的内容。（94字）

记一记：

虽然我学了一些汉语，而且电影有字幕，但完全看不懂。

写一写：

虽然________________，而且________________，但________________。

虽然________________，而且________________，但________________。

例文2：

我常看中文电影。最初不太理解，需要看英文字幕。随着汉语水平的提高，我开始试着看没有字幕的电影。我最喜欢看爱情电影。为什么呢？因为里面的演员都很英俊。即使看不懂电影的内容，我也不会觉得失望。（94字）

记一记：

随着汉语水平的提高，我开始试着看没有字幕的电影。

我最喜欢看爱情电影。为什么呢？

写一写：

随着________________，我开始________________。

随着________________，我开始________________。

我最喜欢________________。为什么呢？

我最喜欢________________。为什么呢？

试题五

99. 请结合下列词语（要全部使用），写一篇80字左右的短文。

音乐、平静、强烈、启发、提供

例文1：

无论是在工作还是在放松，无论是压力很大的时候还是非常轻松的时候，我都喜欢听音乐。我强烈地感到，我能从音乐中得到力量，得到启发，得到一份平静的心情。这种享受，是任何别的东西都无法提供的。（92字）

记一记：

我强烈地感到，我能从音乐中得到力量，得到启发，得到一份平静的心情。

写一写：

我强烈地感到，我能从________________中得到________________，得到________________，得到________________。

我强烈地感到，我能从________________中得到________________，得到________________，得到________________。

例文2：

我对音乐有强烈的喜爱之情。边听音乐边工作，音乐能给我很多启发，让我想出新的主意。边听音乐边看书，音乐能让我心情平静，是最好的享受。除此之外，音乐还为我提供了太多太多我说不完也说不清的帮助。（94字）

记一记：

我对音乐有强烈的喜爱之情。

除此之外，音乐还为我提供了太多太多我说不完也说不清的帮助。

写一写：

我对________________有强烈的喜爱之情。

我对________________有强烈的喜爱之情。

除此之外，________________还为我提供了太多太多我说不完也说不清的帮助。

除此之外，________________还为我提供了太多太多我说不完也说不清的帮助。

试题六

99. 请结合下列词语（要全部使用），写一篇80字左右的短文。

锻炼、缓解、疲劳、设施、简单

例文1：

你经常运动吗？有一句名言说：生命在于运动。运动可以锻炼身体，是缓解疲劳的好办法。运动不一定需要高级的、复杂的锻炼设施，简单地去操场上跑跑步、打打球，都能起到很好的效果。（84字）

记一记：

有一句名言说：生命在于运动。

写一写：

有一句名言说：________________________________。

有一句名言说：________________________________。

例文2：

我很喜欢跑步。跑步后，身体虽然会感到疲劳，但是心情很愉快，可以缓解压力。来中国以后，我发现跑步的人不太多，人们似乎更喜欢用街道旁边的那些简单的运动设施锻炼身体。看起来很有意思，我也想试试！（94字）

记一记：

来中国以后，我发现跑步的人不太多，人们似乎更喜欢用街道旁边的那些简单的运动设施锻炼身体。

看起来很有意思，我也想试试！

写一写：

来中国以后，我发现________________，人们似乎________________________。

来中国以后，我发现________________，人们似乎________________________。

看起来________________，我也想________________！

看起来________________，我也想________________！

试题七

99. 请结合下列词语（要全部使用），写一篇80字左右的短文。

清淡、出差、看法、规律、蔬菜

例文1：

妈妈要出差了，她最不放心的是爸爸和我。妈妈对我们说了很多遍：生活一定要规律，要多吃清淡的蔬菜，每天晚上睡觉不能太晚。爸爸的看法和妈妈不同，他认为，如果这也不能吃，那也不能做，生活多没意思！（94字）

记一记：

爸爸的看法和妈妈不同，他认为，如果这也不能吃，那也不能做，生活多没意思！

写一写：

__________的看法和__________不同，他认为，________________________。

__________的看法和__________不同，他认为，________________________。

例文2：

我是一名摄影师，经常出差，总是不能好好吃饭，因此得了胃病。妈妈让我按时吃饭，多吃清淡的东西，多吃蔬菜。我同意妈妈的看法，也知道按时吃饭的重要，但是作为一名摄影师，想规律地吃饭真的很不容易！（94字）

记一记：

我同意妈妈的看法，也知道按时吃饭的重要。

写一写：

我同意__________的看法，也知道________________________的重要。

我同意__________的看法，也知道________________________的重要。

试题八

99. 请结合下列词语（要全部使用），写一篇80字左右的短文。

发达、咨询、治疗、空气、麻烦

例文1：

整整一个冬天，我经常咳嗽，只好去咨询医生，希望有好的治疗方法。医生说这是因为我对冷空气过敏，不用太担心。过一段时间，天气一暖和就会好起来的。这实在太麻烦了，我希望医学能更发达一些。（90字）

记一记：

整整一个冬天，我经常咳嗽，只好去咨询医生。

写一写：

整整一个冬天，我________________________，只好________________________。

整整一个冬天，我________________________，只好________________________。

例文2：

现如今经济越来越发达，但空气质量却越来越差。每年都有很多人得皮肤病或呼吸方面的病。如果你的皮肤或嗓子感到不太舒服，应该及时向医生咨询。如果发现问题，要及时去医院治疗，否则可能有更大的麻烦。（94字）

记一记：

如果发现问题，要及时去医院治疗，否则可能有更大的麻烦。

写一写：

如果________________，要________________，否则________________。

如果________________，要________________，否则________________。

试题九

99. 请结合下列词语（要全部使用），写一篇80字左右的短文。

促进、偶然、心理、养成、原来

例文1：

两年前，我来到北京学习汉语。这个偶然的学习机会促进了我对中国的了解，也使我养成了听中国新闻的习惯，我感到收获很大。原来我一个字都不会说，一出门就紧张极了，现在却可以克服这种心理了。（90字）

记一记：

这个偶然的学习机会促进了我对中国的了解，也使我养成了听中国新闻的习惯。

写一写：

这个偶然的____________________机会促进了____________________，也使我____________________。

这个偶然的____________________机会促进了____________________，也使我____________________。

例文2：

原来我不常做运动，一个偶然的机会，我开始慢跑。慢跑可以锻炼肌肉，促进身体健康。更重要的是，慢跑能让我感到心情平静，忘掉很多烦恼，减少心理压力。我很喜欢慢跑，现在我已经养成了每天慢跑的习惯。（94字）

记一记：

原来我不常做运动，一个偶然的机会，我开始慢跑。

写一写：

原来我________________，一个偶然的机会，我开始________________。

原来我________________，一个偶然的机会，我开始________________。

试题十

99. 请结合下列词语（要全部使用），写一篇80字左右的短文。

紧张、优点、吵架、取消、不好意思

例文1：

我的姐姐有很多优点，比如特别理解、关心别人。前段时间，我的工作很紧张，压力很大，经常和她吵架。姐姐不但没有生气，还特地取消了约会，去给我买了一件漂亮的衣服，让我放松心情。这让我很不好意思。（94字）

记一记：

姐姐不但没有生气，还特地取消了约会，去给我买了一件漂亮的衣服。

写一写：

__________不但__________________，还特地____________________________。

__________不但__________________，还特地____________________________。

例文2：

快考试了，大家都在紧张地复习，所以男朋友取消了周末的约会。我很不高兴，和他吵了一架。后来我觉得是我不对，向他道了歉。男朋友笑着说："能够道歉是你最大的优点。"听了他的话，我不好意思地笑了。（92字）

记一记：

听了他的话，我不好意思地笑了。

写一写：

听了________________，我________________。

听了________________，我________________。

试题十一

99. 请结合下列词语（要全部使用），写一篇80字左右的短文。

共同、矛盾、支持、分析、朋友

例文1：

我和男朋友之间的共同语言越来越少，矛盾越来越多。我认为他只知道工作、加班，一点儿也不关心我。他认为我不支持他的工作，不理解他。朋友建议我们找机会好好谈谈，分析一下出现这些问题的原因。（91字）

记一记：

我和男朋友之间的共同语言越来越少，矛盾越来越多。

写一写：

我和__________之间的__________越来越少，__________越来越多。

我和__________之间的__________越来越少，__________越来越多。

例文2：

什么是朋友？遇到困难时，朋友应该互相支持，给彼此加油，共同克服困难。朋友之间会出现矛盾吗？当然。出现矛盾时应该冷静下来，分析一下矛盾是怎么产生的，应该如何解决。这以后，你们会是更好的朋友。（94字）

记一记：

朋友之间会出现矛盾吗？当然。

这以后，你们会是更好的朋友。

写一写：

______________________________吗？当然。

______________________________吗？当然。

这以后，__________会_________________。

这以后，__________会_________________。

试题十二

99. 请结合下列词语（要全部使用），写一篇80字左右的短文。

交流、话题、机会、幸运、老实

例文1：

去年我幸运地得到了一次去非洲的机会：做志愿者，给当地小学生上英语课。在那里我认识了很多新朋友。阿里是二年级的小学生，他看起来很老实，不太喜欢交流，但只要遇到感兴趣的话题，就会马上兴奋起来。（94字）

记一记：

他看起来很老实，不太喜欢交流，但只要遇到感兴趣的话题，就会马上兴奋起来。

写一写：

他看起来________________，但只要________________，就________________。

他看起来________________，但只要________________，就________________。

例文2：

玛丽是我最好的朋友。我们总有聊不完的话题。有问题时，我也习惯询问她的意见，她总会老实地说出自己的看法。虽然现在我们都越来越忙，在一起交流的机会越来越少，但能有这样一位朋友我真的感到很幸运。（94字）

记一记：

能有这样一位朋友我真的感到很幸运。

写一写：

能________________我真的感到________________。

能________________我真的感到________________。

试题十三

99. 请结合下列词语（要全部使用），写一篇80字左右的短文。

分别、考试、微笑、经历、烦恼

例文1：

看到考试成绩，我露出了微笑，终于通过了！我分别给爸爸、妈妈打电话，告诉他们这个好消息。他们都对我表示祝贺。大家可能不知道，为了通过考试，我经历了很多困难。现在我终于不需要为这件事烦恼了。（93字）

记一记：

大家可能不知道，为了通过考试，我经历了很多困难。

写一写：

大家可能________________，为了________________，我________________。

大家可能________________，为了________________，我________________。

例文2：

这个学期结束后我就要回国了，想到要和同学们分别，我很难过。这四个月里，我们从陌生到熟悉，一起学习，一起准备考试，一起经历了各种各样的事，有快乐，有烦恼。我会永远记得大家，记得每个人的微笑。（94字）

记一记：

我会永远记得大家，记得每个人的微笑。

写一写：

我会永远记得________________，记得________________。

我会永远记得________________，记得________________。

试题十四

99. 请结合下列词语（要全部使用），写一篇80字左右的短文。

犹豫、陌生、聚会、希望、同学

例文1：

上个周末，我们大学同学聚会了。毕业已经十年了，大家都希望能有机会一起聚聚。有的同学一点儿都没变，还是老样子。有的同学却变化很大，如果在路上遇到，我肯定会犹豫：这究竟是老同学还是陌生人呢？（93字）

记一记：

如果在路上遇到，我肯定会犹豫：这究竟是老同学还是陌生人呢？

写一写：

如果________________，我肯定会犹豫：________________________。

如果________________，我肯定会犹豫：________________________。

例文2：

我的中国朋友李军明天过生日，邀请我参加他的生日聚会。除了我，他还邀请了他的同学。想到会有很多陌生的中国人，我有些担心。我能听懂他们说什么吗？犹豫了很久，我还是接受了邀请。希望我不会后悔！（93字）

记一记：

想到会有很多陌生的中国人，我有些担心。

写一写：

想到________________，我有些________________。

想到________________，我有些________________。

试题十五

99. 请结合下列词语（要全部使用），写一篇80字左右的短文。

父亲、感受、自由、参加、培养

例文1：

在教育孩子方面，父亲非常“民主”。比如说，他从不要求我参加各种辅导班，而是让我自己安排业余时间。母亲认为他给孩子的自由太多了。但父亲总是劝她：要考虑孩子的感受，不能把孩子培养成学习的机器。（93字）

记一记：

父亲总是劝她：要考虑孩子的感受，不要把孩子培养成学习的机器。

写一写：

__________总是__________：要______________，不要________________。

__________总是__________：要______________，不要________________。

例文2：

父亲很重视对孩子的培养。在记忆中，每到周末和假期，父亲就带我参加各种辅导班，学习书法、钢琴、外语。那时我不太喜欢父亲，觉得他不给我自由，不考虑我的感受。但现在我真的特别感谢父亲。（89字）

记一记：

在记忆中，每到周末和假期，父亲就带我参加各种辅导班，学习书法、钢琴、外语。

写一写：

在记忆中，每到__________，________就____________________________。

在记忆中，每到__________，________就____________________________。

试题十六

99. 请结合下列词语（要全部使用），写一篇80字左右的短文。

孤单、散步、去世、宠物、想念

例文1：

爷爷家养了一只小狗，他每天带着小狗散步，给它做好吃的东西，甚至和它“聊天”。可小狗还是慢慢地老了，离开了我们。爷爷感到孤单，十分想念它。爷爷说，失去宠物后的那种难过，就像家人去世了一样。（92字）

记一记：

失去宠物后的那种难过，就像家人去世了一样。

写一写：

__________后的那种__________，就像________________一样。

__________后的那种__________，就像________________一样。

例文2：

奶奶去世后，爷爷一个人生活，十分孤单。我们都非常担心，所以为爷爷买了一只宠物狗，“托比”。希望“托比”的到来能让爷爷不那么想念奶奶。现在爷爷每天和它一起散步。笑容终于渐渐回到了爷爷的脸上。（92字）

记一记：

希望“托比”的到来能让爷爷不那么想念奶奶。

写一写：

希望________________能让________________。

希望________________能让________________。

试题十七

99. 请结合下列词语（要全部使用），写一篇80字左右的短文。

应聘、感激、竞争、熟练、经验

例文1：

明年就要毕业了，同学们已经开始积极地准备应聘。我有一位师兄，他非常优秀、非常成功。他说，近几年来竞争越来越激烈，你们不但要熟练掌握专业知识，还要有实践经验。非常感激他给我们提出的建议！（92字）

记一记：

近几年来竞争越来越激烈，你们不但要熟练掌握专业知识，还要有实践经验。

写一写：

近几年来__________越来越__________，你们不但__________，还__________。

近几年来__________越来越__________，你们不但__________，还__________。

例文2：

今天我参加了一场面试。有十几个人跟我一起应聘这个工作，竞争真激烈啊！尽管我能熟练使用相关软件，但是没有任何经验。我很紧张，不知道最后结果怎么样。如果能得到这份工作，我一定会非常感激的！（92字）

记一记：

尽管我能熟练使用相关软件，但是没有任何经验。

如果能得到这份工作，我一定会非常感激的！

写一写：

尽管我__________________，但是__________________。

尽管我__________________，但是__________________。

如果能__________________，我一定会__________________的！

如果能__________________，我一定会__________________的！

试题十八

99. 请结合下列词语（要全部使用），写一篇80字左右的短文。

功能、推广、顾客、效果、自信

例文1：

我的第一份工作是做产品推广。这份工作看起来不难，真正做起来却不容易。我需要向顾客介绍新产品的功能及其独特的效果。在这份工作中，我明白了自信的重要，还有必须培养自己独立思考和解决问题的能力。（94字）

记一记：

在这份工作中，我明白了自信的重要。

写一写：

在____________中，我明白了____________________。

在____________中，我明白了____________________。

例文2：

大卫是我们的经理，他非常能干，也非常自信。他对公司的新产品进行了一系列的宣传推广活动，使更多人了解了这些产品的功能和优点，取得了很好的效果。现在我们的顾客越来越多，公司的生意也越来越好！（93字）

记一记：

现在我们的顾客越来越多，公司的生意也越来越好！

写一写：

____________越来越________，____________也越来越________！

____________越来越________，____________也越来越________！

试题十九

99. 请结合下列词语（要全部使用），写一篇80字左右的短文。

任务、辛苦、符合、领导、压力

例文1：

公司领导对我们要求很高，这让大家感到压力很大。昨晚为了完成一个广告设计任务，我们做了很详细的市场调查，工作到很晚，希望这个方案能符合领导的要求。在这里工作虽然很辛苦，但也学到了不少东西。（93字）

记一记：

在这里工作虽然很辛苦，但也学到了不少东西。

写一写：

在这里______________虽然______________，但______________。

在这里______________虽然______________，但______________。

例文2：

领导交给了我一项重要的任务。为了完成任务，我已经一个月没休息了。查资料、调查、分析，每天都工作到很晚，但我辛苦写出的工作方案还是不符合要求。现在我感觉压力很大。到底应该怎么做，谁能帮帮我？（94字）

记一记：

查资料、调查、分析，每天都工作到很晚。

写一写：

__________、__________、__________，每天都______________。

__________、__________、__________，每天都______________。

试题二十

99. 请结合下列词语（要全部使用），写一篇80字左右的短文。

挑战、热情、放弃、完善、方式

例文1：

在公司发展的过程中，我遇到过很大的困难。那时我问自己：是放弃，还是迎接挑战？我的选择是：继续前进，绝对不放弃！我要完善知识结构，改进工作方法，转变经营方式，用奋斗的热情给同事们力量和勇气。（94字）

记一记：

在公司发展的过程中，我遇到过很大的困难。那时我问自己：是放弃，还是迎接挑战？

写一写：

在__________过程中，我遇到过很大的困难。那时我问自己：是__________，还是__________？

在__________过程中，我遇到过很大的困难。那时我问自己：是__________，还是__________？

例文2：

李军为人热情，他喜欢做各种新鲜的事，挑战自己。遇到困难的时候，他从来不会选择放弃，而是会尝试各种不同的方式，努力克服困难。因为李军相信，在解决问题的过程中，自己也能得到锻炼，得到完善。（94字）

记一记：

遇到困难的时候，他从来不会选择放弃，而是会尝试各种不同的方式，努力克服困难。

写一写：

________________的时候，他从来不会________________________，而是会________________________。

________________的时候，他从来不会________________________，而是会________________________。

试题二十一

99. 请结合下列词语（要全部使用），写一篇80字左右的短文。

合作、优势、虚心、建议、完成

例文1：

毕业后，我开了一家公司。今年，公司的发展遇到了困难，没有完成销售任务。一位有经验的朋友建议我寻找一个合作伙伴，把两家公司的优势结合起来。这个朋友是我最佩服的人，我虚心地接受了他的建议。（92字）

记一记：

一位有经验的朋友建议我寻找一个合作伙伴，把两家公司的优势结合起来。

写一写：

________________建议我________________，把________________。

________________建议我________________，把________________。

例文2：

为了更好地完成任务，我们一定要学会与别人合作。在工作中，我们首先要清楚地认识自己的优点和不足。一方面，要努力发挥自己的优势；另一反面，在遇到不明白的地方时，要虚心向别人学习，听别人的建议。（94字）

记一记：

一方面，要努力发挥自己的优势；另一反面，在遇到不明白的地方时，要虚心向别人学习，听别人的建议。

写一写：

一方面，要____________________；另一反面，________________时，要____________________。

一方面，要____________________；另一反面，________________时，要____________________。

试题二十二

99. 请结合下列词语（要全部使用），写一篇80字左右的短文。

讨论、收获、方面、遗憾、佩服

例文1：

能参加这次学术讨论会，我感到很荣幸。一方面，我有很多收获。专家、学者们的研究成果令人佩服。另一方面，也有一些遗憾。比如，因为外语水平不够，我失去了与著名学者充分交流的机会。但我会加油的！（94字）

记一记：

能参加这次学术讨论会，我感到很荣幸。

写一写：

____________________________________，我感到很荣幸。

____________________________________，我感到很荣幸。

例文2：

我很佩服那些想法独特的人。和他们讨论问题让我有很多收获，也让我学会了从不同方面思考。现在我在中国学习汉语，我的同学来自世界各地。我也很想和他们讨论，但我的汉语还不够好，这让我觉得很遗憾。（93字）

记一记：

和他们讨论问题让我有很多收获，也让我学会了从不同方面思考。

写一写：

________________让我________________，也让我________________。

________________让我________________，也让我________________。

试题二十三

99. 请结合下列词语（要全部使用），写一篇80字左右的短文。

提问、补充、老师、地道、无聊

例文1：

有一天，老师向我提问。听了我的回答，她高兴地说："你的汉语太地道了！一定有中国朋友吧？"老师说对了。我常常和几位中国朋友一起聊天，大家的知识背景、生活经验互相补充，让无聊的生活变得很有意思。（93字）

记一记：

大家的知识背景、生活经验互相补充，让无聊的生活变得很有意思。

写一写：

大家的________________、________________互相补充，让________________的生活变得很________________。

大家的________________、________________互相补充，让________________的生活变得很________________。

例文2：

我很喜欢我的汉语老师。除了教材以外，他给我们补充了很多我们感兴趣的内容。上课时，我们学习课文、练习对话、分组讨论、自由提问，一点儿也不无聊。在老师的帮助下，我的汉语更地道了，我非常感激他！（94字）

记一记：

在老师的帮助下，我的汉语更地道了，我非常感激他！

写一写：

在__________的__________下，________________，我非常__________！

在__________的__________下，________________，我非常__________！

例文3：

我对我们的课不太满意。首先，我们的教材很无聊。希望老师能给我们补充一些有意思的内容。其次，上课时一直是老师在讲。我们只能听、记笔记，连提问的机会都没有。这样的课怎么能让我的汉语更地道呢？（94字）

记一记：

这样的课怎么能让我的汉语更地道呢？

写一写：

________________怎么能________________呢？

________________怎么能________________呢？

试题二十四

99. 请结合下列词语（要全部使用），写一篇80字左右的短文。

浏览、笔记、节省、意外、熟悉

例文1：

这次考试，大卫的成绩居然是班里最好的。大家都感到意外，因为当我们都在紧张地复习时，他却常和熟悉的朋友去打球。他说准备考试最重要的方法是浏览笔记，这样既能节省时间，又能很好地复习学过的知识。（94字）

记一记：

当我们都在紧张地复习时，他却常和熟悉的朋友去打球。

写一写：

当我们都在________________时，他却____________________________。

当我们都在________________时，他却____________________________。

例文2：

我喜欢上网浏览信息。上网不但很方便，可以节省很多时间，而且可以帮我了解很多我原本不熟悉的领域，有时还会有一些意外的收获。每当看到重要的信息，我都会把它们记下来。现在我已经记了好几本笔记了。（94字）

记一记：

每当看到重要的信息，我都会把它们记下来。

写一写：

每当________________，我都会________________。

每当________________，我都会________________。

试题二十五

99. 请结合下列词语（要全部使用），写一篇80字左右的短文。

复习、后悔、面对、平时、发挥

例文1：

考试结果公布了，我的成绩不理想。这都是因为我对这次考试不够重视。我很后悔平时没好好复习，也很担心会受到批评。但爸爸说，失败没关系，要有面对失败的勇气。只要努力，下次一定能发挥出正常的水平。（94字）

记一记：

我很后悔平时没好好复习，也很担心会受到批评。

写一写：

我很后悔________________________，也很担心__________________________。

我很后悔________________________，也很担心__________________________。

例文2：

考试之前，我每天都复习到两三点才睡。本来以为我一定能取得好成绩，但没想到考试的时候太困了，没发挥好，很多平时会的题都没答对。现在我很后悔，也很担心，不知道该怎么面对妈妈，她一定会很失望的。（94字）

记一记：

本来以为我一定能取得好成绩，但没想到考试的时候太困了，没发挥好。

写一写：

本来以为__________________________，但没想到__________________________。

本来以为__________________________，但没想到__________________________。

试题二十六

99. 请结合下列词语（要全部使用），写一篇80字左右的短文。

独立、房东、挣钱、留学、语言

例文1：

大学毕业后，我开始了独立生活。独立生活是不容易的，我得自己挣钱了。我的第一份工作是房东介绍的，在一家学校当英语老师。两年后我决定来中国留学，学习一门新的语言——汉语。我很高兴又成为一名学生了。（94字）

记一记：

我很高兴又成为一名学生了。

写一写：

我很高兴又____。

我很高兴又____。

例文2：

在中国留学的这段日子，我的语言水平提高了，更为重要的是，我变得更独立了。现在，我可以很好地照顾自己，周末还会出去打工挣钱，再也不是以前那个什么都不会的小女孩了。我的变化，连房东都注意到了！（94字）

记一记：

我的语言水平提高了，更为重要的是，我变得更独立了。

写一写：

________________，更为重要的是，________________。

________________，更为重要的是，________________。

试题二十七

99. 请结合下列词语（要全部使用），写一篇80字左右的短文。

样式、期待、优惠、改变、心情

例文1：

和很多女孩子不同，我不期待常常收到礼物，也不喜欢总是买衣服。对我来说，比这些更重要的事情太多了。但偶尔我也会去商场逛逛，改变一下心情。只要衣服的样式是自己喜欢的，是否有优惠活动都没关系。（93字）

记一记：

和很多女孩子不同，我不期待常常收到礼物，也不喜欢总是买衣服。

写一写：

和____________不同，我不期待____________，也不喜欢____________。

和____________不同，我不期待____________，也不喜欢____________。

例文2：

我喜欢圣诞节，因为有很多礼物，有来自家人的，还有来自商店的——优惠活动。每年圣诞节，我都会买很多不同样式的衣服。它们不仅让我更漂亮，而且能改变我的心情。我已经开始期待圣诞节的到来了。（91字）

记一记：

它们不仅让我更漂亮，而且能改变我的心情。

写一写：

____________不仅____________，而且能____________。

____________不仅____________，而且能____________。

试题二十八

99. 请结合下列词语（要全部使用），写一篇80字左右的短文。

激烈、采访、对手、结果、加油

例文1：

昨天晚上，我们学校举行了一场篮球比赛。比赛结束后，我采访了一位同学。他说："比赛很激烈，我一直在为A班加油。虽然比赛结果不理想，但我觉得A班和他们的对手都是最棒的。"他真是一位冷静的球迷。（92字）

记一记：

虽然比赛结果不理想，但我觉得A班和他们的对手都是最棒的。

写一写：

虽然____________，但我觉得____________。

虽然____________，但我觉得____________。

例文2：

激烈的比赛结束了，记者采访了冠军获得者——大卫。在采访中，大卫表示对手非常厉害，能有这样的比赛结果他很意外，也很高兴。他还向为他加油的观众们表示了感谢："谢谢大家给我加油！你们给了我力量！"（93字）

记一记：

他还向为他加油的观众们表示了感谢："谢谢大家给我加油！你们给了我力量！"

写一写：

他还向__________表示了感谢："谢谢__________！你们给了我力量！"

他还向__________表示了感谢："谢谢__________！你们给了我力量！"

试题二十九

99. 请结合下列词语（要全部使用），写一篇80字左右的短文。

气氛、羡慕、拥抱、兴奋、冠军

例文1：

我不是球迷，看不懂球，但我喜欢球场上的气氛。当一个队进了球，或者取得了最后的胜利时，他们会紧紧地拥抱在一起。那种兴奋和自豪的感觉令我羡慕。我想，是否是冠军并不重要，重要的是曾经真正努力过。（94字）

记一记：

我想，是否是冠军并不重要，重要的是曾经真正努力过。

写一写：

我想，是否__________并不重要，重要的是__________。

我想，是否__________并不重要，重要的是__________。

例文2：

"赢了！我们赢了！"比赛结束时，所有的西班牙球迷都在大叫、拥抱，用各种方式表达着自己的兴奋和激动，气氛热烈极了。西班牙队以4:0的成绩成为了今年欧洲杯的冠军。他们出色的技术真是让人羡慕啊！（93字）

记一记：

他们出色的技术真是让人羡慕啊！

写一写：

______________真是让人羡慕啊！

______________真是让人羡慕啊！

试题三十

99. 请结合下列词语（要全部使用），写一篇80字左右的短文。

阅读、片面、相关、休闲、满足

例文1：

培养广泛的阅读兴趣很重要。我们不能只是片面地学习与考试相关的东西，还要读一些关于社会、历史、政治、经济、休闲、娱乐等方面的书。对于知识的追求，永远都不能满足。只有这样，才能更好地提高自己。（94字）

记一记：

对于知识的追求，永远都不能满足。

写一写：

对于________________的追求，永远______________________________。

对于________________的追求，永远______________________________。

例文2：

我很喜欢中国哲学，看了很多相关的书。我知道一个人的看法很多时候都是片面的，所以有机会的时候，我喜欢和朋友们一起交流、讨论。这种阅读和讨论总能让我感到满足、快乐。这是我最喜欢的一种休闲方式。（94字）

记一记：

这种阅读和讨论总能让我感到满足、快乐。

写一写：

______________总能让我感到满足、快乐。

______________总能让我感到满足、快乐。

试题三十一

99. 请结合下列词语（要全部使用），写一篇80字左右的短文。

耽误、专家、沟通、精彩、连续剧

例文1：

今天晚上有一场演讲，演讲者是一位著名专家，他将就目前的经济形势发表自己的看法，也会给同学们自由提问的机会。我抓紧报了名。只要能与他沟通，即使耽误了看最精彩的电视连续剧，我也一点儿都不后悔。（94字）

记一记：

他将就目前的经济形势发表自己的看法。

写一写：

__________将就__________________发表自己的看法。

__________将就__________________发表自己的看法。

例文2：

有很多专家提醒我们：总看电视对眼睛不好，总看电视可能耽误学习和工作，总看电视可能妨碍家人之间的沟通。但连续剧真的太精彩了。是的，我是一个"沙发土豆"，但我很快乐，是一个快乐的"沙发土豆"！（92字）

记一记：

是的，我是一个"沙发土豆"，但我很快乐。

写一写：

是的，我是__________________，但我__________________。

是的，我是__________________，但我__________________。

试题三十二

99. 请结合下列词语（要全部使用），写一篇80字左右的短文。

信息、病毒、影响、造成、提醒

例文1：

有关部门提醒，最近可能在流行一种新的病毒。如果出现发烧的情况，并且感到身体又酸又痛，呼吸困难，一定要及时治疗。政府也会及时公布相关信息。此外，要注意防止病毒传染，否则可能造成严重的影响。（93字）

记一记：

要注意防止病毒传染，否则可能造成严重的影响。

写一写：

要注意________________，否则______________________________。

要注意________________，否则______________________________。

例文2：

网上有各种信息，可以为我们提供帮助，让我们的生活更丰富。但网上也有一些病毒，可能对电脑造成破坏，所以下载资料时一定要小心。另外，还要提醒自己，上网只是上网，不要让上网影响了我们的正常生活。（94字）

记一记：

要提醒自己，上网只是上网，不要让上网影响了我们的正常生活。

写一写：

要提醒自己，______________________________。

要提醒自己，______________________________。

试题三十三

99. 请结合下列词语（要全部使用），写一篇80字左右的短文。

请客、新鲜、痛快、点心、特意

例文1：

很多人请客的时候喜欢去饭店，我却喜欢把客人请到家里。朋友们都说我做的菜味道不错。每次请客，我都会提前准备好新鲜的蔬菜。客人们不仅可以品尝我特意做的美食、点心，而且可以痛快地喝法国葡萄酒。（93字）

记一记：

很多人请客的时候喜欢去饭店，我却喜欢把客人请到家里。

写一写：

很多人________的时候喜欢________________，我却喜欢________________。

很多人________的时候喜欢________________，我却喜欢________________。

例文2：

今天是老师的生日，我们决定请老师吃饭。因为老师是南方人，我们特意选择了广东饭馆。那儿的鱼很新鲜，点心也很有特色，大家都吃得很痛快。虽然说好由我们请客，但在老师的坚持下，最后还是变成了AA制。（94字）

记一记：

因为老师是南方人，我们特意选择了广东饭馆。

写一写：

因为________________，我们特意________________。

因为________________，我们特意________________。

试题三十四

99. 请结合下列词语（要全部使用），写一篇80字左右的短文。

独特、主张、资源、水平、发展

例文1：

有关专家主张，要充分利用本国独特的地理条件，并处理好人口、资源、环境之间的关系。只有这样，经济才能协调发展，人民的生活水平才能真正得到提高，从而实现社会稳定，人民幸福。（84字）

记一记：

有关专家主张，要充分利用本国独特的地理条件，并处理好人口、资源、环境之间的关系。

写一写：

有关专家__________，要________________，并处理好________________之间的关系。

有关专家__________，要________________，并处理好________________之间的关系。

例文2：

西藏风景优美，风俗习惯独特，吸引了很多游人。有人主张充分利用当地的旅游资源，发展旅游业，通过这种方式促进经济发展，提高人们的生活水平。但也有人提出反对意见，认为太多的游人会破坏当地的环境。（94字）

记一记：

西藏风景优美，风俗习惯独特，吸引了很多游人。

写一写：

____________风景优美，____________________，吸引了很多游人。

____________风景优美，____________________，吸引了很多游人。

试题三十五

99. 请结合下列词语（要全部使用），写一篇80字左右的短文。

利润、国家、增长、公平、进口

例文1：

企业希望得到更高的利润，国家希望经济更快地增长。作为政府，要采取相关措施，鼓励公平竞争，促进合理分配，并处理好进口和出口的关系，努力为经济发展创造良好的环境。（79字）

记一记：

企业希望得到更高的利润，国家希望经济更快地增长。

写一写：

__________希望________________，__________希望________________。

__________希望________________，__________希望________________。

例文2：

现在，国家间的联系越来越密切，进口、出口贸易越来越多。国际贸易为各国提供了需要的产品和巨大的利润，促进了各国的经济增长。但我们也应看到，现在的国际贸易中还存在一些不公平的现象，需要改变。（93字）

记一记：

但我们也应看到，现在的国际贸易中还存在一些不公平的现象，需要改变。

写一写：

但我们也应看到，________________________，需要__________。

但我们也应看到，________________________，需要__________。

试题三十六

99. 请结合下列词语（要全部使用），写一篇80字左右的短文。

忽视、婚姻、爱好、称赞、愉快

例文1：

很多夫妻有这种感觉：结婚几年之后，生活变得一点儿都不浪漫了。这可能是因为在婚姻中，夫妻双方容易忽视对方的感受。比如，他们不注意培养共同爱好，很少称赞对方等。如果这样，家庭气氛怎么会愉快呢？（94字）

记一记：

如果这样，家庭气氛怎么会愉快呢？

写一写：

如果＿＿＿＿＿＿＿＿，＿＿＿＿＿＿＿＿怎么会＿＿＿＿＿＿＿＿呢？

如果＿＿＿＿＿＿＿＿，＿＿＿＿＿＿＿＿怎么会＿＿＿＿＿＿＿＿呢？

例文2：

怎样可以拥有幸福的婚姻？首先，一定不要忽视对方的感受，要互相关心。还要善于发现、称赞对方的优点。另外，你们可以试着培养一些共同的爱好，这会带给你们很多想不到的乐趣，让你们的生活更加愉快。（93字）

记一记：

怎样可以拥有幸福的婚姻？

写一写：

怎样可以＿＿＿＿＿＿＿＿？

怎样可以＿＿＿＿＿＿＿＿？

试题三十七

99. 请结合下列词语（要全部使用），写一篇80字左右的短文。

质量、广告、发愁、实用、流行

例文1：

我想在网上买一部手机。对我来说，手机价格的高低并不重要，我更在乎它的样式是否流行、功能是否实用。我已经看了很多广告，但还没有做出最后的决定。因为我很难判断哪种品牌质量更好。真让人发愁！（92字）

记一记：

对我来说，手机价格的高低并不重要，我更在乎它的样式是否流行、功能是否实用。

写一写：

对________来说，________________并不重要，我更在乎________________、________________。

对________来说，________________并不重要，我更在乎________________、________________。

例文2：

怎样能让商品卖得更好？是质量更重要还是广告更重要？这是会让很多卖东西的人发愁的问题。不同年龄的人会给出不同的答案。年轻人可能觉得流行、时尚最重要，而年纪大的人可能更重视商品是不是实用。（92字）

记一记：

年轻人可能觉得流行、时尚最重要，而年纪大的人可能更重视商品是不是实用。

写一写：

________可能觉得________________最重要，而________________可能更重视________________。

________可能觉得________________最重要，而________________可能更重视________________。

试题三十八

99. 请结合下列词语（要全部使用），写一篇80字左右的短文。

公共汽车、迟到、投资、措施、满意

例文1：

乘坐公共汽车上下班有很多好处：既能保护环境、节约能源，又有助于解决城市交通中的堵车问题。当然，政府在提倡坐公共汽车的同时，也要采取相关措施，加大投资，以保证乘车者不迟到、更方便、更满意。（93字）

记一记：

乘坐公共汽车上下班有很多好处：既保护环境、节约能源，又有助于解决城市交通中的堵车问题。

写一写：

________________有很多好处：既________________，又________________。

________________有很多好处：既________________，又________________。

例文2：

北京的交通问题很严重。地铁、公共汽车总是非常拥挤，而且经常堵车。我常常会因为遇到堵车而上课迟到。除了我，很多朋友也对北京的交通情况很不满意。希望政府能增加投资，采取有效的措施解决交通问题。（94字）

记一记：

我常常会因为遇到堵车而上课迟到。

写一写：

我常常会因为________________而________________。

我常常会因为________________而________________。

试题三十九

99. 请结合下列词语（要全部使用），写一篇80字左右的短文。

产生、技术、突出、注意、争论

例文1：

最近，很多顾客反映这种手机在技术方面存在突出问题。究竟是硬件问题还是软件问题？公司内部产生了激烈的争论。这个问题也引起了媒体的注意。对于公司来说，必须及时采取措施，解决问题。（87字）

记一记：

究竟是硬件问题还是软件问题？公司内部产生了激烈的争论。

写一写：

究竟是＿＿＿＿＿＿＿＿还是＿＿＿＿＿＿＿＿？＿＿＿＿＿＿＿＿产生了激烈的争论。

究竟是＿＿＿＿＿＿＿＿还是＿＿＿＿＿＿＿＿？＿＿＿＿＿＿＿＿产生了激烈的争论。

例文2：

科学技术让我们的生活更加舒适，但也产生了很多环境问题。森林被破坏、动物减少、气候变暖等问题都越来越突出。虽然关于如何更好地保护环境还有一些争论，但已经有越来越多的人注意到了这个问题。（91字）

记一记：

虽然关于如何更好地保护环境还有一些争论，但已经有越来越多的人注意到了这个问题。

写一写：

虽然关于＿＿＿＿＿＿＿＿还有一些争论，但已经有越来越多的人注意到了这个问题。

虽然关于________________还有一些争论，但已经有越来越多的人注意到了这个问题。

试题四十

99. 请结合下列词语（要全部使用），写一篇80字左右的短文。

具备、计划、害羞、打交道、决心

例文1：

我曾经很害羞，不知道怎样和人打交道。妈妈没有责备过我，只是微笑着摸摸我的头。有一天，她对我说：你很棒，你具备很好的条件，大家其实都很喜欢你。于是，我决心改变自己，并制定了一个“交流”计划。（94字）

记一记：

我曾经很害羞，不知道怎样和人打交道。

写一写：

我曾经很________________，不知道____________________________。

我曾经很________________，不知道____________________________。

例文2：

从小时候起，我就下决心要当一名记者。当记者要具备很强的交流能力，但我和陌生人打交道时，总是会害羞。所以，来中国以后我交了很多中国朋友。我计划通过交新朋友的方式改掉自己的缺点，培养交流能力。（94字）

记一记：

我计划通过交新朋友的方式改掉自己的缺点，培养交流能力。

写一写：

我计划通过________________的方式________________，________________。

我计划通过________________的方式________________，________________。

试题四十一

99. 请结合下列词语（要全部使用），写一篇80字左右的短文。

食物、庆祝、打折、广场、奇怪

例文1：

广场东边那家超市人很多，因为这几天一直在打折。我觉得很奇怪，这家超市从来都不打折，难道最近庆祝什么节日吗？过去一看，原来是超市成立一周年，所有的日用品、食物等都是八折优惠。（86字）

记一记：

我觉得很奇怪，这家超市从来都不打折，难道最近庆祝什么节日吗？

写一写：

我觉得＿＿＿＿＿＿＿＿，＿＿＿＿＿＿＿＿，难道＿＿＿＿＿＿＿＿吗？

我觉得＿＿＿＿＿＿＿＿，＿＿＿＿＿＿＿＿，难道＿＿＿＿＿＿＿＿吗？

例文2：

今天似乎是中国的节日。广场上有很多人穿着奇怪的衣服在表演节目。饭馆里的服务员热情地向我们推荐一种白色的、圆圆的食物。商店里很多东西都在打折。我不知道他们在庆祝什么，明天上课时要去问问老师。（94字）

记一记：

今天似乎是中国的节日。

写一写：

＿＿＿＿＿似乎是＿＿＿＿＿＿＿＿。

＿＿＿＿＿似乎是＿＿＿＿＿＿＿＿。

试题四十二

99. 请结合下列词语（要全部使用），写一篇80字左右的短文。

傍晚、教育、家务、需要、业余

例文1：

在现代社会，女性承担着越来越重的责任。她们白天要去工作，傍晚回到家，还要准备晚饭、做家务。除此之外，她们还需要花大量的时间和精力去关注孩子的教育问题。几乎没有真正属于自己的业余时间。（91字）

记一记：

除此之外，她们还需要花大量的时间和精力去关注孩子的教育问题。

写一写：

除此之外，________还需要花大量的时间和精力去________________。

除此之外，________还需要花大量的时间和精力去________________。

例文2：

每天傍晚，我都能看到很多学生背着大大的书包回家。听说中国人很重视对孩子的教育。孩子除了上课，业余时间还需要去上辅导课。很多父母为了让孩子专心学习，连最简单的家务都不让孩子做。真的是这样吗？（94字）

记一记：

听说中国人很重视对孩子的教育。

写一写：

听说中国人________________________________。

听说中国人________________________________。

（二）结合图片写作（第100题）

试题一

100. 请结合这张图片写一篇80字左右的短文。

例文1：

你喜欢在家看电影还是去电影院看？我喜欢在家看。为什么？不是因为省钱，而是因为在家里看很自由，很安静。特别是爱情片，一个人看的感觉很特别。如果再来一杯绿茶，一边看电影一边品茶，感觉就更好了。（94字）

记一记：

你喜欢在家看电影还是去电影院看？我喜欢在家看。

写一写：

你喜欢________________还是________________？我喜欢________________。

你喜欢________________还是________________？我喜欢________________。

例文2：

周末的时候我很喜欢去咖啡馆。我会找一个安静的座位，点一杯我最喜欢的黑咖啡，一边喝咖啡，一边上网。浏览新闻，看一部我喜欢的电影或者上脸书和朋友聊聊天，就这样安安静静地度过一整天，十分舒服。（93字）

记一记：

就这样安安静静地度过一整天，十分舒服。

写一写：

就这样________________，十分________________。

就这样________________，十分________________。

试题二

100. 请结合这张图片写一篇80字左右的短文。

例文1：

一年365天，你有几天不是被闹钟吵醒的？如果没有闹钟，你能按时起床吗？即使我不说，您也一定知道答案。睡眠严重缺乏，对闹钟越来越依赖，这是现代人学习压力、工作压力、生活压力越来越大的表现。（91字）

记一记：

一年365天，你有几天不是被闹钟吵醒的？

睡眠严重缺乏，对闹钟越来越依赖，这是现代人学习压力、工作压力、生活压力越来越大的表现。

写一写：

一年365天，你有几天______________________________？

一年365天，你有几天______________________________？

________________，________________，这是______________________的表现。

________________，________________，这是______________________的表现。

例文2：

为了准备HSK考试，最近我每天都很晚才睡。早上起床时，难受极了。真想扔掉闹钟，继续睡下去！今天来参加考试，我又紧张又高兴。为什么高兴？因为考试以后我就可以早点睡觉了，早上起床也不会那么痛苦了！（94字）

记一记：

为了准备HSK考试，最近我每天都很晚才睡。

真想扔掉闹钟，继续睡下去！

写一写：

为了＿＿＿＿＿＿＿＿，最近我＿＿＿＿＿＿＿＿。

为了＿＿＿＿＿＿＿＿，最近我＿＿＿＿＿＿＿＿。

真想＿＿＿＿＿＿＿＿，继续＿＿＿＿＿＿＿＿！

真想＿＿＿＿＿＿＿＿，继续＿＿＿＿＿＿＿＿！

试题三

100. 请结合这张图片写一篇80字左右的短文。

例文1：

你读的上一本书是什么？是什么时候读的？对很多人来说，这个问题不太容易回答。随着网络时代的到来，人们不知不觉地改变了传统的阅读习惯。而这张图片让我感受到的，正是一种令人留恋的读书的快乐。（92字）

记一记：

随着网络时代的到来，人们不知不觉地改变了传统的阅读习惯。

这张图片让我感受到的，正是一种令人留恋的读书的快乐。

写一写：

随着____________，人们不知不觉地____________。

随着____________，人们不知不觉地____________。

这张图片让我感受到的，正是____________。

这张图片让我感受到的，正是____________。

例文2：

两年前，我买了一本关于中国的书。书中详细介绍了中国的历史和文化。我被这本书深深地吸引了。后来，我报名参加了学校的汉语课。毕业以后，我来到中国继续学习。现在想来，就是这本书，让我爱上了汉语。（94字）

记一记：

现在想来，就是这本书，让我爱上了汉语。

写一写：

现在想来，就是______，____________。

现在想来，就是______，____________。

试题四

100. 请结合这张图片写一篇80字左右的短文。

例文1：

我有读报纸的习惯，最喜欢看的是体育新闻和社会新闻。但毕竟是看汉语报纸，开始时觉得很难。后来我把报纸里的生词记在一个小本子上，每天都背几个，还经常复习。现在，大部分文章我都能很轻松地看懂了。（94字）

记一记：

我有读报纸的习惯，最喜欢看的是体育新闻和社会新闻。

写一写：

我有________________的习惯，最________________的是________________。

我有________________的习惯，最________________的是________________。

例文2：

我对我现在的公寓不太满意，想换一套公寓。最近我每天都注意看报纸上出租公寓的广告，但那些公寓不是太远了，就是太贵了。一个多月过去了，我还没找到合适的公寓。如果你知道有人想出租公寓，请告诉我！（94字）

记一记：

如果你知道有人想出租公寓，请告诉我！

写一写：

如果你知道__________________，请告诉我！

如果你知道__________________，请告诉我！

试题五

100. 请结合这张图片写一篇80字左右的短文。

例文1：

在信息时代，人们越来越离不开电脑了。特别是很多年轻人，只要一坐下，就想马上打开电脑。长期坐在电脑前，会造成视力下降、腰酸背痛等后果。因此，无论是工作、学习还是娱乐，都要控制使用电脑的时间。（94字）

记一记：

在信息时代，人们越来越离不开电脑了。

无论是工作、学习还是娱乐，都要控制使用电脑的时间。

写一写：

在信息时代，人们越来越____________________。

在信息时代，人们越来越____________________。

无论是____________还是________，都要____________。

无论是____________还是________，都要____________。

例文2：

每天坐在电脑前工作，让我的眼睛很累，脖子也很不舒服。在医生的建议下，我每隔一个小时都会闭上眼休息一下，活动活动脖子。现在我的眼睛和脖子好多了，但还有一个严重问题：一直坐着，让我变胖了很多。（94字）

记一记：

在医生的建议下，我每隔一个小时都会闭上眼休息一下，活动活动脖子。

写一写：

在____________的建议下，我______________________________。

在____________的建议下，我______________________________。

试题六

100. 请结合这张图片写一篇80字左右的短文。

例文1：

在一个公司里，什么样的同事你都可能遇到。有的同事非常热情，有的却正好相反。有的同事很谦虚，有的却很骄傲，他们看不起别人的工作，总喜欢提出批评，进行指导，好像只有她是最棒的。你会是哪种人呢？（94字）

记一记：

有的同事非常热情，有的却正好相反。

写一写：

有的______________________________，有的却正好相反。

有的______________________________，有的却正好相反。

例文2：

我的老板是一个非常严格的人，她总是会指出我的各种问题。“这个方法不好！”“你的设计不合理！”“你怎么可以这么做呢？”虽然我也承认大部分时候她都是对的，但我还是不太喜欢她。她实在是太厉害了！（91字）

记一记：

她实在是太厉害了！

写一写：

__________实在是______________！

__________实在是______________！

试题七

100. 请结合这张图片写一篇80字左右的短文。

例文1：

妈妈最喜欢的事情是运动，我最喜欢的事情是学习。妈妈看到我整天学习，总是劝我："运动运动吧！生命在于运动。"我只好陪妈妈打网球、羽毛球、乒乓球。奇怪的是，这不但没有影响学习，反而让我更有精神了！（94字）

记一记：

奇怪的是，这不但没有影响学习，反而让我更有精神了！

写一写：

奇怪的是，这不但______________，反而______________。

奇怪的是，这不但______________，反而______________。

例文2：

我很羡慕那些打网球打得很好的人。看他们轻轻地把球扔向空中，用力地打向远处，简直帅极了！我也学过网球，但是打起来并不像看起来那么容易，我总是接不到球。真希望我能像图片里的人一样轻松地打网球！（94字）

记一记：

打起来并不像看起来那么容易。

写一写：

__________并不像__________那么容易。

__________并不像__________那么容易。

试题八

100. 请结合这张图片写一篇80字左右的短文。

例文1：

我喜欢听歌。平时学习很忙，没有太多时间。但只要到了周末，我就一定会坐在床上，戴着耳机，舒舒服服地听听歌。有一次，我正听着，忽然发现同屋在看着我笑。原来我已经唱出了声音！我唱得应该很好听吧？（94字）

记一记：

有一次，我正听着，忽然发现同屋在看着我笑。原来我已经唱出了声音！

写一写：

有一次，我正___________，忽然发现___________。原来___________！

有一次，我正___________，忽然发现___________。原来___________！

例文2：

我的同屋报名参加了中国歌比赛。每天晚上她都会打开MP3，一遍一遍地练习。我的同屋人很好，我很支持她，希望她在比赛中能得到好成绩。但她现在这样，每天都不停地在宿舍里大声唱歌，真的让我有些受不了。（94字）

记一记：

每天晚上她都会打开MP3，一遍一遍地练习。

写一写：

_______________都会_______________，一遍一遍地_______________。

_______________都会_______________，一遍一遍地_______________。

试题九

100. 请结合这张图片写一篇80字左右的短文。

例文1：

自行车是一种很普通的交通工具，但在现代社会中，越来越多的人把骑自行车作为一种运动方式。我也是这样，每天早上都要骑一会儿，即使是在很热的夏天。这样做有很多好处，比如，可以减肥、锻炼身体等。（93字）

记一记：

在现代社会中，越来越多的人把骑自行车作为一种运动方式。

写一写：

在现代社会中，越来越多的人把________作为一种________方式。

在现代社会中，越来越多的人把________作为一种________方式。

例文2：

来中国后，我也买了一辆自行车。但我只敢在学校里骑，而不敢在外面骑。虽然中国有专门给自行车走的路，但是路上总是有很多人，而且他们都骑得非常快。我一方面很羡慕他们的技术，一方面也常为他们担心。（94字）

记一记：

虽然中国有专门给自行车走的路，但是路上总是有很多人，而且他们都骑得非常快。

写一写：

虽然________，但是________，而且________。

虽然________，但是________，而且________。

试题十

100. 请结合这张图片写一篇80字左右的短文。

例文1：

今天中国朋友请我喝茶。和很多中国人一样，她对茶非常了解。她请我品尝了红茶和绿茶。她还告诉我，喝茶的好处特别多，比如，可以帮助消化、提高记忆力等。看来，喝茶确实是中国饮食文化中重要的一部分。（94字）

记一记：

看来，喝茶确实是中国饮食文化中重要的一部分。

写一写：

看来，________________是________________的一部分。

看来，________________是________________的一部分。

例文2：

我最好的朋友是我的妹妹。来中国前，每天晚上我们都会抱着咖啡坐在沙发上，说说白天好玩的事情，还有那些属于我们两个人的秘密。回国以后，我要给妹妹讲中国的故事，还要告诉她我写的这篇关于她的作文。（94字）

记一记：

回国以后，我要给妹妹讲中国的故事，还要告诉她我写的这篇关于她的作文。

写一写：

回国以后，我要________________，还要告诉她我写的这篇关于她的作文。

回国以后，我要________________，还要告诉她我写的这篇关于她的作文。

试题十一

100. 请结合这张图片写一篇80字左右的短文。

例文1：

我们部门来了一位新同事，听说她工作能力特别强。大家都有点紧张，认为她会不好相处。可是一见面，我们就发现自己的担心是多余的。她不但长得漂亮，而且性格开朗、热情。我相信，我们一定会合作愉快的。（94字）

记一记：

她不但长得漂亮，而且性格开朗、热情。

写一写：

她不但＿＿＿＿＿＿＿＿，而且＿＿＿＿＿＿＿＿。

她不但＿＿＿＿＿＿＿＿，而且＿＿＿＿＿＿＿＿。

例文2：

这是我实习时照的照片。左边的人是我的老板。他很年轻，但是非常能干、厉害。他很享受他的工作，好像永远不会觉得累。他也很幽默，跟他一起工作，每天都很开心。右边的人是我，怎么样？看起来很成熟吧！（94字）

记一记：

他很享受他的工作，好像永远不会觉得累。

写一写：

他很享受＿＿＿＿＿＿＿＿，好像永远不会觉得累。

他很享受＿＿＿＿＿＿＿＿，好像永远不会觉得累。

试题十二

100. 请结合这张图片写一篇80字左右的短文。

例文1：

我的老板史密斯先生经验丰富，非常能干。对我们的计划、方案等，他也总能提出合理的建议。他虽然已经很成功了，但还是不断地学习和研究相关的新知识、新方法，并常常和我们交流、讨论。真令人佩服！（92字）

记一记：

他虽然已经很成功了，但还是不断地学习和研究相关的新知识、新方法，并常常和我们交流、讨论。

写一写：

他虽然________________，但________________，并________________。

他虽然________________，但________________，并________________。

例文2：

我和大卫是最好的合作伙伴。我已经工作了七年了，积累了一些经验，却不太善于创造新的东西。而大卫刚刚毕业，虽然经验不多，但总有很多独特的想法。我们正好可以补充对方的不足，使工作更顺利、更成功。（94字）

记一记：

我不太善于创造新的东西。

写一写：

我不太善于________________。

我不太善于________________。

试题十三

100. 请结合这张图片写一篇80字左右的短文。

例文1：

这是他们结婚后的第一次长途旅行。飞机顺利到达。他们取到了行李后，应该先乘机场巴士去宾馆。可是两个人都太兴奋了，居然拿出地图，热烈地讨论起了第二天的日程安排。看，他们脸上的笑容多幸福啊！（92字）

记一记：

看，他们脸上的笑容多幸福啊！

写一写：

看，________________多________________啊！

看，________________多________________啊！

例文2：

这个暑假我和朋友一起去西安旅行。下了火车，我们买了一张地图，想研究一下怎么坐公共汽车去旅馆。但一看见地图上那些小小的汉字我就头疼，看了半天，也没找到旅馆的位置。最后，我们还是打车去了旅馆。（94字）

记一记：

一看见地图上那些小小的汉字我就头疼。

写一写：

一________________我就________________。

一________________我就________________。

试题十四

100. 请结合这张图片写一篇80字左右的短文。

例文1：

今天是史密斯夫妇的结婚纪念日。应该怎么庆祝呢？史密斯太太的礼物就是桌子上的这顿晚餐。这是她亲自做的，和他们十年前第一次见面时点的菜完全一样。他们一定吃出了年轻时的味道，还有一份美好的回忆。（94字）

记一记：

今天是史密斯夫妇的结婚纪念日。应该怎么纪念呢？

他们一定吃出了年轻时的味道，还有一份美好的回忆。

写一写：

今天是________________________。应该怎么纪念呢？

今天是________________________。应该怎么纪念呢？

他们一定________________________，还有一份美好的回忆。

他们一定________________________，还有一份美好的回忆。

例文2：

昨天是情人节，我请妻子吃了一顿高档的西餐。在餐厅，菜很好吃，妻子很高兴，一切都很完美。我们仿佛回到了刚认识的时候。但是，一到家妻子就开始生气，因为我花了太多钱。我想我又回到了现实生活。（92字）

记一记：

我们仿佛回到了刚认识的时候。

写一写：

我们仿佛________________________。

我们仿佛________________________。

试题十五

100. 请结合这张图片写一篇80字左右的短文。

例文1：

这是一对年轻的中国夫妻，他们刚刚吵架了。原因既简单又复杂，那就是：应该回谁家过年？按照中国的传统习惯，妻子应该和丈夫的父母一起过年，但妻子也希望能在过年的时候陪陪自己的父母。这真是个难题。（94字）

记一记：

这是一对年轻的中国夫妻，他们刚刚吵架了。

按照中国的传统习惯，妻子应该和丈夫的父母一起过年。

写一写：

这是________________，他们______________________________。

这是________________，他们______________________________。

按照________________的传统习惯，______________________________。

按照________________的传统习惯，______________________________。

例文2：

我的女朋友生气了。我很认真地向她道了好几次歉，向她保证以后再也不会这样了，但她还是不高兴。我真想不明白，我只是吃饭的时候忘了点她最喜欢的菜，她为什么要生那么大的气呢？女人真是麻烦啊！（91字）

记一记：

我真想不明白，我只是吃饭的时候忘了点她最喜欢的菜，她为什么要生那么大的气呢？

写一写：

我真想不明白，______________________________？

我真想不明白，______________________________？

试题十六

100. 请结合这张图片写一篇80字左右的短文。

例文1：

我身体不太好，经常生病，也不喜欢运动。上中学时，我的体育课差点儿不及格。从那时起，哥哥就每天早上陪我跑步。这是爸爸给我们拍的照片。现在我来到了中国，哥哥还经常打电话，提醒我要坚持锻炼身体。（94字）

记一记：

从那时起，哥哥就每天早上陪我跑步。

写一写：

从________________起，________________________________。

从________________起，________________________________。

例文2：

朋友们都觉得我疯了，已经很瘦了，还要去跑步减肥。但其实我去跑步并不是为了减肥，只是为了见到“他”。他是隔壁班的同学，每天早上都去公园跑步。我知道他有女朋友，但我还是喜欢和他一起跑步、聊天。（93字）

记一记：

我去跑步并不是为了减肥，只是为了见到“他”。

写一写：

________________并不是为了__________，只是为了________________。

________________并不是为了__________，只是为了________________。

试题十七

100. 请结合这张图片写一篇80字左右的短文。

例文1：

上中学时，我很喜欢班里一个女孩子。她性格温柔，学习特别好。一见到她我的心就跳得很快。我们常一边散步一边聊天。但一直到毕业，我也没告诉她我的爱。我担心如果被拒绝，我们就可能连朋友都做不成了。（94字）

记一记：

一见到她我的心就跳得很快。

我担心如果被拒绝，我们就可能连朋友都做不成了。

写一写：

一____________________就____________________。

一____________________就____________________。

我担心如果________________，我们就__________________。

我担心如果________________，我们就__________________。

例文2：

这张图片让我想起了玛丽。玛丽和他的男朋友就是在大学里认识的。那时他们每天都一起去上课，一起去吃饭，一起去图书馆。她的男朋友会讲很多笑话让她开心。毕业后不久，他们就结婚了，真为他们感到高兴。（94字）

记一记：

这张图片让我想起了玛丽。

写一写：

这张图片让我想起了________________。

这张图片让我想起了________________。

试题十八

100. 请结合这张图片写一篇80字左右的短文。

例文1：

大卫和欧文是生意伙伴，他们的每次合作都非常愉快。今天，两人就一个新项目的开发展开了深入的讨论，并取得了一致意见。分别时，大卫亲自把欧文送到了公司门口，他们对未来的合作充满信心。（88字）

记一记：

两人就一个新项目的开发展开了深入的讨论，并取得了一致意见。

写一写：

两人就________________展开了深入的讨论，并________________。

两人就________________展开了深入的讨论，并________________。

例文2：

早上上班时，我遇到了大卫。大卫是我大学时的好朋友，但毕业后我们再也没见过面。今天能够见面，我很意外，也很高兴。我们约好周末一起喝酒，好好聊聊。但是，早上太着急了，我竟然忘了问他的电话号码！（94字）

记一记：

毕业后我们再也没见过面。

写一写：

________________我们再也没________________。

________________我们再也没________________。

试题十九

100. 请结合这张图片写一篇80字左右的短文。

例文1：

这张照片中的小女孩不是我的姐姐，而是我刚认识的一个朋友。在一次地震中，她失去了父母。我的父母和我商量，希望能经常把她接到家里，和我一起玩。我很高兴！这是我们全家一起为她庆祝九岁生日。（91字）

记一记：

这张照片中的小女孩不是我的姐姐，而是我刚认识的一个朋友。

写一写：

这张________中的________不是______________，而是______________。

这张________中的________不是______________，而是______________。

例文2：

小时候，每年过生日，妈妈总会买一个大大的蛋糕，请很多同学来家里为我庆祝生日。长大后，我很少和家人过生日，改成了和朋友去酒吧庆祝。看到这张图片，我忽然很想念和家人一起吃蛋糕、庆祝生日的时候。（94字）

记一记：

看到这张图片，我忽然很想念和家人一起吃蛋糕、庆祝生日的时候。

写一写：

看到这张图片，我______________________。

看到这张图片，我______________________。

试题二十

100. 请结合这张图片写一篇80字左右的短文。

例文1：

我喜欢旅行。自从来到了中国，我就和几个朋友约好，每个周末去一个地方玩儿。这样既可以放松心情，也可以呼吸新鲜空气。我们一般去附近有山有水的地方，爬爬山，划划船，尝尝大家各自带来的好吃的东西。（94字）

记一记：

这样既可以放松心情，也可以呼吸新鲜空气。

写一写：

这样既______________________，也______________________。

这样既______________________，也______________________。

例文2：

图片上的人正在公园里野餐，虽然看不清楚他们在吃什么，但是他们看起来非常舒服、开心。我也很喜欢野餐，但是最近每天都要复习HSK，连去公园的时间都没有。考试以后，我一定要和朋友去公园好好放松一下！（94字）

记一记：

图片上的人正在公园里野餐，虽然看不清楚他们在吃什么，但是他们看起来非常舒服、开心。

写一写：

图片上的人正在________________，虽然看不清楚________________，但是他们看起来________________。

图片上的人正在________________，虽然看不清楚________________，但是他们看起来________________。

试题二十一

100. 请结合这张图片写一篇80字左右的短文。

例文1：

看到这张图片时，我感到很轻松、愉快。虽然很多人反对喝酒，但不能不承认，喝酒是一种交流感情的好方法。喝酒的理由可以有很多，比如，朋友找到了好工作，分别很久的朋友再次见面，朋友遇到了烦恼等。（93字）

记一记：

看到这张图片时，我感到很轻松、愉快。

虽然很多人反对喝酒，但不能不承认，喝酒是一种交流感情的好方法。

写一写：

看到这张图片时，我感到________________________。

看到这张图片时，我感到________________________。

虽然____________，但不能不承认，____________________。

虽然____________，但不能不承认，____________________。

例文2：

周末我参加了一个大学同学聚会。聚会上，玛丽向我们宣布她下个月要结婚了。她的男朋友我们都认识，他们大学时就在一起，到现在已经十年了。听到这个消息，我们都很高兴。大家都举起酒杯，向她表示祝福。（94字）

记一记：

听到这个消息，我们都很高兴。

写一写：

听到____________，我们都________。

听到____________，我们都________。

例文3：

周末我参加了一个中国朋友举办的聚会。因为我的汉语不太好，他们决定改说英语。他们的英语都非常地道！听着他们流利的英语，喝着美味的红酒，我忽

然忘了自己在中国。中国的年轻人和美国人越来越像了！（93字）

记一记：

听着他们流利的英语，喝着美味的红酒，我忽然忘了自己在中国。

写一写：

听着________________，喝着________________，我________________。

听着________________，喝着________________，我________________。

试题二十二

100. 请结合这张图片写一篇80字左右的短文。

例文1：

英语里有一个词，翻译成汉语是“对自己的认识”。我认为对自己的积极的认识非常重要。就像图片里的猫，它觉得自己像狮子一样厉害。是的，它可能不是真的很厉害，但这种自信，让它更容易成功！（89字）

记一记：

就像图片里的猫，它觉得自己像狮子一样厉害。

写一写：

就像图片里的________，____________________。

就像图片里的________，____________________。

例文2：

一只猫在照镜子，可是它在镜子里看到的不是猫，而是一头狮子。为什么会这样？我想，这是一种过分自信的表现。虽然我们应该自信，但也要考虑自己真实的能力，否则会出现判断失误。正确认识自己非常重要。（94字）

记一记：

虽然我们应该自信，但也要考虑自己真实的能力，否则会出现判断失误。

写一写：

虽然________________，但也要________________，否则________________。

虽然________________，但也要________________，否则________________。

试题二十三

100. 请结合这张图片写一篇80字左右的短文。

例文1：

在现代社会里，每个人的工作压力都不小，图片中的王秘书也是这样。厚厚的文件必须马上处理，因为下周五有很重要的会议，他必须好好准备。不过说实话，王秘书并不讨厌加班，他是那种越工作越快乐的人。（93字）

记一记：

在现代社会里，每个人的工作压力都不小，图片中的王秘书也是这样。

写一写：

在现代社会里，____________，图片中的____________也是这样。

在现代社会里，____________，图片中的____________也是这样。

例文2：

很多人都很羡慕我，因为我的公司很有名，我的工资很高，但没有人知道这份工作是多么的辛苦。我总有看不完的文件、做不完的分析、写不完的报告。我每天都要连续工作十四五个小时，很少能在十点以前下班。（94字）

记一记：

我总有看不完的文件、做不完的分析、写不完的报告。

写一写：

我总有________不完的________、________不完的________、________不完的________。

我总有________不完的________、________不完的________、________不完的________。

试题二十四

100. 请结合这张图片写一篇80字左右的短文。

例文1：

现代社会充满竞争，很多人都在努力地向前奔跑，仿佛在参加一场比赛。其实，在紧张的生活中，人们需要的或许不是更快、更高、更强，而是“暂停之美”。我们需要停下来问问自己：我所追求的到底是什么？（92字）

记一记：

我们需要停下来问问自己：我所追求的到底是什么？

写一写：

我们需要停下来问问自己：________________________________？

我们需要停下来问问自己：________________________________？

例文2：

这张图片上有一个人，在走一条非常难走、困难重重的路。这条路不就是学习汉语的路吗？这个自信又辛苦的人不就是我吗？为了学好汉语我每天都不停地练习，非常辛苦，但我也很自信，相信我一定能成功！（92字）

记一记：

这个自信又辛苦的人不就是我吗？

写一写：

这个________________________的人不就是我吗？

这个________________________的人不就是我吗？

试题二十五

100. 请结合这张图片写一篇80字左右的短文。

例文1：

已经两个月了，约翰还是没有找到工作。回到家里，他一下子坐到地上，感到真的很累。简历发出去了一百多份，可是只有一家公司通知他面试。今天面试结果公布了，他没有通过。这种状况什么时候才能结束呢？（94字）

记一记：

已经两个月了，约翰还是没有找到工作。

写一写：

已经________________了，________________还是________________。

已经________________了，________________还是________________。

例文2：

图片里的人坐在地上，一只手拿着一个本子，另一只手盖着脸。旁边扔着他的包和手机。这个人看起来很不高兴。他遇到了什么麻烦吗？是工作的问题吗？不管怎样，一切困难都是暂时的。希望他能早点精神起来！（94字）

记一记：

图片里的人坐在地上，一只手拿着一个本子，另一只手盖着脸。

写一写：

图片里的人________________________。

图片里的人________________________。

试题二十六

100. 请结合这张图片写一篇80字左右的短文。

例文1：

在每个人的心里，都希望得到别人的肯定。“称赞”是一种肯定，它的力量是神奇的。人与人之间的真诚称赞会给人带来自信、勇气和快乐。当然，要想得到别人的称赞，得先学会称赞别人。你经常称赞别人吗？（93字）

记一记：

要想得到别人的称赞，得先学会称赞别人。你经常称赞别人吗？

写一写：

要想________________，得________________。你经常________________吗？

要想________________，得________________。你经常________________吗？

例文2：

这张图片让我想起了我的父亲。小时候，无论是我考试取得了好成绩，还是足球比赛得了第一名，父亲都会向我举起手指，笑着称赞我。父亲的这个小小的动作，给了我大大的鼓励。以后我也要这样鼓励我的孩子！（94字）

记一记：

这张图片让我想起了我的父亲。

写一写：

这张图片让我想起了________________。

这张图片让我想起了________________。

试题二十七

100. 请结合这张图片写一篇80字左右的短文。

例文1：

现代社会充满竞争。竞争给人们带来了巨大的压力，也带来了更多的机会。无论你是哪个种族，无论你是什么性别，都有参与竞争的权利。但必须做到人人平等，公平竞争、公开竞争，这是非常重要的原则。（91字）

记一记：

竞争给人们带来了巨大的压力，也带来了更多的机会。

写一写：

______给人们带来了______，也带来了______。

______给人们带来了______，也带来了______。

例文2：

图片中有一个黑人男人和一个白人女人，他们在比赛跑步，在竞争。这张图提醒我们：社会充满了竞争，为了成功，我们必须更加努力。除此之外，黑人和白人、男人和女人能够公平竞争，我认为也是社会的进步。（94字）

记一记：

这张图提醒我们：社会充满了竞争，为了成功，我们必须更加努力。

写一写：

这张图提醒我们：________________________。

这张图提醒我们：________________________。

试题二十八

100. 请结合这张图片写一篇80字左右的短文。

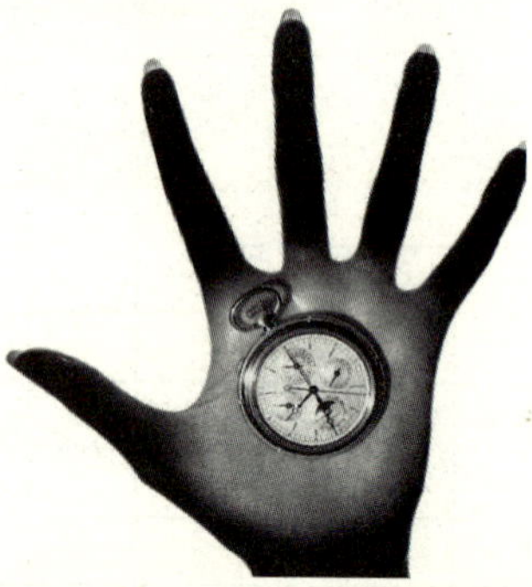

例文1：

从小时候起，我们就常常受到这样的教育：要珍惜时间。是的，时间是世界上最宝贵的东西，浪费时间就是浪费生命。但只懂得这个道理是不够的，要真正做到珍惜时间，就必须学会合理安排时间，提高效率。（92字）

记一记：

从小时候起，我们就常常受到这样的教育：要珍惜时间。

写一写：

从________________起，我们就常常受到这样的教育：________________。

从________________起，我们就常常受到这样的教育：________________。

例文2：

朋友曾说过“过去和未来都是不存在的，我们唯一能把握的就是现在”。是啊！与其为过去的事后悔，不如现在小心，不再犯同样的错误。与其幻想未来，不如现在抓紧，行动起来。时间和命运就掌握在我们手中。（93字）

记一记：

朋友曾说过“过去和未来都是不存在的，我们唯一能把握的就是现在”。

与其为过去的事后悔，不如现在小心，不再犯同样的错误。

写一写：

朋友曾说过“______________________”。

朋友曾说过“______________________”。

与其______________________，不如______________________。

与其______________________，不如______________________。

试题二十九

100. 请结合这张图片写一篇80字左右的短文。

例文1：

小时候，我喜欢和妈妈一起看地球仪。我们一个人说国家的名字，另一个人在地球仪上认真地找，非常有意思。但有一件事情让我感到很奇怪，那就是我们生活在圆圆的地球上，却不会从地球上掉下去。（89字）

记一记：

有一件事情让我感到很奇怪，那就是我们生活在圆圆的地球上，却不会从地球上掉下去。

写一写：

有一件事情让我感到很奇怪，那就是______________________。

有一件事情让我感到很奇怪，那就是______________________。

例文2：

我们只有一个地球，保护地球是每个人的责任。那么，我们可以做些什么呢？少开车、节约用水、保护动物，这些小事都会对地球产生不小的影响。让我们都行动起来，为保护我们共同的家贡献自己的一份力量！（93字）

记一记：

我们只有一个地球，保护地球是每个人的责任。

让我们都行动起来，为保护我们共同的家贡献自己的一份力量！

写一写：

_______________，_______________是每个人的责任。

_______________，_______________是每个人的责任。

让我们都行动起来，为_______________贡献自己的一份力量！

让我们都行动起来，为_______________贡献自己的一份力量！

试题三十

100. 请结合这张图片写一篇80字左右的短文。

例文1：

现代人越来越喜欢咖啡。咖啡似乎已成为家庭生活、社会交往中不可缺少的一部分。对很多年轻人来说，喝咖啡既可以缓解疲劳，又给生活增加了新的味道。喝咖啡不仅是一种时尚，而且是一种文化。（88字）

记一记：

喝咖啡不仅是一种时尚，而且是一种文化。

写一写：

____________________不仅是一种时尚，而且是一种文化。

____________________不仅是一种时尚，而且是一种文化。

例文2：

我是法国人，咖啡对于我来说，就像空气一样重要。每天早晨，我都会喝一杯香香的咖啡。下班后，我也习惯去咖啡馆坐坐。来中国后，很难找到好喝的咖啡，所以我现在改喝茶。虽然茶也很香，但我更喜欢咖啡。（94字）

记一记：

咖啡对于我来说，就像空气一样重要。

写一写：

__________对于我来说，就像空气一样重要。

__________对于我来说，就像空气一样重要。

试题三十一

100. 请结合这张图片写一篇80字左右的短文。

例文1：

夏天是喝啤酒的好季节，很多人甚至用啤酒代替了饮料。一提起喝啤酒，我就会想起难忘的大学时代。那时宿舍里没有电视，每次有重要的球赛，我们几个同学都会去一家小饭馆，一边喝啤酒，一边看比赛。（91字）

记一记：

一提起喝啤酒，我就会想起难忘的大学时代。

写一写：

一提起______________，我就会想起____________________________。

一提起______________，我就会想起____________________________。

例文2：

我很喜欢夏天，因为有冰啤酒。我最喜欢北京的夏天，因为除了冰啤酒还有羊肉串。夏天的傍晚，和中国朋友一起，喝几杯啤酒，吃几串羊肉串，练习一下北京人的"儿"。常常让我"高兴得忘了想念我的国家"！（92字）

注：①羊肉串（Mutton string），一种食物。将羊肉串成串状，烤后食用。

②"高兴得忘了想念我的国家"说的是一个成语"乐不思蜀"。意思是在新环境中得到乐趣，不再想回到原来的环境中去。

记一记：

我最喜欢北京的夏天，因为除了冰啤酒还有羊肉串。

写一写：

我最喜欢__________________，因为除了__________还有__________。

我最喜欢__________________，因为除了__________还有__________。

试题三十二

100. 请结合这张图片写一篇80字左右的短文。

例文1：

小学时，在我连续五天迟到后，老师居然没有批评我，而是送给我了这个小闹钟。从那天开始，我没有迟到过。现在，我还一直把它放在床前。常有朋友问：为什么不用手机定时间？这时我会给他们讲这个小故事。（94字）

记一记：

从那天开始，我没有迟到过。

写一写：

从__________________开始，我没有____________________________________。

从__________________开始，我没有____________________________________。

例文2：

来中国以后，周末的晚上我很少出去玩，而是会待在家中，幸福地等着九点的到来。因为我和在美国的女朋友约好晚上九点，也是她的早上九点，上网聊天。我会给她讲讲我的一天，而她也会告诉我她那天的计划。（94字）

记一记：

来中国以后，周末的晚上我很少出去玩，而是会待在家中。

写一写：

来中国以后，______________我很少______________，而是会______________。

来中国以后，______________我很少______________，而是会______________。

试题三十三

100. 请结合这张图片写一篇80字左右的短文。

例文1：

幸福是什么？有人说，幸福就是有很多钱。钱当然重要，但人是否幸福并不是由钱的多少决定的，而是决定于是否懂得满足。对我来说，即使钱很少，但只要有健康的身体、幸福的家庭、亲密的朋友，就是幸福的。（94字）

记一记：

幸福是什么？有人说，幸福就是有很多钱。

写一写：

幸福是什么？有人说，____________________________________。

幸福是什么？有人说，____________________________________。

例文2：

昨天我在教室门口捡到了一个钱包。钱包里有很多钱，还有几张银行卡。为了尽快把钱包还回去，我写了一张通知。通知上有钱包的照片和我的手机号。我在每个教室里都贴了一张通知，希望丢钱包的人能够看到！（94字）

记一记：

希望丢钱包的人能够看到！

写一写：

希望__________能够____________________！

希望__________能够____________________！

试题三十四

100. 请结合这张图片写一篇80字左右的短文。

例文1：

我收到的第一束玫瑰花，是男朋友送给我的。当时我们刚刚认识，我不知道他是否爱我，但我真的喜欢上他了。怎么办？应该告诉他吗？有一天，有人敲门，我一看，是他捧着一大束红玫瑰花！啊，我太幸福了！（93字）

记一记：

我收到的第一束玫瑰花，是男朋友送给我的。

写一写：

我收到的第一____________________，是____________________________________。

我收到的第一____________________，是____________________________________。

例文2：

刚认识女朋友时，我常送给她玫瑰花，她看起来很幸福。后来，我们打算结婚了，再送给她玫瑰花，她就不太高兴了，说很不实用。于是，我送她很实用的东西，可她又说我不浪漫。女孩子心里到底在想什么呢？（93字）

记一记：

女孩子心里到底在想什么呢？

写一写：

__________________心里到底在想什么呢？

__________________心里到底在想什么呢？

试题三十五

100. 请结合这张图片写一篇80字左右的短文。

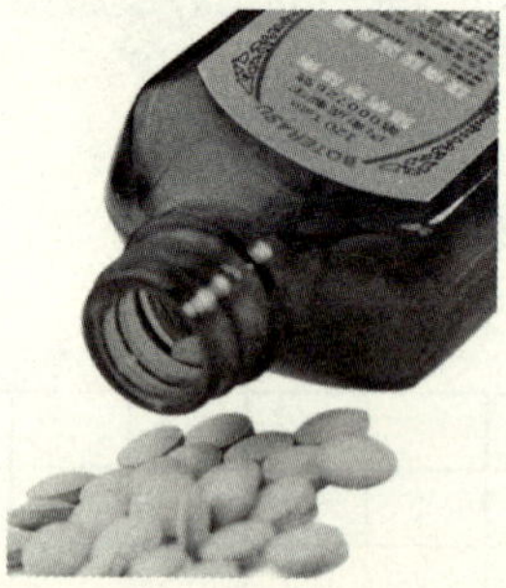

例文1：

生病后，是否应该及时吃药？专家的观点不太一样。所以我一感冒，妈妈就很紧张。有时候她相信，普通感冒坚持一个星期左右就没问题了。但两三天后，她又担心这样的“坚持”可能会造成严重的后果。真麻烦！（93字）

记一记：

生病后，是否应该及时吃药？专家的观点不太一样。

写一写：

______________________________？专家的观点不太一样。

______________________________？专家的观点不太一样。

例文2：

我感冒了，头很疼，嗓子也不舒服。医生给了我一种以前从来没吃过的中国药。吃了药以后，我的感冒果然好多了，但是那种药让我总是很困。昨天上课的时候，我不小心睡着了。今天要不要接着吃药，我很犹豫。（94字）

记一记：

吃了药以后，我的感冒果然好多了。

写一写：

________________，________________果然________________。

________________，________________果然________________。

试题三十六

100. 请结合这张图片写一篇80字左右的短文。

例文1：

在信息社会里，手机改变了人们的生活。手机可以做什么？这本来是个简单的问题，但现在手机的功能太多了：打电话、发短信、网上购物、玩游戏、照相……手机正在为人们提供越来越周到的服务。（88字）

记一记：

在信息社会里，手机改变了人们的生活。

写一写：

在________________社会里，________________改变了人们的生活。

在________________社会里，________________改变了人们的生活。

例文2：

如果不是今天忘记带手机，我不会发现手机对我来说有那么重要。上课时，我不能查字典。中午，我不能打电话约朋友一起吃饭。坐地铁时，我不能上网。没有手机的生活真的糟糕透了，以后我一定要记着带手机！（94字）

记一记：

如果不是今天忘记带手机，我不会发现手机对我来说有那么重要。

写一写：

如果不是________________，我不会________________________。

如果不是________________，我不会________________________。

试题三十七

100. 请结合这张图片写一篇80字左右的短文。

例文1：

爸爸退休了，可以好好休息了。可是一下子轻松了，他好像很不习惯。他告诉我，每天只是看报纸、散步，一点儿意思也没有。于是，我迅速作出决定，送给爸爸一台电脑，并教会他上网。果然，他现在开心多了。（94字）

记一记：

我迅速作出决定，送给爸爸一台电脑，并教会他上网。

写一写：

我迅速作出决定，________________________________。

我迅速作出决定，________________________________。

例文2：

电脑和上网彻底改变了我的生活。有了脸书、网上购物和电脑游戏，现在我不常和朋友打电话聊天，不常去商店买东西也不常出去玩。每天对着电脑，我从不会感到孤单寂寞，但也不常感到真正的幸福快乐。（91字）

记一记：

电脑和上网彻底改变了我的生活。

写一写：

__________彻底改变了__________________。

__________彻底改变了__________________。

试题三十八

100. 请结合这张图片写一篇80字左右的短文。

例文1：

十岁时，我第一次坐飞机。出发前，我又紧张又兴奋，不停地问妈妈：天上到底是什么样子？和神话故事里讲的一样吗？终于，飞机起飞了，越飞越高！我坐在靠窗的座位上，真的看到了蓝天、白云，太美了！（92字）

记一记：

十岁时，我第一次坐飞机。

写一写：

__________时，我第一次________________。

__________时，我第一次________________。

例文2：

在上海旅行时，遇上了堵车。当我和朋友赶到机场时，回北京的飞机已经起飞了，我们只好第二天再回北京。因为没有预约，找不到旅馆，那天我们在肯德基坐了一夜。现在，我恨堵车，而且再也不想去肯德基了。（94字）

记一记：

我们只好第二天再回北京。

写一写：

__________只好________________。

__________只好________________。

试题三十九

100. 请结合这张图片写一篇80字左右的短文。

例文1：

酒后开车极其危险，无论是开小汽车还是开摩托车。据报道，造成死亡的交通事故大部分与酒后开车有关。因此，必须严格禁止酒后开车。只有做到这一点，才能“高高兴兴上班去，平平安安回家来”。（88字）

记一记：

据报道，造成死亡的交通事故大部分与酒后开车有关。

写一写：

据报道，______________________________。

据报道，______________________________。

例文2：

酒会让我们觉得快乐，但也会让我们的反应变慢，看不清楚东西。所以喝酒以后开车非常危险，可能会撞上别的车或路边的行人，无论对自己还是对别人，都是一种非常不负责任的行为。要坚决反对喝酒以后开车！（94字）

记一记：

无论对自己还是对别人，都是一种非常不负责任的行为。

写一写：

无论对自己还是对别人，都____________________。

无论对自己还是对别人，都____________________。

试题四十

100. 请结合这张图片写一篇80字左右的短文。

例文1：

你怎么看待吸烟这个问题？有人认为吸烟是成熟的标志，有人认为吸烟在社会交往中不可缺少。我不同意这些看法。吸烟对身体健康没有好处。特别是在公共场所，必须禁止吸烟。这也体现了一个城市的文明程度。（94字）

记一记：

你怎么看待吸烟这个问题？

这也体现了一个城市的文明程度。

写一写：

你怎么看待________________这个问题？

你怎么看待________________这个问题？

________________________________体现了一个城市的文明程度。

________________________________体现了一个城市的文明程度。

例文2：

现在很多地方都不允许抽烟，在很多地方都可以看到禁止抽烟的标志。我觉得这样很好：一方面可以让那些喜欢抽烟的人少抽烟，另一方面也是对不抽烟的人的尊重。抽烟真的对身体不好，希望抽烟的人越来越少！（94字）

记一记：

在很多地方都可以看到禁止抽烟的标志。

一方面可以让那些喜欢抽烟的人少抽烟，另一方面也是对不抽烟的人的尊重。

写一写：

在很多地方都可以看到________________的标志。

在很多地方都可以看到________________的标志。

一方面________________________，另一方面________________________。

一方面________________________，另一方面________________________。

试题四十一

100. 请结合这张图片写一篇80字左右的短文。

例文1：

在这个世界上，残疾人承受了太多的身体上、心理上的痛苦。他们需要关心和爱护。我们要了解残疾人生活的辛苦。实际上，他们需要的不仅是同情，还有能够证明自己的机会。这些都需要整个社会的共同努力。（93字）

记一记：

实际上，他们需要的不仅是同情，还有能够证明自己的机会。

写一写：

实际上，他们需要的不仅________________，还有________________。

实际上，他们需要的不仅________________，还有________________。

例文2：

我认为中国是一个十分“体贴”的国家。公共汽车和地铁上有专门让残疾人停轮椅的地方。地铁站里还有特别的电梯，可以为残疾人提供方便。虽然这些只是小事，但却显示了中国对于残疾人的关心，让我很感动！（94字）

记一记：

虽然这些只是小事，但是却显示了中国对于残疾人的关心，让我很感动！

写一写：

虽然这些只是小事，但是却显示了________________，让我很__________！

虽然这些只是小事，但是却显示了________________，让我很__________！

试题四十二

100. 请结合这张图片写一篇80字左右的短文。

例文1：

有一句话是这样说的：如果人类再不节约用水，地球上的最后一滴水将是我们自己的眼泪。是的，现在地球上可以使用的淡水资源已经越来越少了，我们必须节约每一滴水。这是全社会、全人类共同的责任。（89字）

记一记：

有一句话是这样说的：如果人类再不节约用水，地球上的最后一滴水将是我们自己的眼泪。

这是全社会、全人类共同的责任。

写一写：

有一句话是这样说的：______________________________。

有一句话是这样说的：______________________________。

这是______________________________共同的责任。

这是______________________________共同的责任。

例文2：

小时候，妈妈总教育我："水很重要，要节约用水！"如果我浪费水，妈妈一定会生气地批评我。上大学后，终于没有了妈妈的批评。但每次看到同屋浪费水，我总会不自觉地想对她说："水很重要，要节约用水！"（91字）

记一记：

每次看到同屋浪费水，我总会不自觉地想对她说："水很重要，要节约用水！"

写一写：

每次____________________，我总会____________________。

每次____________________，我总会____________________。

书写模拟测试

模拟试题（一）

第一部分

第91–98题：完成句子。

例如：发表　　这篇文章　　什么时候　　是　　的

　　　这篇文章是什么时候发表的？

91. 电脑　　修好了　　把　　他　　终于

____

92. 经营　　主要　　那家公司　　服装生意

____

93. 办　　请你　　公司　　手续　　来

____

94. 特别　　秋天　　北京的　　凉快

____

95. 生活水平　　人们的　　有　　提高　　很大的

____

96. 注意　　学习汉语　　方法　　应该

____

97. 了　　那篇文章　　改变　　人们的　　看法

____

98. 别人　　你　　为　　考虑　　要学会

____

第二部分

第99–100题：写短文。

99. 请结合下列词语（要全部使用），写一篇80字左右的短文。

条件、度过、恶劣、友好、差不多

100. 请结合这张图片写一篇80字左右的短文。

模拟试题（二）

第一部分

第91–98题：完成句子。

例如：发表　　这篇文章　　什么时候　　是　　的

　　　<u>这篇文章是什么时候发表的？</u>

91. 人们　　那件事　　被　　忘　　了　　逐渐

____

92. 火灾　　严重的　　造成了　　后果

____

93. 写字　　你会　　吗　　用左手

____

94. 进行了　　失业的　　抗议　　工人

____

95. 帮我们　　一张　　请　　照　　照片

____

96. 来自　　成功　　勤奋　　于

____

97. 最古老的城市　　西安　　中国　　之一　　是

____

98. 我们　　完成　　任务　　按时　　可以

____

第二部分

第99–100题：写短文。

99. 请结合下列词语（要全部使用），写一篇80字左右的短文。

乘坐、解说员、悠久、周到、风格

100. 请结合这张图片写一篇80字左右的短文。

模拟试题（三）

第一部分

第91–98题：完成句子。

例如：发表　　这篇文章　　什么时候　　是　　的

　　　这篇文章是什么时候发表的？

91. 非常　　他提出的　　有道理　　这个观点

____

92. 最后的决定　　他　　让　　很意外　　人

____

93. 自己的　　坚持　　一直　　她　　理想

____

94. 社会上　　着　　一些问题　　存在

____

95. 放松　　看电影　　我们的　　心情　　可以

____

96. 她　　会　　工作　　大家　　把　　分配给

____

97. 喝茶　　有　　对　　好处　　身体健康

____

98. 前面　　一群　　孩子　　跑过来

____

第二部分

第99-100题：写短文。

99. 请结合下列词语（要全部使用），写一篇80字左右的短文。

优美、认识、倒霉、暑假、照相机

100. 请结合这张图片写一篇80字左右的短文。

模拟试题（四）

第一部分

第91-98题：完成句子。

例如：发表　　这篇文章　　什么时候　　是　　的

这篇文章是什么时候发表的？

91. 一定　　骑车时　　要　　注意安全

92. 有　　竞争　　工作中　　激烈的

93. 懂　　只有　　才　　这个道理　　聪明人

94. 学校　　游泳比赛　　组织大家　　参加　　要

95. 猜　　我　　出来了　　终于

96. 她　　吸引　　被　　了　　美丽的景色　　住

97. 作了　　他　　解释　　进一步的

98. 老照片　　钱包里　　一张　　放着

第二部分

第99-100题：写短文。

99. 请结合下列词语（要全部使用），写一篇80字左右的短文。

博物馆、吸引、酒吧、安静、体验

100. 请结合这张图片写一篇80字左右的短文。

模拟试题（五）

第一部分

第91–98题：完成句子。

例如：发表　　这篇文章　　什么时候　　是　　的

这篇文章是什么时候发表的？

91. 是　　西红柿　　一种水果　　也

92. 于　　政府　　服务　　老百姓　　应该

93. 犹豫　　你　　再　　了　　不要

94. 增加　　成功　　信心　　人们的　　会

95. 父母家　　你　　去　　应该　　看看　　经常

96. 那里的　　她　　介绍了　　风俗习惯　　向客人

97. 她　　的　　适应了　　天气　　北方

98. 复习　　明天　　课文　　要　　一遍　　把

第二部分

第99-100题：写短文。

99. 请结合下列词语（要全部使用），写一篇80字左右的短文。

宣传、老百姓、建立、污染、清楚

100. 请结合这张图片写一篇80字左右的短文。

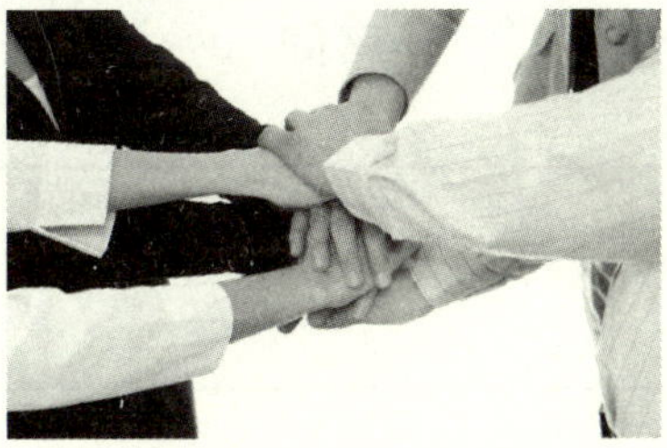

模拟试题（六）

第一部分

第91–98题：完成句子。

例如：发表　　这篇文章　　什么时候　　是　　的

　　　这篇文章是什么时候发表的？

91. 比赛　　下一场　　期待　　很让人

____

92. 人们的　　这篇报道　　引起了　　注意

____

93. 多种　　这部小说　　翻译成　　语言　　被

____

94. 她的　　非常　　态度　　坚决

____

95. 飞机　　快　　火车　　得多　　比

____

96. 预订　　请你　　帮我　　一个房间

____

97. 走　　学生　　出来　　教室里　　几个

____

98. 保持　　图书馆里　　安静　　应该

____

第二部分

第99–100题：写短文。

99. 请结合下列词语（要全部使用），写一篇80字左右的短文。

　　逃避、未来、为什么、舒适、成熟

100. 请结合这张图片写一篇80字左右的短文。

模拟试题（七）

第一部分

第91–98题：完成句子。

例如：发表　　这篇文章　　什么时候　　是　　的

这篇文章是什么时候发表的？

91. 延长到了　　那家商店　　营业时间　　把　　十二点

____

92. 很多　　喝茶　　预防　　疾病　　可以

____

93. 要学习　　你　　思考　　用汉语

____

94. 的　　那条裙子　　很好看　　颜色

____

95. 家乡　　巨大的　　有　　我的　　变化

____

96. 必须　　认真仔细　　考试的时候　　要

____

97. 如果能　　就　　去一次　　好了　　再

____

98. 孩子的　　她　　教育　　经验　　介绍了

____

第二部分

第99–100题：写短文。

99. 请结合下列词语（要全部使用），写一篇80字左右的短文。

传统、承认、受不了、误会、幽默

100. 请结合这张图片写一篇80字左右的短文。

模拟试题（八）

第一部分

第91–98题：完成句子。

例如：发表　　这篇文章　　什么时候　　是　　的

这篇文章是什么时候发表的？

91. 答应　　比赛　　他　　参加

92. 车厢　　他的行李　　在　　里　　还

93. 已经　　那位　　退休了　　解说员

94. 谈了　　让工人们　　自己的　　经理　　想法

95. 这篇　　非常　　解释得　　文章　　清楚

96. 说服　　被　　他　　终于　　了

97. 未来　　他　　对　　的　　非常乐观　　公司

98. 西方的　　圣诞节　　一个　　传统节日　　是

第二部分

第99–100题：写短文。

99. 请结合下列词语（要全部使用），写一篇80字左右的短文。

理想、克服、专业、乐观、理论

100. 请结合这张图片写一篇80字左右的短文。

答案及解析

模拟试题（一）

第一部分

91. 他终于把电脑修好了。

分析：这道题主要考“把”字句。基本结构：“S+把+O+V+其他”。→“……把……修好了”。“终于”，副词，作状语，放在“把”前。

92. 那家公司主要经营服装生意。

分析：这道题主要考状语。“主要”，副词，作状语。

93. 请你来公司办手续。

分析：这道题主要考连动句。这是一个表示目的的连动句。基本结构：“S+来/去（+$NP_{处所}$）+VP”。→“……来……办……”。“办手续”是常用搭配。

94. 北京的秋天特别凉快。

分析：这道题主要考谓语。谓语是形容词：“凉快”。

95. 人们的生活水平有很大的提高。

分析：这道题主要考“有”字句。“有提高”和“很大的提高”是常用搭配。

96. 学习汉语应该注意方法。

分析：这道题主要考主语。主语是动词性成分：“学习汉语”。“应该”，助动词，作状语。“注意方法”是常用搭配。

97. 那篇文章改变了人们的看法。

分析：这道题主要考完成态。这里强调动作的实现、完成，“了”放在谓语后。“改变看法”是常用搭配。

98. 你要学会为别人考虑。

分析：这道题主要考宾语、介词短语。“要学会”可以带动词性宾语：“考虑”。“为”组成的介词短语不能作补语，这里作状语：“为……考虑”。

第二部分

第99题

例文1：

来北京前，听说中国服务员对顾客的态度很不友好，差不多达到了恶劣的程度。可来到北京以后，我发现并不是那样的。虽然有些小饭馆的条件不太好，但大部分服务员非常热情。这让我们度过了愉快的北京之行。（94字）

记一记：

来北京前，听说中国服务员对顾客的态度很不友好，差不多达到了恶劣的程度。可来到北京以后，我发现并不是那样的。

写一写：

____________前，听说________________________，差不多____________。可____________以后，我发现____________。

____________前，听说________________________，差不多____________。可____________以后，我发现____________。

例文2：

假期你想去旅行吗？去哈尔滨吧！哈尔滨在中国东北。那儿的人非常友好。那儿的冬天非常冷，差不多零下三十度。也正是这种恶劣的自然条件，使哈尔滨拥有很多独特的景色。相信你一定会度过一个难忘的假期！（94字）

记一记：

也正是这种恶劣的自然条件，使哈尔滨拥有很多独特的景色。

相信你一定会度过一个难忘的假期！

写一写：

也正是这种____________，使________________。

也正是这种____________，使________________。

相信你一定会__________________！

相信你一定会__________________！

第100题

例文1：

一看到这张图片，我就不能不想起我的女朋友。她特别喜欢买东西，有时会逛八九个小时都不需要休息。我不能理解她为什么不累。很高兴今天参加HSK考试。说实话，我宁愿坐在这里写作文，也不想陪女孩子逛街。（94字）

记一记：

一看到这张图片，我就不能不想起我的女朋友。

写一写：

一看到这张图片，我就不能不想起________________________________。

一看到这张图片，我就不能不想起________________________________。

例文2：

我最喜欢逛街了，特别是买衣服。但对我来说，逛街的作用可不只是买东西，它还可以放松心情，缓解压力。比如，当感觉很累或心情不好的时候，我需要的不是睡觉，而是逛街。逛街的过程真是一种享受。（91字）

记一记：

对我来说，逛街的作用可不只是买东西，它还可以放松心情，缓解压力。

写一写：

对我来说，__________的作用可不只是__________，它还可以__________。

对我来说，__________的作用可不只是__________，它还可以__________。

模拟试题（二）

第一部分

91. 那件事逐渐被人们忘了。

分析：这道题主要考“被”字句。基本结构：“S+被+O+V+其他”。→“……被……忘……”。“逐渐”，副词，作状语，放在“被”前。

92. 火灾造成了严重的后果。

分析：这道题主要考定语。“严重的后果”是常用搭配。

93. 你会用左手写字吗？

分析：这道题主要考连动句。这是一个表示方式的连动句。基本结构：“S+ VP_1+VP_2”。→“……用……写字”。“吗”，语气助词，放在句末，表示疑问语气。

94. 失业的工人进行了抗议。

分析：这道题主要考宾语。“进行”可以带动词性宾语：“抗议”。“进行抗议”是常用搭配。

95. 请帮我们照一张照片。

分析：这道题主要考祈使句。常用结构："帮+$N_{人}$+VP"。→"……帮我们照……"。标志词"请"放在句首。

96. 成功来自于勤奋。

分析：这道题主要考补语。"于"组成的介词短语作补语。"于"后加来源："勤奋"。

97. 西安是中国最古老的城市之一。

分析：这道题主要考"是"字句。"中国"，名词，直接作定语。"是……之一"是固定结构。

98. 我们可以按时完成任务。

分析：这道题主要考助动词。"可以"，助动词，作状语。"按时"，副词，作状语。"完成任务"是常用搭配。

第二部分

第99题

例文1：

旅行社的服务非常周到，令人印象深刻。我们乘坐的车停在一条古老的街道上，解说员带着我们，一边介绍这座城市的建筑风格，一边让我们感受它独特的气氛和悠久的历史。这真是一次愉快的旅行。（88字）

记一记：

旅行社的服务非常周到，令人印象深刻。

写一写：

________________，令人印象深刻。

________________，令人印象深刻。

例文2：

周末我们去参观了故宫。解说员为我们介绍了故宫悠久的历史和独特的建筑风格，我们都非常喜欢。后来，我们乘坐地铁去了王府井吃烤鸭。烤鸭比我想象的还好吃，服务员的服务也很周到，我们都非常满意！（92字）

记一记：

解说员为我们介绍了故宫悠久的历史和独特的建筑风格，我们都非常喜欢。

写一写：

________为我们介绍了________悠久的历史和__________，我们都非常喜欢。

________为我们介绍了________悠久的历史和__________，我们都非常喜欢。

第100题

例文1：

我喜欢拍照片，无论去哪里旅行，都要带上相机。比如这次来中国，我已经拍了一千多张。这不仅是一张张照片，也是一份份美好的回忆。有些照片现在看起来没有什么特别的，但五年、十年后，一定非常有意思。（94字）

记一记：

这不仅是一张张照片，也是一份份美好的回忆。

写一写：

这不仅__________________________，也__________________________。

这不仅__________________________，也__________________________。

例文2：

很多人喜欢照相，旅行的时候总是用相机、手机不停地照相。说实话，我真的不太理解他们。在我看来，旅行是为了体验，不是为了照相。所以旅行的时候我从来不带相机。喜欢照相的人大概也觉得我很奇怪吧！（93字）

记一记：

说实话，我真的不太理解他们。

在我看来，旅行是为了体验，不是为了照相。

写一写：

说实话，我真的________________。

说实话，我真的________________。

在我看来，________是为了______________，不是为了______________。

在我看来，________是为了______________，不是为了______________。

模拟试题（三）

第一部分

91. 他提出的这个观点非常有道理。

分析：这道题主要考谓语。谓语是形容词性成分：“有道理”。

92. 他最后的决定让人很意外。

分析：这道题主要考兼语句。基本结构：“S+V+O+A”。→“……让……很意外”。“他”，代词，直接作定语。

93. 她一直坚持自己的理想。

分析：这道题主要考状语。“一直”，副词，作状语。“坚持理想”是常用搭配。

94. 社会上存在着一些问题。

分析：这道题主要考持续态。“着”放在谓语后。“存在问题”是常用搭配。

95. 看电影可以放松我们的心情。

分析：这道题主要考主语。主语是动词性成分：“看电影”。“可以”，助动词，作状语。“放松心情”是常用搭配。

96. 她会把工作分配给大家。

分析：这道题主要考“把”字句。基本结构：“S+把+O+V+在/到/给/成+其他”。→“……把……分配给……”。“会”，助动词，作状语，放在“把”前。

97. 喝茶对身体健康有好处。

分析：这道题主要考介词短语。“对”组成的介词短语不能作补语，这里作状语：“对……有”。“有好处”是常用搭配。

98. 前面跑过来一群孩子。

分析：这道题主要考存现句。这是一个表示出现的存现句。基本结构：“$NP_{处所/时间}$+V+了/过/补语+$NP_{人/事物}$”。→“前边跑过来孩子”。

第二部分

第99题

例文1：

这次旅行，我本来很高兴，因为这里有优美的风景，还有刚认识的朋友。可是下午去海边玩时，我把照相机弄湿了，现在不能用了。为了买照相机，我去年暑假一直在打工。里面的照片也没有了，真倒霉！（90字）

记一记：

这里有优美的风景，还有刚认识的朋友。

写一写：

这里有__________________，还有__________________。

这里有__________________，还有__________________。

例文2：

暑假我去了青岛。那里的风景很优美，在海边散步也是一种很好的享受。我还认识了几个很有意思的朋友。在我觉得一切都“十分完美”时，我很倒霉地弄丢了照相机。这样看来，我的假期只能是“九分完美”了。（94字）

记一记：

在海边散步也是一种很好的享受。

在我觉得一切都“十分完美”时，我很倒霉地弄丢了手机。

写一写：

_______________是一种很好的享受。

_______________是一种很好的享受。

在我觉得_______________时，_______________________。

在我觉得_______________时，_______________________。

第100题

例文1：

人生就像走台阶，每个人都一步步寻找着自己人生的方向。每前进一步，我们就离目标更近了一点儿。有时可能会感到有些累，想休息一下，再继续向前走，但是谁都舍不得停下来，因为担心错过了前面的风景。（93字）

记一记：

人生就像走台阶。

写一写：

人生就像______________________________。

人生就像______________________________。

例文2：

我学汉语已经三年了，经常有人夸我汉语好，但我知道我不能满足。只有坚持努力，才能取得真正的成功。就像图片中这个人，他已经在很高的位置了，但他并不满足于已有的成就，还在努力地向更高的地方爬去。（94字）

记一记：

就像图片中这个人，他已经在很高的位置了。

他并不满足于已有的成就，还在努力地向更高的地方爬去。

写一写：

就像图片中这个人，他________________________。

就像图片中这个人，他________________________。

他并不满足于________________，还在________________________。

他并不满足于________________，还在________________________。

模拟试题（四）

第一部分

91. 骑车时一定要注意安全。

分析：这道题主要考助动词。这个句子省略了主语。“要”，助动词，作状语。“一定”，副词，作状语。“骑车时”，表示时间，作状语。

92. 工作中有激烈的竞争。

分析：这道题主要考“有”字句。“激烈的竞争”是常用搭配。

93. 只有聪明人才懂这个道理。

分析：这道题主要考复句。这是一个条件关系的复句：“只有……才……”。“懂道理”是常用搭配。

94. 学校要组织大家参加游泳比赛。

分析：这道题主要考兼语句。基本结构：“$S+V_1+O_1+V_2(+O_2)$”。→“……组织大家参加……”。“要”，助动词，作状语，放在第一个动词前。“参加比赛”是常用搭配。

95. 我终于猜出来了。

分析：这道题主要考补语。“出来”是趋向补语，表示人或事物随动作逐渐显露。“终于”，副词，作状语。

96. 她被美丽的景色吸引住了。

分析：这道题主要考“被”字句。基本结构：“S+被+O+V+其他”。→“……被……吸引……”。“住”常在动词后作结果补语。

97. 他作了进一步的解释。

分析：这道题主要考宾语。“作”可以带动词性宾语：“解释”。“作解释”是常用搭配。

98. 钱包里放着一张老照片。

分析：这道题主要考存现句。这是一个表示存在的存现句。基本结构：“$NP_{处所}$+V+着+$NP_{人/事物}$”。→“钱包里放着照片”。

第二部分

第99题

例文1：

听说学校附近开了一家酒吧，我们都想去体验一下。一进门，我们就被吸引住了。酒吧布置得很特别，墙上的画很美，不少人一边喝酒一边看画，里面非常安静。这里真不像酒吧，而像一个可以喝酒的博物馆。（92字）

记一记：

这里真不像酒吧，而像一个可以喝酒的博物馆。

写一写：

这里真不像________________，而像________________________________。

这里真不像________________，而像________________________________。

例文2：

北京有很多好玩的地方。如果你喜欢安静，可以去参观博物馆。如果你喜欢热闹，可以去三里屯。那儿有很多不错的酒吧，吸引了很多年轻人。如果你想体

验一下老北京的生活，可以去逛逛胡同，真的很有意思！（93字）

记一记：

如果你想体验一下老北京的生活，可以去逛逛胡同，真的很有意思！

写一写：

如果你想____________，可以____________，真的________！

如果你想____________，可以____________，真的________！

第100题

例文1：

看到这张图片，我一下子有点儿饿了。汉堡包是我小时候最喜欢的食品。那时，如果我表现得很棒，妈妈就会说："你想要什么礼物？"我的回答总是："汉堡包！"看来，为了得到汉堡包，我一定作过不少努力。（90字）

记一记：

看到这张图片，我一下子有点儿饿了。

写一写：

看到这张图片，我一下子____________________。

看到这张图片，我一下子____________________。

例文2：

现代人越来越讲究效率，高效率地学习、工作、生活，连吃饭也要尽量节约时间。这样，麦当劳、肯德基等成了人们生活的一部分。但专家提醒，这样做虽然方便，但对身体会造成一定影响，必须引起人们的重视。（94字）

记一记：

麦当劳、肯德基等成了人们生活的一部分。

写一写：

____________________成了人们生活的一部分。

____________________成了人们生活的一部分。

模拟试题（五）

第一部分

91. 西红柿也是一种水果。

分析：这道题主要考“是”字句。“也”，副词，作状语。

92. 政府应该服务于老百姓。

分析：这道题主要考补语。“于”组成的介词短语作补语。“于”后加对象：“老百姓”。“应该”，助动词，作状语。

93. 你不要再犹豫了。

分析：这道题主要考助动词。“要”，助动词，作状语。“再”，副词，作状语。这个句子表示变化，语气助词“了”放在句末。

94. 成功会增加人们的信心。

分析：这道题主要考主语。主语是动词：“成功”。“会”，助动词，作状语。“增加信心”是常用搭配。

95. 你应该经常去父母家看看。

分析：这道题主要考连动句。这是一个表示目的的连动句。基本结构：“S+来/去（+$NP_{处所}$）+VP”。→“……去……看看”。“应该”，助动词，作状语。“经常”，副词，作状语。

96. 她向客人介绍了那里的风俗习惯。

分析：这道题主要考介词短语。“向”组成的介词短语只有表示方向时才能作补语，这里作状语：“向客人介绍”。

97. 她适应了北方的天气。

分析：这道题主要考定语。“适应……的天气”是常用搭配。

98. 明天要把课文复习一遍。

分析：这道题主要考“把”字句。基本结构：“S+把+O+V+其他”。→“……把……复习……”。这个句子省略了主语。“一遍”，数量短语，放在动词后作动量补语。“要”，助动词，作状语。“明天”，时间词，作状语。

第二部分

第99题

例文1：

目前，全世界已建立了很多环保组织。这些环保组织会向老百姓 宣传环境保护方面的知识，使人们清楚地认识到环境污染可能造成的严重后果。同时，他们也会采取实际行动，向人们说明环境保护的重要性。（91字）

记一记：

目前，全世界已建立了很多环保组织。

写一写：

目前，全世界已______________________________。

目前，全世界已______________________________。

例文2：

为了解决污染问题，政府应该组织科学研究，寻找解决污染问题的有效方法。此外，政府还应该建立专门的环境保护组织，进行宣传，让更多的老百姓 清楚地认识到保护环境的重要性，参与到环境保护的工作中来。（94字）

记一记：

为了解决污染问题，政府应该组织科学研究。

写一写：

为了________________，政府应该________________。

为了________________，政府应该________________。

第100题

例文1：

这个部门一共有四个人，他们将共同完成一项新的任务。面对新的挑战，大家都需要付出艰苦的努力。在图片中，四双手紧紧地握在一起，这其中包含着信任和支持。他们有信心，一定能克服困难，取得成功。（92字）

记一记：

面对新的挑战，大家都需要付出艰苦的努力。

写一写：

面对________________，大家________________________________。

面对________________，大家________________________________。

例文2：

现代社会的大部分工作都是在合作中完成的，因而与别人合作的能力非常重要。在合作中，在发表自己的看法的同时，我们还应该认真听取别人的观点。在与同事意见不一致的时候，应该把集体的利益放在第一位。（94字）

记一记：

在合作中，在发表自己的看法的同时，我们还应该认真听取别人的观点。

写一写：

在__________中，在________________的同时，我们还应该________________。

在__________中，在________________的同时，我们还应该________________。

模拟试题（六）

第一部分

91. 下一场比赛很让人期待。

分析：这道题主要考兼语句。基本结构："$S+V_1+O_1+V_2+(O_2)$"。→"……很让人期待"。

92. 这篇报道引起了人们的注意。

分析：这道题主要考宾语。"引起"可以带动词性宾语："注意"。"引起注意"是常用搭配。

93. 这部小说被翻译成多种语言。

分析：这道题主要考"被"字句。基本结构："S+被+O+V+其他"。→"……被……翻译成……"。

94. 她的态度非常坚决。

分析：这道题主要考谓语。谓语是形容词："坚决"。"态度坚决"是常用搭配。

95. 飞机比火车快得多。

分析：这道题主要考“比”字句。基本结构：“X+比+Y+A/VP”。→“……比……快”。“得多”，放在形容词后，作补语。

96. 请你帮我预订一个房间。

分析：这道题主要考祈使句。常用结构：“帮+$N_{人}$+VP”。→“……帮我预订……”。“预订房间”是常用搭配。

97. 教室里走出来几个学生。

分析：这道题主要考存现句。这是一个表示出现的存现句。基本结构：“$NP_{处所/时间}$+V+了/过/补语+$NP_{人/事物}$”。→“教室里走出来学生”。

98. 图书馆里应该保持安静。

分析：这道题主要考助动词。这个句子省略了主语。“应该”，助动词，作状语。“图书馆里”，处所词，作状语。“保持安静”是常用搭配。

第二部分

第99题

例文1：

三年前，我的公司破产了。我一下子失去了舒适的生活。我很害怕面对这个现实，但我心里清楚：逃避不能解决任何问题。于是，我问自己：为什么不能勇敢一些、成熟一些？我还很年轻，当然要勇敢地争取未来！（94字）

记一记：

我很害怕面对这个现实，但我心里清楚：逃避不能解决任何问题。

我问自己：为什么不能勇敢一些、成熟一些？

写一写：

我很__________________，但我心里清楚：____________________________________。

我很__________________，但我心里清楚：____________________________________。

我问自己：____________________________________？

我问自己：____________________________________？

例文2:

有的人遇到困难会选择逃避，而不想办法解决。有的人只想过舒适的生活，而不想努力工作。有的人对未来有很多计划，而从不去实施。这些都是不成熟的表现。但奇怪的是，我发现这样的人越来越多，为什么呢？（94字）

记一记：

有的人遇到困难会选择逃避，而不想办法解决。

写一写：

________________________，而________________________。

________________________，而________________________。

第100题

例文1：

王红是我的中国朋友，我们刚认识不久，就成了好朋友。为什么呢？最重要的原因是爱好相同。和大多数女孩子不一样，我们俩最喜欢的事情不是逛街，而是读书。发现好书的时候，我们总是第一时间告诉对方。（93字）

记一记：

和大多数女孩子不一样，我们俩最喜欢的事情不是逛街，而是读书。

写一写：

和________________不一样，________________不是________________，而是________________。

和________________不一样，________________不是________________，而是________________。

例文2：

玛丽是我的同学，也是我的好朋友。每次考试以前，我们都会一起去咖啡馆复习。她真的很聪明，几乎没有她不会的。有些我怎么也不懂的语法，玛丽一讲，我就明白了。下个学期玛丽要回国了，我一定会想她的！（94字）

记一记：

每次考试以前，我们都会一起去咖啡馆复习。

写一写：

每次________________，我们都会________________。

每次________________，我们都会________________。

模拟试题（七）

第一部分

91. 那家商店把营业时间延长到了十二点。

分析：这道题主要考“把”字句。基本结构：“S+把+O+V+在/到/给/成+其他”。→“……把……延长到了……”。

92. 喝茶可以预防很多疾病。

分析：这道题主要考主语。主语是动词性成分：“喝茶”。“可以”，助动词，作状语。“预防疾病”是常用搭配。

93. 你要学习用汉语思考。

分析：这道题主要考宾语、连动句。“要学习”可以带连动句作宾语。这是一个表示方式的连动句。基本结构：“S+ VP_1+ VP_2”。→“……用汉语思考”。

94. 那条裙子的颜色很好看。

分析：这道题主要考谓语。谓语是形容词：“好看”。

95. 我的家乡有巨大的变化。

分析：这道题主要考“有”字句。“有变化”和“巨大的变化”是常用搭配。

96. 考试的时候必须要认真仔细。

分析：这道题主要考助动词。“认真仔细”，并列短语，作谓语。这个句子省略了主语。“要”，助动词，作状语。“必须”，副词，作状语。“考试的时候”，表示时间，作状语。

97. 如果能再去一次就好了。

分析：这道题主要考复句。这是一个假设关系的复句：“如果……就……”。“再”，副词，作状语。

98. 她介绍了教育孩子的经验。

分析：这道题主要考定语。“教育孩子”，动词短语，作定语。“介绍经验”是常用搭配。

第二部分

第99题

例文1：

我和同屋来自不同的国家。虽然文化传统不一样，但我们相处得非常愉快，几乎没有发生什么误会。我承认自己有不少缺点，比如睡觉太晚，这可能让人受不了。但他认为这说明我工作努力，我很欣赏他的幽默。（93字）

记一记：

我承认自己有不少缺点，比如睡觉太晚。

写一写：

我承认________________________，比如________________________。

我承认________________________，比如________________________。

例文2：

我的同屋是美国人。虽然我承认他很努力、很聪明，也知道不同国家有不同的文化、传统，但我有时候真的有点受不了他。我们想问题、做事的方式都不一样，经常产生误会，而且我也真的不能理解他的那种幽默。（94字）

记一记：

虽然我承认他很努力、很聪明，也知道不同国家有不同的文化、传统，但我有时候真的有点受不了他。

写一写：

虽然我承认________________，也知道________________，但________________。

虽然我承认________________，也知道________________，但________________。

第100题

例文1：

手机的使用方便了人们的生活，但有些时候，我们必须关闭手机或手机铃声，否则会给周围的人带来烦恼和麻烦，比如，在课堂、图书馆、电影院等场所。这虽然是小事情，但能够体现出对别人的尊重。（89字）

记一记：

有些时候，我们必须关闭手机或手机铃声，否则会给周围的人带来烦恼和麻烦。

写一写：

有些时候，我们必须________________，否则________________。

有些时候，我们必须________________，否则________________。

例文2：

我真希望能在学校的图书馆贴上这样一个标志。在图书馆看书时，总有各种各样的短信和电话的声音，让本来应该很安静的图书馆变得十分“热闹”。在那儿学习时，我一点儿也不“孤单”，当然也很难“专心”。（91字）

记一记：

我真希望能在学校的图书馆贴上这样一个标志。

写一写：

我真希望能在________________贴上这样一个标志。

我真希望能在________________贴上这样一个标志。

模拟试题（八）

第一部分

91. 他答应参加比赛。

分析：这道题主要考宾语。“答应”可以带动词性宾语：“参加比赛”。“参加比赛”是常用搭配。

92. 他的行李还在车厢里。

分析：这道题主要考“在”字句。基本结构：“$NP_{人/事物}$+在+ $NP_{处所}$”。“N+里”表示处所。“还”，副词，作状语。

93. 那位解说员已经退休了。

分析：这道题主要考状语。“已经”，副词，作状语。

94. 经理让工人们谈了自己的想法。

分析：这道题主要考兼语句。基本结构：“$S+V_1+O_1+V_2(+O_2)$”。→“……让工人们谈了……”。

95. 这篇文章解释得非常清楚。

分析：这道题主要考补语。这是一个情态补语："V+得+程度副词+A"。→"……解释得非常清楚"。

96. 他终于被说服了。

分析：这道题主要考"被"字句。基本结构："S+被+O+V+其他"。→"……被……说服……"。"终于"，副词，作状语，放在"被"前。

97. 他对公司的未来非常乐观。

分析：这道题主要考谓语、介词短语。谓语是形容词："乐观"。"对"组成的介词短语不能作补语，这里作状语："对……非常乐观"。

98. 圣诞节是西方的一个传统节日。

分析：这道题主要考"是"字句、定语。多项定语的顺序："什么地方的+数量+名词"。→"西方的一个传统节日"。

第二部分

第99题

例文1：

我发现成功者往往具有一个共同点：坚持理想，并有乐观的人生态度。他们不仅能很好地掌握专业知识，还会很好地运用这些理论。当遇到困难时，他们也会痛苦，但会想办法克服，并且相信失败是成功之母。（92字）

记一记：

当遇到困难时，他们也会痛苦，但会想办法克服，并且相信失败是成功之母。

写一写：

当____________时，他们也会____________，但会____________，并且相信____________。

当____________时，他们也会____________，但会____________，并且相信____________。

例文2：

为了实现理想，我们必须掌握相关的理论。但是仅有专业知识远远不够，还要去实践。在实践中，我们可能遇到各种各样的困难。遇到困难时一定不要放

弃，要保持乐观，想办法克服困难。只有这样才能取得成功！（94字）

记一记：
仅有专业知识远远不够，还要去实践。

写一写：
仅有________远远不够，还要________。
仅有________远远不够，还要________。

第100题
例文1：
今天，我们研究生毕业了！三年的研究生生活，我们过得很辛苦，也很充实。舍不得我的老师、同学，忘不了我们的宿舍、操场、教室、图书馆。此时此刻，我想大声说：再见，我的学生时代！你好，我的新生活！（94字）

记一记：
此时此刻，我想大声说：再见，我的学生时代！你好，我的新生活！

写一写：
此时此刻，我想大声说：再见，________！你好，________！
此时此刻，我想大声说：再见，________！你好，________！

例文2：
去年夏天我大学毕业。朋友们都去工作了，而我则选择了来中国留学。我从小就对中国的文化很感兴趣，来中国留学一直是我的梦想。而且现在中国的经济越来越好，学好汉语一定会对我以后的工作有很大的帮助。（94字）

记一记：
朋友们都去工作了，而我则选择了来中国留学。

写一写：
朋友们都________，而我则________。
朋友们都________，而我则________。